GETSEMANÍ

PLANETA+TESTIMONIO

JAVIER ECHEVARRÍA
Prelado del Opus Dei

GETSEMANÍ
En oración con Jesucristo

Planeta

Colección PLANETA + TESTIMONIO
Dirección: Álex Rosal

© Fundación Studium, 2005
© Editorial Planeta, S. A., 2005
   Diagonal, 662-664, 08034 Barcelona
   (España)
Primera edición: febrero de 2005
Depósito Legal: M. 1.933-2005
ISBN 84-08-05785-5
Composición: Fotocomp/4, S. A.
Impresión y encuadernación: Mateu Cromo Artes Gráficas, S. L.
Printed in Spain - Impreso en España

Este libro no podrá ser reproducido, ni total ni parcialmente, sin el previo permiso escrito del editor. Todos los derechos reservados

SUMARIO

Prólogo 11

I. Entonces llega Jesús con ellos a un lugar llamado Getsemaní, y les dice a los discípulos: Sentaos aquí mientras me voy allí a orar 15

Un amor de dimensiones divinas, *15*; En compañía de los hombres, *17*; Una amistad honda y sincera, *19*; Una respuesta libre y activa al amor y a la llamada de Dios, *22*; El peligro del acostumbramiento, *24*; Cercanía de Cristo e insensibilidad del hombre, *26*; El misterio de la oración de Jesús, *29*; Salir del propio yo, *32*; En todas las situaciones, *34*; En Getsemaní, amor y desamor, *36*; Sin oración es imposible seguirle, *38*; Una invitación amable a rezar, *40*; Con mano excelsa, *42*; Anonadamiento de Dios, *44*; «Orad para no caer en la tentación», *46*.

II. Y se llevó a Pedro y a los dos hijos de Zebedeo, y comenzó a entristecerse y a sentir angustia . . . 48

Del Tabor a Getsemaní, *48*; Tristeza de Cristo, *50*; Miedo y congoja, *51*; Ante los desmanes de la humanidad, *53*; Soledad de Jesús, *55*; Adentrarse en la tristeza de Cristo, *58*; Inmolarse en soledad, *60*; Tomó sobre sí nuestros pecados, *62*; Santo temor de Dios, *65*.

III. Entonces les dice: Mi alma está triste hasta la muerte. Quedaos aquí y velad conmigo 68

Confidencias divinas, *68*; Correspondencia de fraternidad, *71*; Amante celoso: «...los amó hasta el extremo», *72*; Amor infinitamente apasionado, *74*; Amor desinteresado y respetuoso de la libertad, *76*; Sufrimiento de Jesús: dolor de Amor, *78*; Abrir el alma a los demás, *81*; Velad, orad conmigo, *83*; Corredentores con Cristo, *85*; «Yo estaré siempre con vosotros», *88*; Protagonistas junto a Jesús, *89*; Con María y con José, *90*; Frutos de la «agonía» de Cristo, *92*.

IV. Y adelantándose un poco, se postró rostro en tierra mientras oraba diciendo: Padre mío, si es posible, aleja de mí este cáliz; pero que no sea tal como yo quiero, sino como quieres Tú 93

Orar con Jesús: «Vigilate mecum», *93*; A la vista de los hombres, *96*; Rezar con esfuerzo, *99*; Rendido de hinojos, *100*; Rezar con las potencias y los sentidos, *103*; La oración de Jesús, *104*; Confianza filial, *107*; Tiempo diario para la oración, *109*; Pedir con sencillez, *112*; Con desvergüenza de hijos, *114*; Oración humilde, *116*; El cáliz de nuestros pecados, *118*; Aprender de Jesús, *120*; Perfecta unión con el Padre, *121*; Lección de prudencia, *124*; Abandono y docilidad, *125*; Amar la Voluntad de Dios, *127*.

V. Vuelve junto a sus discípulos y los encuentra dormidos; entonces dice a Pedro: ¿Ni siquiera habéis sido capaces de velar una hora conmigo? Velad y orad para no caer en tentación; espíritu está pronto, pero la carne es débil 130

Jesús en vela y nosotros dormidos, *130*; Hay gracia abundante para responder, *131*; Llenarse de esperanza, *132*; Tristeza y sueño de los discípulos, *134*; No habituarse a lo divino, *135*; Estar a la altura de las circunstancias, *137*; El sueño malo de los hombres, *139*; Luchar contra las omisiones, *142*; No desertar, sino seguir a Jesús, *144*; ¡Señor, despiértanos!, *146*; «Vigilad y orad», *148*; Coherencia cristiana, *152*; Robustecer el espíritu, *154*; Sin miedo a exagerar en el amor, *156*; Cuando la «carne» se impone al «espíritu», *158*; Dificultades en la oración, *160*; Todo puede convertirse en oración, *162*; Sin oración no hay vida cristiana, *164*.

VI. De nuevo se apartó por segunda vez, y oró diciendo: Padre mío, si no es posible que esto pase sin que yo lo beba, hágase tu voluntad. Al volver los encontró dormidos, pues sus ojos estaban cargados de sueño 166

La oración de Jesús: segunda y tercera fase, *166*; «Si no es posible..., ¡hágase tu voluntad!», *168*; Identificación de Jesús con la Voluntad de Dios, *170*; Jesús, orando en cada uno de nosotros, *172*; Dar la vida en cada tarea, *174*; Reparar por los pecados propios y ajenos, *176*; De nuevo el sueño de los hombres, *177*; No cansarse de rezar, *179*; Desechar el sopor y velar con Cristo, *181*; «Pero, tú... ¡mi amigo, mi apóstol!», *182*; Comprensión y exigencia, *185*; La expresión más alta del Amor, *186*.

VII. Y, dejándolos, se apartó una vez más, y oró por tercera vez repitiendo las mismas palabras . . . 188

Jesús, vencedor en el «combate» de la oración, *188*; Perseverar en la oración, *191*; Perseverar con lucha y con cansancio, *192*; Recomenzar siempre, *193*; Aunque sean las mismas palabras, *195*; Siempre con un amor nuevo, *196*; Una oración perfecta, *198*; Identificarse con la Voluntad de Dios, *199*; Oración con el alma y con el cuerpo, *202*; Ir a la oración para amar la Cruz, *203*; Getsemaní, modelo de nuestra oración, *205*; El dolor de Cristo, vida del cristiano, *206*; Luz y fuerza de la oración, *207*; Con la carga de toda la humanidad, *209*; Ahondar en la respuesta humana de Dios, *210*; Plegaria a Jesús orante, *212*.

VIII. Y se apartó de ellos como a un tiro de piedra y, de rodillas, oraba diciendo: Padre, si quieres, aparta de mí este cáliz; pero no se haga mi voluntad, sino la tuya. Se le apareció un ángel del cielo que le confortaba. Y entrando en agonía oraba con más intensidad. Y le sobrevino un sudor como de gotas de sangre que caían hasta el suelo 214

La narración de san Lucas, *214*; La Trinidad Santísima en el misterio de Getsemaní, *216*; La compañía de los ángeles, *217*; Getsemaní y la Comunión de los Santos, *221*; La agonía de Jesús en el huerto, *223*; La agonía de Cristo y el morir de los cristianos, *224*; Rezar con más intensidad, *227*; Oración heroica, *229*; Acicate para la esperanza, *230*; Sudor de sangre, *232*; Gastar la vida por el Señor, *235*; No es obstáculo la debilidad humana, *236*; Adentrarse más en la intimidad divina, *237*; Oración de unión, *239*; Paz y seguridad, conmoción y angustia, *240*; Oración esforzada por amor, *242*; Poder de la oración, *243*.

IX. Finalmente, va junto a sus discípulos y les dice: Ya podéis dormir y descansar... Mirad, ha llegado la hora, y el Hijo del Hombre va a ser entregado en manos de los pecadores. Levantaos, vamos; ya llega el que me va a entregar 244

Exultante en el espíritu, *244*; Afán de expiación, *245*; Amistad sincera de Jesús, *248*; Hasta el último momento, *250*;

Un reproche amoroso, *252*; Amor de toda la Trinidad, *253*; La mirada de Jesús, 255; Para ser amigos sinceros, *258*; Momentos de gran actualidad, *259*; El tiempo del amor perfecto al Padre, *262*; Judas, el traidor, *264*; El pago de la traición, *268*; Jesús, el gran Rezador, *270*.

Mt 26,36-46	*Mc* 14,32-42	*Lc* 22,40-46

Mt 26,36-46

[36] Entonces llega Jesús con ellos a un lugar llamado Getsemaní, y les dice a los discípulos: Sentaos aquí mientras me voy allí a orar.
[37] Y se llevó a Pedro y a los dos hijos de Zebedeo, y comenzó a entristecerse y a sentir angustia.
[38] Entonces les dice: Mi alma está triste hasta la muerte. Quedaos aquí y velad conmigo.
[39] Y adelantándose un poco, se postró rostro en tierra mientras oraba diciendo: Padre mío, si es posible, aleja de mí este cáliz; pero que no sea tal como yo quiero, sino como quieres Tú.
[40] Vuelve junto a sus discípulos y los encuentra dormidos; entonces le dice a Pedro: ¿Ni siquiera habéis sido capaces de velar una hora conmigo?
[41] Velad y orad para no caer en tentación; el espíritu está pronto, pero la carne es débil.
[42] De nuevo se apartó, por segunda vez, y oró diciendo: Padre mío, si no es posible que esto pase sin que yo lo beba, hágase tu voluntad.
[43] Al volver los encontró dormidos, pues sus ojos estaban cargados de sueño.
[44] Y, dejándolos, se apartó una vez más, y oró por tercera vez repitiendo las mismas palabras.
[45] Finalmente, va junto a sus discípulos y les dice: Ya podéis dormir y descansar… Mirad, ha llegado la hora, y el Hijo del Hombre va a ser entregado en manos de los pecadores.
[46] Levantaos, vamos; ya llega el que me va a entregar.

Mc 14,32-42

[32] Llegan a un lugar llamado Getsemaní. Y les dice a sus discípulos: Sentaos aquí, mientras hago oración.
[33] Y se llevó con él a Pedro, a Santiago y a Juan, y comenzó a afligirse y a sentir angustia.
[34] Y les dice: Mi alma está triste hasta la muerte. Quedaos aquí y velad.
[35] Y adelantándose un poco, se postró en tierra y rogaba que, a ser posible, se alejase de él aquella hora.
[36] Decía: ¡Abbá, Padre! Todo te es posible, aparta de mí este cáliz; pero que no sea lo que yo quiero, sino lo que quieres Tú.
[37] Vuelve y los encuentra dormidos, y le dice a Pedro: Simón, ¿duermes? ¿No has sido capaz de velar una hora?
[38] Velad y orad para no caer en tentación; el espíritu está pronto, pero la carne es débil.
[39] De nuevo se apartó y oró diciendo las mismas palabras.
[40] Al volver los encontró dormidos, pues sus ojos estaban cargados de sueño; y no sabían qué responderle.
[41] Vuelve por tercera vez y les dice: ¿Aún podéis dormir y descansar…? Se acabó; llegó la hora. Mirad que el Hijo del Hombre va a ser entregado en manos de los pecadores.
[42] Levantaos, vamos; ya llega el que me va a entregar.

Lc 22,40-46

[40] Cuando llegó al lugar, les dijo: Orad para no caer en tentación.
[41] Y se apartó de ellos como a un tiro de piedra y, de rodillas, oraba
[42] diciendo: Padre, si quieres, aparta de mí este cáliz; pero no se haga mi voluntad, sino la tuya.
[43] Se le apareció un ángel del cielo que le confortaba. Y entrando en agonía oraba con más intensidad.
[44] Y le sobrevino un sudor como de gotas de sangre que caían hasta el suelo.
[45] Cuando se levantó de la oración y llegó hasta los discípulos, los encontró adormilados por la tristeza.
[46] Y les dijo: ¿Por qué dormís? Levantaos y orad para no caer en tentación.

PRÓLOGO

Getsemaní. Horas de amargura humana para Jesús; horas de paz inefable en el hondón de su espíritu, porque cumple la Voluntad santa de su Padre. Unas horas éstas, las de la oración de Jesús en el huerto, que llegan muy al fondo del alma del cristiano. El Maestro quiso rezar con los hombres y por los hombres en el momento culminante de su entrega a la obra redentora.

Al sentirnos un personaje más en el Evangelio, como aconsejaba san Josemaría,[1] detengámonos con sosiego en este pasaje, que nos muestra la fuerza divina del amor de Jesús a sus hermanos los hombres y, a la vez, hasta qué extremos asumió nuestra flaqueza y nuestra debilidad. Por eso, lo que haremos es sencillamente mirar a Jesús en Getsemaní y, en el trasfondo, a los apóstoles. Cada detalle de esa noche memorable nos afecta: hemos de vernos en ese trance, para agradecer la bondad de Dios, para afrontar personalmente la Pasión y Muerte del Redentor y profundizar en este misterio. Así aprenderemos a amar y a rectificar nuestra vida. Vamos a proceder como Teresa de Jesús que, al contemplar la vida de Cristo, hallábase mejor donde le veía más «solo y afligido». «En especial —nos dice— me hallaba muy bien en la oración del Huerto. Allí era mi acompañante. Pensaba en aquel sudor y aflicción que allí había tenido... Deseaba limpiarle aquel tan penoso sudor... Muchos años, las más no-

---

1. Cfr. san Josemaría Escrivá de Balaguer, *Amigos de Dios*, n. 222; *Forja*, n. 8.

ches antes que me durmiese, cuando para dormir me encomendaba a Dios, siempre pensaba un poco en este paso de la oración del huerto... Y tengo para mí que por aquí ganó muy mucho mi alma, porque comencé a tener oración sin saber qué era...»[2]

Vaya por delante esta doctrina clara: todos podemos rezar; con más exactitud, todos debemos rezar, porque hemos venido al mundo para amar a Dios, alabarle, servirle y luego, en la otra vida —aquí estamos de paso—, gozarle eternamente. ¿Y qué es rezar? Sencillamente, hablar con Dios mediante oraciones vocales o en la meditación. No cabe la excusa de que no sabemos o nos cansamos. Hablar con Dios para aprender de Él, consiste en mirarle, en contarle nuestra vida —trabajo, alegrías, penas, cansancios, reacciones, tentaciones—; si le escuchamos, oiremos que nos sugiere: deja aquello, sé más cordial, trabaja mejor, sirve a los demás, no pienses mal de nadie, habla con sinceridad y con educación... No despreciemos el tesoro de la oración, porque se ama como se reza, y se reza como se ama. De seguro que, al contemplar al Maestro en Getsemaní, se abrirá paso en nuestra mente la necesidad de orar también cuando no resulta fácil.

La «agonía» de Getsemaní, como llama san Lucas al trance que vivió Jesús en aquel evento salvífico, posee una fuerza extraordinaria de interrogación: «Jesús sufre, por cumplir la Voluntad del Padre... Y yo, que quiero también cumplir la Santísima Voluntad de Dios, siguiendo los pasos del Maestro, ¿podré quejarme si encuentro por compañero de camino el sufrimiento?

»Constituirá una señal cierta de mi filiación, porque me trata como a su Divino Hijo. Y, entonces, como Él, podré gemir y llorar a solas en mi Getsemaní, pero, postrado en tierra, reconociendo mi nada, subirá hasta el Señor un grito salido de lo íntimo de mi alma: *Pater mi, Abba, Pater... fiat!*»[3]

Dispongámonos a recorrer paso a paso y palabra por palabra esos relatos evangélicos y a desagraviar por las defi-

---

2. Santa Teresa de Jesús, *Libro de la vida*, 9, 4.
3. San Josemaría, *Vía Crucis*, I estación, punto 1.

ciencias de los hombres que allí se hacen patentes. Metidos en el Evangelio, entenderemos que Jesús nos convoca, como a los discípulos, a la oración, y nos fijaremos en la actitud que tuvieron, con el deseo sincero de que no se repita por nuestra parte aquella falta de atención y de solicitud por quien tanto nos ama.

Éste es el misterio: la Redención se ha cumplido ya —*semel pro semper*: de una vez por todas y para siempre— en la Pasión, Muerte y Resurrección de Nuestro Señor; pero se va realizando en las almas cada día, día a día. Y los cristianos —hombres y mujeres, jóvenes y ancianos, sanos y enfermos, intelectuales y trabajadores manuales, solteros y casados— somos apóstoles: pero no apóstoles dormidos sino bien despiertos, portadores de Cristo, para conocerle y darle a conocer.

CAPÍTULO I

Entonces llega Jesús con ellos a un lugar llamado Getsemaní, y les dice a los discípulos: Sentaos aquí mientras me voy allí a orar (*Mt* 26, 36).

Un amor de dimensiones divinas

1. *Y después de recitar el himno, salieron hacia el Monte de los Olivos* (*Mt* 26, 30). Jesús, el Unigénito del Padre, el Salvador, el Dios con nosotros, terminada aquella larga conversación con sus discípulos que sigue a la Última Cena, se levantó y, después de cantar el himno de acción de gracias, salió del cenáculo con sus discípulos. Era ya muy de noche.

Como de costumbre, fue al Monte de los Olivos, dice san Lucas al comenzar el relato (*Lc* 22, 39). No era, en efecto, la primera vez que iban a aquel huerto de Getsemaní, que debía de ser propiedad de algún discípulo adinerado de Jesús: allí —nos precisa san Juan (*Jn* 18, 2)— *Jesús se reunía frecuentemente con sus discípulos.* Allí, caída la tarde, se recogía el Maestro con sus discípulos para hacer oración, conversar y, muy posiblemente, pernoctar. Y a la mañana, muy temprano, ya estaba Jesús en su labor de almas en Jerusalén. Eran para Nuestro Señor muy duras aquellas jornadas, las de aquella última semana en Jerusalén, que nosotros llamaremos la Semana Santa. Duras y sacrificadas por su entrega total —como siempre— a la misión salvífica y, sobre todo, por la inminencia de «su hora». Pero especialmente aquel día, aquella noche que siguió a la Última Cena —mientras el traidor consumaba la trama y a pesar de la fatiga de Nuestro Señor—, el Alma santa de Jesús se dio plenamente a la oración, se aferró a su Padre-Dios.

Jesús acude a Getsemaní para prepararse a la Pasión y Muerte que se avecinan. Sigue primando en su vida lo que narra el evangelista Juan: *habiendo amado a los suyos que estaban en el mundo* —a la humanidad entera, porque al encarnarse ha hecho suyos a todos—, *los amó hasta el fin* (*Jn* 13, 1). Y se dirige hacia esa meta, cumbre de su amor al Padre y —por el Padre— a sus hermanos los hombres, rezando en el Huerto de los Olivos.

La oración de Cristo en Getsemaní —honda, perseverante, exigente— es, a la vez, el inicio y la preparación para su holocausto o, con otras palabras, para que Jesús —Dios hecho hombre perfecto— muera en redención por nuestros pecados. Ese inimaginable Sacrificio Santo, ese sufrimiento que por el amor se hace infinitamente eficaz y grato a Dios Padre, tiene su preparación inmediata en esas horas de recogimiento: ahí confirma el Señor que quiere beber completamente el cáliz, sin escatimar la entrega. En esta oración que ahora comienza se prepara el *consummatum est!* de la Cruz (cfr. *Jn* 19, 30), todo está cumplido.

Cuando cede el frente de una presa, las aguas se desbordan río abajo. Pues «en esos momentos finales de la vida terrena de Jesús, parece como si el Señor —el Padre, el Hijo, el Espíritu Santo: la Trinidad Beatísima, único Dios— hubiese decidido romper el dique que contenía las aguas de la divina gracia para inundar el mundo de bienes».[1] Acertada imagen para acercarse un poco a contemplar la magnitud del amor de Cristo a los hombres, que se agiganta progresivamente durante las horas de la Pasión.

Ya pocas horas antes, en la Última Cena, con la institución de la Eucaristía y del sacerdocio, se había manifestado ese amor inmenso; entonces, con el mismo amor sumo, ¡del único y verdadero Dios!, inició su oración, que discurrirá larga y concentrada. A medida que Jesucristo se adentraba en el Sacrificio —redentor de los pecados de la humanidad: los de

---

1. A. del Portillo, Notas de la predicación, 9-IV-1977.

cada hombre—, su amor incesante cobraba el tinte del dolor, de la tristeza y de la opresión; y se revelaba ilimitado y sobrehumano, porque le movía siempre, también ante esa prueba tremenda, una entrega de dimensión divina.

Deseemos que Jesús sea la chifladura de nuestro ser. Así entenderemos más su vivo sufrimiento, a la vez que nos haremos cargo de que no atisbamos más que una chispa de su amor inconmensurable. Por eso, rogamos al Maestro divino y humano que nos conceda la gracia de no olvidar que somos el objeto de su amor y de su dolor, que ansía la limpieza de las almas y sufre por nuestras ofensas. Con nuestro comportamiento le consolaremos, como nos ha pedido a través de la súplica que dirigió a los discípulos.

Esta entrega sin límites la ha querido libremente: *afflictus est et ipse subiecit se* (*Is* 53, 7), precisa la Escritura: el Maestro ama siempre. Nada le detiene, ni siquiera nuestro rechazo. Por eso debemos empezar a clamar, ya desde el principio de nuestra meditación: ¡Cámbianos, Señor!; cámbianos, para que sepamos corresponder a tu amor; cámbianos, si es preciso llevándonos a participar de tu dolor —también con un trallazo físico— a la hora de las tentaciones, para que no dudemos en escoger la propia inmolación libremente, como Tú.

En compañía de los hombres

2. *Entonces marchó Jesús con ellos a un huerto llamado Getsemaní*. Vino *con ellos*, dice el texto. Deseaba el Maestro proceder de esa manera porque había venido a la tierra para acompañar a los hombres y para que los hombres le acompañásemos. Era su costumbre, así nos lo señala san Lucas. ¡Qué gozo debemos experimentar ante su afán de ir a nuestra vera a lo largo de la vida!

Contemplemos sin cansancio, sin rutina, este *querer* estar y caminar del Maestro con nosotros. Propone que no nos separemos de Él, suceda lo que suceda, también cuando aparentemente le marginen sus hermanos. Si sucediera, se deberá agudizar entonces la fidelidad de los discípulos, sin respetos humanos, con un limpio y caritativo complejo de superioridad, porque vivimos con el Omnipotente y nos sabemos amigos del auténtico Amigo.

Los llevó con Él, para que participaran en su oración, a diferencia de otras escenas del Evangelio, cuando se retiraba a orar Él solo; aunque esa soledad no impedía que los apóstoles —rudos y superficiales, como nosotros— advirtieran los beneficios de esos tiempos de recogimiento externo del Señor, que llegaban a todo el pueblo.

Fueron testigos, en tantas ocasiones, de que Jesús, antes de los grandes milagros —que constituían otro modo de rezar y de obrar el bien— daba gracias al Padre, que siempre le escucha (cfr. *Jn* 11, 42). Por lo tanto, no cabía en Jesús un comportamiento diferente ante el prodigio más elevado que estaba realizando: la salvación de la humanidad. También en esta hora rezó, y deseó ardientemente que los discípulos se percataran de que, de ordinario, Dios no actúa si la criatura no vive en diálogo con Él.

A primera vista sorprende que los once, instados por Jesús para que le acompañasen, no advirtieran la grandeza y la importancia de la oración que precedía al gran misterio que se iba a cumplir. Recordarían que la plegaria del Señor, siempre perfecta, había provocado en ellos la estupenda reacción de rogarle que les enseñase a rezar (cfr. *Lc* 11, 1); aunque en ocasiones los prodigios les habían puesto de manifiesto su personal pequeñez con tanta fuerza que le pidieron que se alejase de ellos, pobres pecadores (cfr. *Lc* 5, 8).

Resulta llamativo que, ante la nueva invitación del Señor, y más aún después de lo que presenciaron y oyeron en la Última Cena, se mostraran tan indiferentes en ese momento crucial. A pesar de esto, no cambió el Maestro su amor infinito hacia ellos. Por desgracia, también ahora los hombres trocamos nuestro afecto con penosa frecuencia: basta una nadería para olvidarnos de Cristo o para centrarnos en el propio yo.

Durante los tres años de caminar con Él por Tierra Santa sería constante la invitación del Maestro a los discípulos para que rezaran. Ahora les pidió que se sumasen a su recogimiento, a su preparación para el Sacrificio redentor de la humanidad. Les remachaba así que la vida del cristiano, a todas horas y especialmente en las circunstancias más extraordinarias, debe discurrir por el cauce de una oración con Él y como la de Él.

Orar con Cristo lleva necesariamente a asumir como propia la Voluntad del Padre, por la acción del Espíritu Santo. De este modo se comprende mejor la posibilidad de que nuestra vida adquiera ese alcance eterno que encierran los planes divinos. Nos conviene, pues, empeñarnos en orar con Él: nos transmitirá el vigor de la perseverancia, y le dejaremos habitar en la inteligencia y en el corazón, confiriendo a nuestras potencias la hondura del diálogo del Hijo de Dios con su Padre. Orar con Cristo ayudará a superar limitaciones internas y externas, porque se nos concederá la fuerza con que Él perseveró, también en Getsemaní, para alcanzarnos la Vida de Dios en nosotros.

Orar como Cristo. A los discípulos les habría bastado mirar con atención al Redentor, y unirse a lo que Él expresaba a Dios Padre, lleno del Espíritu Santo. Les habría bastado fijarse en Él para aprender, para tener su misma seguridad. Así proceden tantas almas santas, que en la oración no dejan de mirar a Cristo, de contemplar su rostro. Tengamos la certeza de que, si velamos al lado de Jesús —como Él sugirió a aquellos hombres en Getsemaní—, la oración brotará intensa y eficazmente, aunque debamos pelear con nuestra debilidad, que nos empuja a la distracción, a una correspondencia a medias. Pero se requiere que pongamos la mirada en el Salvador. «Contemplando este rostro —ha escrito Juan Pablo II— nos disponemos a acoger el misterio de la vida trinitaria, para experimentar de nuevo el amor del Padre y gozar de la alegría del Espíritu Santo.»[2]

Una amistad honda y sincera

3. En estos gestos del Maestro —gestos humanos de Dios—, focalizados hacia el Sacrificio Supremo de la Cruz, saboreamos un poco de la calidad insuperable de la amistad divi-

---

2. Juan Pablo II, Carta Apostólica, *Rosarium Virginis Mariæ*, 16-X-2002, n. 9.

na. Él nos ha llamado amigos (cfr. *Jn* 15, 15) y ha recorrido nuestra andadura para que nos entre por los ojos que su acercamiento es total; se interesa por nuestros problemas —¡Jesucristo vive! (cfr. *Hb* 13, 8)— y asume nuestras cargas y limitaciones. Demuestra que le importa nuestra amistad, porque de su parte no existen discriminaciones ni barreras, no hace acepciones ni distingos, no tiene preferencias que marginan; está siempre abierto a nuestras llamadas y nos recuerda que no lleva cuenta de los sacrificios y renuncias que le procuró nuestra pobre amistad.

Sí: proclamemos sin cesar que Cristo no quiere separarse de los hombres, que cuida delicada y reciamente de los suyos, que es amante inigualable de la amistad, que se ocupa ahora de nosotros con la cercanía y dedicación con que formó a los que convivieron con Él. En el camino del cristiano hace falta ejercitar la fe pero, simultáneamente, se palpa la paz y seguridad con que paga el Maestro a los que se proponen no alejarse de Él.

Su amistad se nos revela absolutamente sincera. Confió a los suyos de muy diversos modos cuanto pasaba por su corazón, sin reservarse nada. Marchó por el camino del dolor, y pregustaba ya —con pena y generosidad— la angustia y el sufrimiento que le aguardaban. No se avergonzó de que le vieran así los discípulos, al revés de lo que hacemos tantas veces los hombres para no quedar mal, para no perder autoridad, para disimular los momentos duros.

Con su divina pedagogía, permitió que quienes habían de dar luego con fortaleza divina el testimonio de la Verdad presenciaran su zozobra y su angustia. Más aún, Él, que poco tiempo después declarará su capacidad de abatir toda potencia humana con sólo rogárselo a su Padre (cfr. *Mt* 26, 53), se mostró en Getsemaní quebrantado y deshecho ante el dolor moral y físico que le infligían los hombres.

Jesús ofrece una lección espléndida. Con frecuencia, Él había caminado largas horas con los que le seguían. En esas jornadas mostró la grandeza de su agotamiento por los hermanos; o la alegría sobrenatural y humana de llegar a casa del amigo; o el esfuerzo de la búsqueda de un lugar para orar... No se separaba jamás de los suyos: los protegía con su compañía, con su mirada, con sus palabras, con su anticiparse a las necesidades; y ellos le seguían con una fe profunda, aunque no tan perfecta como para no sentirse en ocasiones atrapados por ataduras terrenas o por ambiciones humanas que el diablo les tendía. Pero se repite a lo largo del Evangelio algo conmovedor, impregnado de madurez y de cariño: el Maestro no se apartó de los que amaba. Y hoy actúa con la misma disposición.

Deberíamos preguntarnos más a menudo por qué obra de este modo nuestro Dios, para advertir de veras la maravilla de ese andar divino con los hombres. Sólo tiene una explicación: el Señor ama con perfección, sin mezcla de egoísmo, y su inagotable misericordia se ocupa con dedicación total de los seres que ha creado.

Ha cantado el salmista, con admiración y agradecimiento, que no hay lugar ni circunstancia que no caiga bajo la mirada y el dominio de Dios: *si hasta los cielos subo, allí estás Tú; si en el sheol me acuesto, allí me encuentras. Si tomo las alas de la aurora, si voy a parar a lo último del mar, también allí tu mano me conduce, tu diestra me aprehende* (*Sal* 138 [139], 8-10). No se trata de afán posesivo: aunque todo le pertenece, jamás priva a la criatura de la libertad de decidir. La intervención del Cielo emana de su Providencia, de su buen gobierno, que nos presta la ayuda de su brazo para que salgamos airosos de lo que se cruce en nuestro camino. Pero hemos de corresponder a sus desvelos, sabiendo «agarrarnos a esa mano fuerte que Dios nos tiende sin cesar, con el fin de que no perdamos el punto de mira sobrenatural; también cuando las pasiones se levantan y nos acometen para aherrojarnos en el reducto mezquino de nuestro yo, o cuando —con vanidad pueril— nos sentimos el centro del universo».[3]

Dios nos ha llamado a la santidad al traernos a la vida, y jamás ha querido desentenderse de nosotros. Por eso derrama sobre cada uno su gracia, para que, con su amistad, nosotros alcancemos la meta de nuestra carrera.

---

3. San Josemaría, *Amigos de Dios*, n. 213.

Una respuesta libre y activa al amor y a la llamada de Dios

4. Acudió a Getsemaní con los suyos, y les rogó que le acompañaran: el *quedaos aquí* y luego el *velad conmigo*, a pesar de su forma imperativa, eran en realidad una demanda, una petición, la forma apremiante de expresar su necesidad humana de compañía y la necesidad imperiosa que tenían los discípulos de unirse a su oración. Faltan palabras para describir ajustadamente el amor de Dios a la libertad: nos convoca como testigos de la prodigiosa riqueza de su vida y de su interés por nuestra salvación, pero ni en esos momentos trascendentales se impone.

La Verdad atrae a los hombres, se abre camino en las inteligencias, los orienta y satisface; por eso, los discípulos fueron espontáneamente tras el Señor, como de ordinario ocurre al cristiano, si se detiene a pensar en los beneficios que Él procura. Pero no basta con dejarse llevar para ser amigos suyos; el Señor nos enseñó que se requiere el ejercicio consciente de la propia libertad, hasta las últimas consecuencias.

Durante la oración en el huerto no pasó por la cabeza a aquellos once la idea de abandonar al Maestro; pero su comportamiento era todavía demasiado afectivo, su amor a Cristo no informaba la totalidad de su ser. Casi se podría afirmar —como de nosotros— que se conducían por un querer a medias. Conocían de sobra que no les convenía apartarse del Señor, pero no se decidían a actuar con plena coherencia; no se identificaban con los ruegos expresos del Maestro. La flojera de su respuesta los condujo, se diría, a una presencia-ausencia, que lógicamente apenaba al Señor.

Realmente, los apóstoles no se detuvieron a meditar la entidad de estas palabras del cenáculo: *vos estis qui permansistis mecum in tentationibus meis* (*Lc* 22, 28). Por el amor que profesaban al Rabí, si hubiesen sido conscientes de lo que les rogaba y del importantísimo momento que vivían, habrían tomado mucho más en serio las frases y los gestos de

Jesucristo. No se habrían limitado a acudir físicamente con Él a Getsemaní y a permanecer allí pasivos.

Ir con el Señor requiere una disposición activa, como la del Maestro cuando bajó a salvarnos; vino —abriéndonos camino— a recomponer nuestra verdadera felicidad. Y, para que calara hondo en las almas la calidad de esa exigencia, señaló de modo claro, aunque sus palabras puedan sonar duras, que no podemos enredarnos con ataduras inútiles: *deja que los muertos entierren a sus muertos* (*Lc* 9, 60). Jesucristo ha sido, es y será siempre Vida, y Vida en plenitud, también cuando muere, porque la da para volver a tomarla y entregárnosla, haciéndonos partícipes de esa riqueza incomparable.

Por no acompañar al Redentor, libre y activamente, en aquellas horas supremas, se produjeron el miedo, las negaciones, la desbandada de los apóstoles: quien no está con Él, del todo, está contra Él (cfr. *Mt* 12, 30). ¡Qué importancia entraña que nos percatemos del alcance de las omisiones, que constituyen el principio de la deserción! La lejanía física o la falta de trato pueden conducir al enfriamiento o a la pérdida de la amistad; también en la relación con Dios, si no se corresponde a las exigencias del camino, entran en el alma el desinterés y la tibieza.

Los cristianos hemos de convencernos de que el Señor no cesa de invitarnos a permanecer a su vera, porque desea contar con nosotros, también para que otras almas aprendan a seguirle; pero prefiere que lo decidamos con libertad, persuadidos de que su llamada nos presenta lo único conveniente, para alcanzar la realización más profunda de nuestra personalidad, que sólo se verifica cuando le permitimos vivir su Vida en nosotros.

Causa admiración la tenaz y amable sugerencia de Cristo a que se le siga libremente. Jamás se cansa de insistir a los suyos con el *sígueme...*, y cuando se camina con Él, se entiende la gran verdad de que el sendero del cristiano —gozar del amor de Dios— es un vivir siempre nuevo. Nos ha comunicado, además, que nos escucha si le invocamos de veras, porque dialoga sin interrupción con los que le aman, incluso cuando parece ocultarse.

Desde el primer momento de la subida a Getsemaní se

percibe con claridad esta nueva e íntima cercanía del Señor, a la que llamaba entonces a los suyos, y también, ahora, a nosotros.

El Señor Jesús ha querido que sus hermanos los hombres le seamos amigos leales, porque ha vivido y ha muerto por cada uno. Por mucho que nos acerquemos al Maestro, nunca lograremos superar la intimidad con que Él ha bajado hasta nosotros. Le agradecemos que nos haya invitado a seguirle en Getsemaní. Y, ante su magnánima confianza, le aseguramos que nos empeñaremos en ahondar en la profunda dimensión humana y divina de las palabras y acciones que presenciamos en el huerto. Luego, en locura de amor, le manifestamos que querríamos adentrarnos en la intensidad de su oración, que le llevó a sudar sangre, porque nos colma de seguridad y de gozo tener un Dios que carga con nuestro yo, aunque sea un pobre lote de miserias. Sí, deseamos ese acercamiento para saborear, cada vez con más hondura, el bien que nos ha traído; y para comprender simultáneamente, con sincera contrición, el mal que le hemos causado.

El peligro del acostumbramiento

5. Muchas veces y en muy distintos lugares, a lo largo de aquellos tres años, habían oído los discípulos la propuesta del Maestro: retirémonos, sentémonos en este lugar... Habían escuchado embelesados, con gran recogimiento, la riqueza de la enseñanza divina. Muy probablemente los días anteriores —al final de la jornada y antes de darse al lógico descanso, como ya hemos apuntado— habían degustado allí mismo, en Getsemaní, escenas semejantes. En este sentido, no era nueva la situación cuando Jesús les dijo aquella noche: *sentaos aquí*. Pero ahora, cuando el Señor se aparta, como otras veces, para hacer oración, ellos no le secundan como era de esperar.

A las criaturas —empezando por los propios apóstoles de Cristo—, si no vigilamos, si no nos esforzamos por descubrir la Providencia del Cielo, nos asalta el peligro del acostumbramiento malo —de la rutina—, incluso cuando nos ocupamos de tareas importantes. No debería ser así, porque esa familiaridad mala lleva a la falta de amor, a no estar en los detalles con esmero, a permitir que se infiltre la indelicadeza con las personas que tratamos o con los objetos que usamos. Como enseña san Efrén, «la vigilancia que el Señor pide, se dirige a las dos partes del hombre: al cuerpo, para que esté prevenido contra la somnolencia; y al alma, para que rechace la pusilanimidad y la tibieza».[4]

Pensemos en cómo se preparan, antes de una audiencia, quienes serán recibidos por los grandes de la tierra, o los invitados a acontecimientos de relieve. No escatiman los recursos para no desentonar en medio de esa situación privilegiada. Se esfuerzan cuidadosamente en prever hasta los pormenores más pequeños con el fin de estar a la altura. Soportan cualquier dificultad con tal de no quedar excluidos. Si esa participación sucede una sola vez en su vida, alardean luego de haberse encontrado entre los distinguidos, con un orgullo más o menos legítimo, y no se cansan de contarlo. Todos saben que, si uno no da el nivel, corre el riesgo de ser apartado en el futuro.

Esto les ocurrió, en parte, a los apóstoles. Les había removido en tantas ocasiones el modo de orar de Jesús; pero en este momento, cuando el Maestro, con su gran amor siempre nuevo, los urgió a que le acompañasen, no se hicieron cargo del instante que estaban consumiendo. Y le dejaron solo.

Luchemos contra el acostumbramiento, porque este proceder cansino, rutinario, no es propio de personas que saben amar, conscientes de haber sido beneficiadas con un privilegio extraordinario. Escarmentemos en cabeza ajena. En nuestro trato con el Señor hemos de sentir la urgencia de escucharle; la vigilancia para no caer en el sueño malo; la atención de quien se descubre como interlocutor de las tres Personas de la Trinidad.

Realmente, ante un Dios que se interesa tan intensamente por nosotros, hasta invitarnos a participar de su Vida, debería convencernos la novedad y la grandeza de estar en contacto con el misterio divino; jamás habríamos podido ni siquie-

---

4. San Efrén, *Comentario sobre el Diatessaron*, XVIII, 17.

ra imaginar esa situación y, sin embargo, Él nos acompaña siempre por su bondad magnánima, también en el quehacer ordinario.

¡Qué sugestivas y actuales son las escenas del Evangelio! Los hombres seguimos dejando solo al Señor. Por gracia singular del Cielo, nos consideramos discípulos de Jesús, y hemos de asimilar que únicamente en la medida en que permanezcamos cerca de Él —como rogó a los once—, podremos predicar con nuestra conducta la Verdad, y cambiar la dirección de esta etapa de la historia.

En nuestro papel de corredentores, descubramos la novedad de cada segundo vivido con el Maestro, que encierra —como subrayaba san Josemaría— *«vibración de eternidad»*,[5] porque la Pasión y Muerte de Cristo se fueron consumando en esas horas que los discípulos habrían podido compartir, y que hoy hemos de hacer presentes nosotros, como los once que, más tarde, dieron su vida por el Maestro.

Suceda lo que suceda, Jesucristo nos coloca en las situaciones más favorables para vencer, para alcanzar la santidad; persuadámonos de que su amor divino nos ha creado tal y como somos, para que le sigamos y anunciemos públicamente que nos enorgullece ser amigos de Dios.

Cercanía de Cristo e insensibilidad del hombre

6. *Sentaos aquí mientras voy allá a orar*, y con un gesto les indicó el fondo del huerto, adonde se llevó consigo, nos refieren san Mateo y san Marcos, a Pedro, Santiago y Juan. *Sentaos aquí mientras hago oración* (Mc 14, 32). No hacía mucho tiempo que habían salido del cenáculo. Todos en la Última Cena, excepto el traidor, notaron el amor del Maestro: se adentraron en los tesoros que la Trinidad Santísima ponía a su disposición, se quedaron profundamente removidos por el Salvador. Habían sido testigos de cómo la oración de Jesús tiene en todo una proyección de segura eficacia, y no cabe interrupción en su unión íntima con el Padre en el

---

5. San Josemaría, *Forja*, n. 917.

Espíritu Santo. A la vez venían con un principio de desconcierto y tristeza, por la realidad apabullante de la traición anunciada y por la disposición de Jesús a morir en medio de la deserción de los discípulos. El Señor lo había dicho claramente mientras iban camino de Getsemaní: *Todos vosotros os escandalizaréis esta noche por mi causa* (Mt 26, 31). ¿Cómo era posible esto, si ellos le querían entrañablemente? Pedro no lo aceptaba: *Aunque tenga que morir contigo jamás te negaré. Lo mismo decían todos* (Mc 14, 31).

Es de suponer que resonaría en el alma de cada uno de los once el eco de la emotiva y exigente plegaria, que habían escuchado en el cenáculo. Ahora les volvía a insinuar el Maestro que continuaba su conversación con el Padre del Cielo, tan inmediatamente orientada ya a la Redención. No podemos seguir mirando a Jesús, que se adentra en la «oración del huerto», sin anticipar, por contraste, la respuesta existencial de los discípulos —se durmieron— que meditaremos al filo del versículo 40.

Pero Jesús no sólo les comunica confiadamente su decisión de concentrarse en la oración. San Lucas relata que aquel *sentaos aquí* de Mateo y Marcos era una invitación del Maestro a los once para que se entregaran también a la oración: *Les dijo: Orad para no caer en la tentación* (Lc 22, 39).

Bien lo sabemos: unos y otros terminarían en el sopor del sueño. Parece inexplicable la cortedad de corazón de aquellos hombres ante tan impresionante confianza del Hijo de Dios, que les reveló su estado de ánimo y sus ansias redentoras, mientras les rogaba que no le abandonasen; e igualmente ilógica es nuestra dureza de corazón y de inteligencia. A Cristo, entonces como ahora, se le sigue ignorando, abandonando y maltratando. Ningún cristiano debería desconocer que es depositario del mandato de anunciar, sin respetos humanos ni omisiones, lo que el Redentor ha hecho por la humanidad.

Los apóstoles tocaron, física y espiritualmente, la cercanía y amistad del Maestro; nosotros, con la ayuda de la gracia, podemos sentir también la intimidad con Dios. No hay osadía alguna en afirmar ese contacto con el mismo Dios, que se pone en nuestras manos.

El dolor de Cristo se vería acentuado por la superficialidad y la negligencia de los suyos ante su petición, y ahí, en esa increíble indiferencia ante el Señor, hemos de descubrirnos a nosotros mismos. Cuántas veces, incluso convencidos de tener razón, manifestamos de palabra o con los hechos que no nos queda tiempo para rezar. Aparte de que se puede velar con Cristo, purificando las acciones, no existe situación humana que impida conseguir unos minutos, al menos, para dedicarlos expresamente a hablar con Él, tiempo que ayuda a convertir en diálogo sobrenatural los avatares de la jornada.

Somos conscientes de que la Redención penetra con eficacia en nuestras almas y en las de quienes nos rodean. Concluyamos que, si es tan actual este misterio de salvación, también lo son los consejos y las sugerencias de Jesucristo en Getsemaní.

Pero caeríamos en un error grave si identificáramos la tristeza de Jesucristo sólo con las grandes defecciones o las traiciones aparatosas; debemos conceder importancia a esos otros pequeños decaimientos en la lealtad, y a tantas omisiones, que abocan hacia el olvido de una constante y coherente vida cristiana. Y hemos de considerar que quizá no lleguemos al extremo de una deserción, pero podemos provocarla en quienes nos miran como herederos del mensaje evangélico, válido para los hombres hasta el fin de los tiempos.

La distancia física que separa a Cristo de los apóstoles en Getsemaní, según la sugerencia del Maestro, podía ser colmada por la cercanía de intenciones, de propósitos, de oración. Él les había manifestado claramente lo que le ocuparía a continuación, y lo que deseaba de ellos: les acababa de expresar en la Última Cena que los cristianos debemos aspirar a permanecer en la más profunda unidad con el Padre y el Hijo y el Espíritu Santo: *ut omnes sint, sicut Tu, Pater, in me et ego in te* (*Jn* 17, 21). Y, a partir de ese momento, los exhortó a que se comportasen de acuerdo con esa exigencia.

No perdamos nunca esta preciosa visión: a través de aquella invitación a los apóstoles, Cristo nos está invitando a todos. Jesús desea orar perseverantemente en cada uno de nosotros, y nos asegura que no debe importarnos la debilidad personal, ni que nuestro quehacer carezca de relevancia a los ojos de los hombres, ya que Él desea que nos incorporemos a su oración redentora tal y como es cada uno.

La oración de Cristo en el huerto, llena de dolor y de paz, fue y es válida para todos los siglos; por eso nos sigue estimulando a no separarnos de Él, porque Él no nos desampara. Más aún, sin necesitarnos, nos convoca para que, identificados con Él, demos testimonio a la humanidad de su amor a las criaturas. No lograremos cumplir esta misión si no tomamos la seria decisión de ser personas que rezan y acomodan su conducta a ese diálogo sincero con Dios.

El misterio de la oración de Jesús

7. Cada detalle de la Vida de Jesús encierra una lección para nosotros. La noche en que iba a ser entregado se retira a orar en el huerto. Con Cristo, hasta la oscuridad se vuelve luz y camino de claridad. Aun cuando todo se vuelva tinieblas y los padecimientos sean inmensos, Él muestra que, con oración, no hay ceguera, sino camino encendido, compatible con el dolor, para meternos en la intimidad divina.

¿Cómo sería su plegaria en esos momentos, cuando llegaba el tiempo de la manifestación culminante de su amor supremo? Pronunció el *fiat* que el Padre esperaba y al que le impulsaba el Espíritu con una oración que abría las puertas al triunfo del amor de Dios sobre las fuerzas del mal. Ese diálogo discurriría perfectamente unido al Sacrificio, en el que derramaría su Sangre, hasta el último aliento de su vida; fue tal su amor para generarnos a la nueva amistad con Dios, que la oscuridad de aquella noche sirvió de marco para el alumbramiento en el que se manifiesta la intensidad de su dolor-amor. Dentro de la magnitud insondable del misterio, se comprende que el Redentor experimentara la alegría santa del sufrimiento, para que el amor de la Trinidad se expandiera de nuevo por el mundo.

Es inevitable que nos preguntemos: ¿cómo sería la oración de Jesús? Si toda la Persona del Hijo dice referencia al Padre y al Espíritu Santo —los Tres constituyen un eterno y permanente diálogo de amor— y esa Persona ha asumido la humanidad, ¿cuál no sería la fuerza con la que el Alma humana de Cristo oraba al Padre desde la unción del Espíritu, recibido en plenitud con la misma Unión hipostática? Entraña un gran misterio, pero algo nos aclaran los Evangelios —precisamente al narrar el acontecimiento de Getsemaní, que nos disponemos a meditar—, y san Pablo al mencionar aquellos «gemidos inenarrables» (cfr. *Rm* 8, 26), que expresan la necesidad absoluta que el hombre tiene de Dios y que Jesús transmitió a los suyos instándolos a que no se durmieran.

Conmueve la santa delicadeza, tan sobrenatural y tan humana, de Jesús con los hombres. Podía haber comunicado simplemente a los discípulos que se disponía a orar, sin añadir más. Pero no es propio de quien sabe querer —y el Maestro amaba y ama infinitamente— desentenderse de los otros; por eso agrega: *sentaos aquí mientras voy allá a orar*... Los discípulos conocían que la oración del Maestro era esforzada, atenta, también en su recogimiento físico. Entonces volvieron a observar la intensidad de su diálogo con el Cielo. La perfecta caridad de Cristo incluía esa invitación: que tomasen una posición menos incómoda que la suya, pero que no dejaran de orar: una postura que facilitara mirarle y unirse a su recogimiento, pues bien le constaba que a aquellos hombres, llenos de buena voluntad, les bastaba una nadería para abandonar el tiempo de la oración.

Si les hubiera sugerido que se ajustaran a su plegaria hasta en la postura, quizá pensaríamos que no podían concentrarse con esa intensidad; incluso lo justificaríamos por la misma dureza material del ademán físico y del lugar: de rodillas sobre una piedra maciza y rugosa, a una hora avanzada de la noche. ¡Qué estupenda lección de servicio! Jesucristo desgranó esas horas de oración en amar y en cumplir los planes para nuestra salvación, y una vez más reveló que, en la colaboración que reclama, no señaló ni señala imposibles.

Los apóstoles —no somos mejores nosotros— no se ayudaron unos a otros a permanecer en vela, sosteniéndose entre ellos. Las palabras de Jesús en la Última Cena constituían un preanuncio claro del destino que esperaba al Maestro. Ellos mismos habían intervenido en la conversación, reconociendo que, mientras los preparaba para la institución del sacerdocio y de la Eucaristía, les hablaba de modo accesible a su inteligencia (cfr. *Jn* 16, 29). Y, sin embargo, no aprovecharon ese cúmulo de gracias que les concedió el Cielo. Para no acompañar a Cristo se escudaron en algo objetivo —el cansancio— pero carente de peso en esas circunstancias, menos aún cuando se ama de veras.

Les había explicado la obligación de continuar muy unidos a la cepa, si no querían convertirse en sarmientos inútiles; les había prevenido, para que no se asustaran, de que serían perseguidos; les había anunciado que le iban a abandonar (cfr. *Jn* 15, 1-8; *Mt* 26, 31)... Cristo se dirigía con igual intensidad a todos. Ante tal prueba de confianza, lo pertinente habría sido no alejarse del Maestro, fijarse más en sus gestos y atesorar en sus corazones esas advertencias.

El tono de los consejos de Jesús, por las circunstancias solemnes del momento, tenía necesariamente que incidir con más vigor en sus almas; sin embargo, les superó el atolondramiento. Les había prometido el Maestro que no los dejaría solos, huérfanos (cfr. *Jn* 14, 18); es decir, existía un lazo con los suyos, que Él no rompería jamás. ¿Qué más seguridad podía ofrecerles? Y, no obstante, aquellos hombres, como nosotros a diario, se encerraron en su ramplona comodidad.

Los apóstoles no eran indiferentes en su amor a Cristo; pero a veces no le seguían con la totalidad requerida y se escondían en el egoísmo del yo. Y esto, a pesar de que no les faltaba la experiencia de que, cuando no se esforzaban en caminar en sintonía con Jesús, adecuándose al ejemplo de entrega personal que Él les proponía, se encontraban sin recursos, impotentes ante los problemas, obligados a confesar con vergüenza que, en lugar de volar alto, habían girado alrededor de su egolatría, buscando figurar, ser protagonistas a lo humano.

Nos sirve de consuelo comprobar que el Señor no se cansó de las desafecciones e iba pacientemente tras sus discípulos con su amor infinito e inmutable, también cuando la respuesta se alzaba tan débil. ¡Pero qué estupendo ejemplo se habría obrado para la posteridad con la contemplación de unos apóstoles en vela, pendientes del Maestro, sin desertar! Escarmentemos de nuevo en cabeza ajena y no olvidemos que el Redentor, y también las personas que nos miran, están reclamando que no ignoremos a Cristo ni tampoco sus exigencias, aunque hayamos de avanzar a contrapelo. A la vez, no desaprovechemos el estupendo ejemplo que esos mismos apóstoles nos dieron después con su heroica entrega de la vida por Jesucristo. También nosotros, a pesar de nuestra miseria, podemos y debemos recomenzar siempre en el camino de nuestra vocación cristiana.

Salir del propio yo

8. Ante la oración de Jesús en el Monte de los Olivos, es obligado preguntarse cómo la siguieron los discípulos. Sabemos que terminaron durmiéndose, pero antes ¿escucharon los clamores de Jesús? Quizá no les sorprendió demasiado el contenido, pues en su núcleo esencial —nos narrarán los evangelistas— era casi la repetición constante de la tercera petición del padrenuestro, la plegaria que Él mismo les había enseñado: «Hágase tu voluntad en la tierra como en el cielo» (*Mt* 6, 10). Pero el pavor y la angustia que acompañaban aquella oración, y que el mismo Jesús les comunicó, debía al menos haberlos puesto en vilo —en vigilancia, como les comentó Jesús—, y no los puso. En todo caso, nos quedamos estupefactos —aunque no debería sorprendernos, a tenor de nuestras propias reacciones— al contemplar que los amigos íntimos del Maestro, ante el anuncio solemne que habían escuchado, no detuvieran toda su atención en cada uno de los gestos y palabras del Señor. A pesar de sus limitaciones, si hubieran fijado sus ojos con interés en el Redentor, habrían actuado de otro modo. Contemplar la conversación de Jesucristo con el Padre era motivo más que suficiente para no aislarse en su cansancio.

¡Qué fácil es quedarse en lo cómodo, sin causar mal a otros, pero sin obrar tampoco el bien! Un mínimo de buen sentido debería haberlos inducido a atenerse a las indicaciones recibidas: vigilar desde aquel rincón y, a la vez, ocuparse del Maestro. Pero no sabían aún amar a fondo. Así sucede ahora, en tantas ocasiones: los hombres nos encerramos en lo nuestro, sin aspirar a lo que Dios nos pide, sin alzar los ojos a las necesidades de quienes nos rodean, que también son llamadas de Cristo a no dejarle solo.

En otras ocasiones les había indicado que fueran a un sitio determinado, o que se adelantaran en el viaje mientras Él se detenía a orar (cfr. *Mt* 14, 22-23). Esta vez les manifestó claramente su plan, pero en vano. ¿Por qué no entenderemos que la virtud de la caridad lleva a excederse, si se puede hablar así, y a no conformarse con lo justo para cumplir? Vivir con lealtad, cara a Dios, empuja a seguir sus pasos, a no pensar en uno mismo, a saltar el parapeto del propio egoísmo.

Si los hombres nos centramos en el yo, ¡se impone el aislamiento! Por contraste, observemos a Cristo siempre entregado que, aun aclarando su deseo de que le correspondan, no se impone a ninguno. Sugirió sus planes y esperó de la criatura la elección libérrima de aprender a imitarle. Sigamos, pues, con la máxima atención sus acciones y escuchemos atentamente a Dios, para esforzarnos en secundar sus requerimientos.

Impresiona cómo describe la Sagrada Escritura, con pedagógica repetición, el sendero para ser fieles, leales. El Espíritu Santo ha querido dejar constancia de que hemos de mirar con la prontitud con que el esclavo o la sierva están pendientes de su dueño o de su ama (cfr. *Sal* 122 [123], 2). Bastaba un gesto del amo para que esas criaturas reaccionasen con rapidez y diligencia. Les constaba que su felicidad, también humana, dependía de esa cuidada actitud.

Jesús llega más lejos que los grandes de la tierra en su trato con los que libremente aspiramos a ser sus servidores. Sus gestos son sugerencias; y nos obligan los mandamientos —necesarios para alcanzar la Vida—, pero no quita el Señor el libre albedrío para acogerlos, o para despreciarlos equivocadamente. Además, se trata de indicaciones puestas en práctica antes por Él mismo. Por tanto, empeñémonos en adquirir el hábito de mirar a Jesús y de fijarnos en sus obras. Y convenzámonos de que es muy oportuno que, en cualquier ocupación o tarea, pensemos cómo se ha conducido o cómo se conduciría el Maestro en circunstancias análogas, para emprender ese camino inmediatamente, sin vacilación.

El Señor se acomoda a la condición humana sin reclamar jamás algo que no esté a nuestro alcance. Ponderemos que, si su naturaleza de hombre padeció duramente en Getsemaní, no debe extrañarnos que en mayor grado nos suceda a nosotros —hombres débiles como los apóstoles— ante el panorama de una vigilia de oración intensa, para dirigirnos al Padre, imitando el amor infinito con que Él respondió a nuestra necesidad de salvación. Con razón se ha afirmado que lo sobrenatural, cuando se refiere a los hombres, es muy humano.[6] Cristo se retiró a orar por nosotros y ahora nos pide —como entonces— que no le abandonemos, porque aguarda siempre con su misericordia una libérrima colaboración de nuestra parte, también para que nuestra vida, con esa respuesta afirmativa, discurra a semejanza de la suya y obtengamos la propia santificación, a la vez que impulsamos a otros —cuantos más mejor— a tomar ese camino.

En todas las situaciones

9. El tiempo en el Huerto de los Olivos expresa, de modo muy gráfico, cómo velaba el alma de Cristo por los suyos; cómo se interesaba por cada uno y cómo los colocaba en las condiciones más idóneas para que le acompañaran desde su situación personal.

El Maestro indicó a aquellos íntimos el lugar apropiado durante la noche, para que se convencieran de que tenían la posibilidad de unirse a su acción redentora. Consuela mucho comprobar que, al fijarles dónde debían permanecer, no les ocultó su plan inmediato, para que palpasen la confianza divina en ellos.

En las circunstancias más dispares, los hijos de Dios nunca deberíamos sentirnos desplazados, o lamentarnos por nuestras limitaciones. Allí donde nos encontremos, aun contando con la propia debilidad, si rectificamos y nos esforza-

---

6. Cfr. san Josemaría, *Surco*, n. 801.

mos en cumplir, percibiremos la grandeza de la colaboración que podemos aportar para que la Redención sea eficaz en nuestras almas y en las personas que tratamos.

La vida del cristiano no consiste en encumbrarse vanamente, sino en acabar bien la propia tarea, como criatura que busca la gloria de Dios y el bien de los demás con su ocupación y su descanso, con sus rectificaciones y su contrición. No es nuevo este modo de proceder del Maestro, que precisó a los que le amaban dónde debían quedarse para rendir así la debida alabanza a Dios. Recordemos que al endemoniado de Gerasa, después de liberarle del poder del diablo, cuando manifestó su deseo de ir con Él, Jesús —con el mismo amor con que le había sacado del yugo de Satanás— le respondió que volviera a la región de donde procedía, para dar allí testimonio de la misericordia que había recibido (cfr. *Lc* 8, 38-39).

En Getsemaní, al decir a los apóstoles: *sentaos aquí, mientras voy un poco más lejos a orar*, les ratificó que en ese lugar podían unirse a la obra redentora. Evidentemente, Jesucristo rezó por su fidelidad y les facilitó la ocasión de amarle más a Él que a sí mismos; deseaba realmente que no los venciese el sueño, ni se amparasen en la excusa de no estar físicamente al lado del Maestro; quería que velasen.

El Señor volvió luego a repetirles que hay que decidirse a estar siempre con Él. No les pidió nada fuera de su alcance; es más, les propuso que colaborasen desde allí en la oración preparatoria de la Pasión.

Los cristianos debemos dar muchas vueltas a este gozoso «estar con Cristo», sin distinción de lugares o de tiempos, descubriendo también a los demás que todos los sitios o ambientes honrados de este mundo deben convertirse en ocasión de que Dios sea venerado y acompañado, como Él explicó a la samaritana (cfr. *Jn* 4, 23).

En Getsemaní, las circunstancias externas llevan a descubrir que esas horas definen una síntesis perfecta de las enseñanzas del Evangelio. Había predicado Jesús reiteradamente que *oportet semper orare* (*Lc* 18, 1), y ahora ofrecía a los suyos la oportunidad de comportarse así, a la vez que los formaba con su ejemplo. Les manifestó con su conducta que todos los emplazamientos o situaciones son aptos para honrar a Dios.

También ahora insiste a los cristianos en que, allí donde nos desenvolvamos, debemos ser hombres y mujeres de oración. La escena de esa noche impulsa de modo muy consolador a que nos entre por los ojos que cualquier ambiente y las ocupaciones más diversas, también las aparentemente más triviales, guardan la posibilidad —verdadero tesoro— de ser elevadas al orden sobrenatural y unidas a la obra magna de la Redención.[7]

En Getsemaní, amor y desamor

10. En el tiempo de Getsemaní, al que Jesús convoca a sus discípulos, se presentaron dos modos de amar. En la oración perseverante y entregada de Jesucristo vemos, en el Amor humano de Jesús, el Amor de Dios a las criaturas, gratuito e infinito; y en la oración somnolienta y finalmente abandonada de los apóstoles, el pobre amor —el desamor— de la criatura centrada en su yo o doblegada por su debilidad.

Contemplamos con frecuencia en las páginas del Evangelio cómo Jesús se conmovía, y a veces muy hondamente, ante las necesidades de las multitudes, de un pobre enfermo, de un pecador o una pecadora. Entre las consecuencias que saltan a los ojos de esos pasajes destaca la cercanía espiritual y humana que Él quiso y quiere mantener con las criaturas. No le asustaba ni le separaba de sus hermanos la indigencia más absoluta ni la miseria más vil en el orden moral o físico. Llegaba a compadecerse externamente, hasta emocionarse y llorar por las penas de las mujeres y de los hombres.

Sus prodigios, a cual más esperanzador, constituyen el anticipo de la divina misericordia que, desde la Pasión, Muerte y Resurrección, descenderá en bien nuestro. Si los males de sus contemporáneos no dejaban indiferente al Señor, fácil es concluir que la Misericordia de Jesús brotó a grandes torrentes en las horas de Getsemaní mientras se le hacía presente la miseria de la humanidad a lo largo de los siglos.

Jesús, el Hijo de Dios, el muy Amado, conocía con su

---

7. Cfr. san Josemaría, *Amigos de Dios*, n. 210.

mente humana la profundidad con que la Trinidad Beatísima había dispuesto la superación de esa miseria y nuestra incorporación a su Amor sublime e inefable. Si este conocimiento impulsaba a Cristo a una entrega sin límites, debemos orientar lógicamente nuestra conducta personal a un esfuerzo muy hondo. Y si un afecto de la tierra, limpio y bueno, suscita una actitud de agradecimiento porque nos estiman, ¡qué sentimiento de genuina solidaridad brotaría en el corazón de Cristo Hombre ante ese Amor perfecto del Padre, del Hijo y del Espíritu Santo hacia las criaturas!

En la Escritura Santa abundan los pasajes que relatan cómo Dios se abre a los hombres que se le acercan con reverencia, lágrimas o sacrificios. Ya en el Antiguo Testamento, Yahvé concede lo que le suplican —salud, descendencia en la familia o liberación de los enemigos—, poniendo con frecuencia al descubierto sus entrañas de misericordia, a pesar de la frecuente infidelidad del pueblo elegido.

Al llegar la plenitud de los tiempos, el Mesías, el Emmanuel —*Dios con nosotros* (*Is* 7, 14)— alzará su plegaria al Padre, con el mismo Amor que a Él le dedica el Padre y que, a través de Él, vuelca sobre la humanidad. Se comprende que Jesucristo, lleno del Espíritu Santo, sintiera el peso de la frialdad, de los desprecios y de las ofensas de sus hermanos, porque entonces y ahora nos mostramos insensibles a su acción salvadora.

La apatía de los discípulos ante la confianza del Redentor, ante la petición con que los exhortaba a que orasen con Él, no difiere de la que asumimos tantas veces nosotros. Cristo lloró por la dureza de Jerusalén (cfr. *Lc* 19, 41), que no reaccionó ante el anuncio de que se cumplía la hora de la apertura de las puertas del Cielo para todos. Y en Getsemaní, cuando su oración por la humanidad arribaba al culmen de su acción salvífica, le apenó la indiferencia de los apóstoles, que afirmaban amarle, y realmente le amaban, pero no del todo: esa indiferencia se acentuó entre los que, por ignorancia o por la maldad del pecado, ni siquiera ponían los ojos en Él.

Ante nuestra torpeza, resalta el poder de la oración misericordiosa del Maestro, y la grandeza de Amor en su diálogo con el Padre para interceder por nosotros. Ese poder y grandeza revelan, también desde un punto de vista humano, que carece de justificación la apatía de las criaturas, que en cambio perseveramos en vivir abocadas al mal. Si no fuera por la magnanimidad de la oración de Cristo, capaz de transformar las piedras en hijos de Abraham (cfr. *Mt* 3, 9), sería como para abandonarnos al destino de la propia miseria, ya que obstinadamente —increíblemente— preferimos las malas inclinaciones a la bondad de Dios que se nos entrega. No es lógico que, tocando con las manos la necesidad de orar con Cristo, caigamos en la abulia o en tantos descuidos, aun pequeños.

Sin oración es imposible seguirle

11. *Llegado al lugar les dijo: orad para no caer en la tentación* (*Lc* 22, 40). En el versículo de san Mateo que hemos estado meditando Jesús exhortaba a los discípulos a la oración con su ejemplo: sentaos aquí mientras voy allá a orar. San Lucas, como hemos visto, introduce la explícita exhortación a la oración, ya desde el principio de su relato.

¡Cuántas veces escucharon los apóstoles este consejo, a lo largo de sus tres años junto a Él! ¡Cuántas veces experimentaron la necesidad personal de acudir a la oración! ¡En cuántas ocasiones observaron que esa actitud les había sacado de su impotencia, ante las peticiones que les dirigían las gentes por su condición de discípulos de Cristo! ¡Cuántas veces fueron testigos de que el Maestro salía al encuentro de quienes oraban piadosamente, y cuántas otras cayeron en la cuenta de que el rezo constituía la premisa de los grandes milagros! ¡Con qué santa y oportuna machaconería sonaba en sus oídos la alabanza del Señor hacia los que rezan, y sus duras recriminaciones a los erigidos como maestros que se conforman con las enseñanzas, sin hacerlas vida propia ni dirigirse a Dios! Muy repetidamente se había quejado de que en muchos falta la fe o es una fe apagada, y en innumerables circunstancias ellos comprobaron que la oración llena de fe motivaba que Cristo sacase de su cautiverio, espiritual o físico, a los enfermos o a los pecadores, como haría luego con el buen ladrón (cfr. *Lc* 23, 43).

Estas situaciones traen a los ojos la realidad de que Jesucristo rezó por todos, y se interesó por los detalles mínimos de cada persona. Deseaba, simultáneamente, que hubiera de nuestra parte una seria, habitual y responsable correspondencia de trato con Él. No cesaba en su santa insistencia de que orásemos, estrechamente unidos a su oración eterna y de valor infinito.

Orad, exclamó; y lo repitió porfiadamente, según los momentos, con acentos de consejo, de petición, de mandato. Fijó este requisito como medio necesario para no caer en la tentación, o para no eludir el cumplimiento del deber. Resulta evidente que, con ese recurso, el alma queda bien defendida, dispuesta a llevar a cabo las grandes tareas, pues Dios no abandona a los que le llaman. Razonemos siempre con este criterio de propia defensa, para no sucumbir a los ataques del diablo, a la debilidad del *hombre viejo* que arrastramos todos (cfr. *Rm* 7, 22-24).

En cada uno de los once, invitados a unirse a su plegaria, se abriría después una mella inconsolable por su deserción. Entenderían que la desbandada en la que cayeron, cuando apresaban a Jesucristo, arrancaba de la falta de oración, de esa oración a la que les había vuelto a instar precisamente antes del prendimiento.

Lección dura para ellos, pues se comportaron de forma impropia en quienes habían sido llamados *amigos* (cfr. *Jn* 15, 15). «¡Señor!, ¿dónde están tus amigos?, ¿dónde, tus súbditos? Te han dejado. Es una desbandada que dura veinte siglos... Huimos todos de la Cruz, de tu Santa Cruz. Sangre, congoja, soledad y una insaciable hambre de almas... son el cortejo de tu realeza.»[8] Abandonaron al Omnipotente para refugiarse en su debilidad, que no podía ser guarida más frágil. No habían captado que la generosidad del Dios-Hombre, que se humillaba para asociarnos a su Vida, les dirigía un ruego —renovado a los hijos de Dios, a lo largo de la historia— para que se unieran voluntariamente al caminar de Je-

---

8. San Josemaría, *Vía Crucis*, I estación, punto 4.

sucristo en los momentos de triunfo, en las circunstancias ordinarias y corrientes, o en la prueba y la contradicción. Bien conocía el Señor que era más que suficiente su dolor y su entrega para redimirnos, pero resplandeció con todo su valor pedagógico el hecho de que pidiera a los suyos que, para acompañarle, rezasen; que se preparasen para luchar contra la tentación; que hicieran al menos lo que pudieran. Ofreció así una nueva manifestación de que es Hombre entre los hombres, y busca el aliento y la compañía de los demás, especialmente a la hora de la prueba: Jesús reclamaba, con ese deseo bien justo, que no le abandonaran a su suerte.

No pretendía el Mesías que soportaran el juicio inicuo, la burla del tribunal y de la soldadesca, la flagelación o la coronación de espinas. Tampoco les indicó que cargaran con el madero que se hundirá en sus espaldas, ni los llamó a subir a la Cruz. No se lo pidió tampoco a su Madre Santísima, porque Él era la única Víctima. Pero qué diferente es el comportamiento de María: siguió paso a paso esos momentos, con su oración vigilante, permaneció luego *iuxta Crucem* (*Jn* 19, 25), junto a la Cruz, y reunió más tarde a los despavoridos discípulos, que no habían sabido rezar. Cristo se dolía por la falta de adhesión de los suyos; quería que, desde su debilidad, hicieran algo más que seguirle, pero ellos se encerraron en sí mismos.

Una invitación amable a rezar

12. La comprensión del Señor hacia los hombres se identifica con su misericordia. La Pasión y la Cruz no eran necesarias para la Redención, pero Jesús ha deseado libremente recorrer ese camino, para ganarnos por esa vía tan impresionante —la *Vía Crucis*— el perdón y la gracia de Dios, absolutamente indispensables para la salvación personal.

La triste deserción de los apóstoles se vino a unir al aparente fracaso de la misión del Señor: ni los suyos se interesaron por Él. Había experimentado Jesús la dureza y la frialdad del corazón humano. Consta que, durante sus idas y venidas para anunciar la Buena Nueva, ni siquiera creían en Él sus parientes, las personas allegadas (cfr. *Jn* 7, 5). El Redentor no se hastió ante tanta indiferencia y desamor: perseveró en la búsqueda de las ovejas, con el medio imprescindible de la oración, para dar cumplimiento a la Voluntad del Padre.

Nos amó con su Corazón magnánimo, sin ir detrás de compensaciones que no necesitaba; bajó al mundo a repartir amor, a conducirnos a la verdadera dignidad de la persona, al privilegio de ser en Él hijos de Dios. Se unió a nosotros y nos estimuló —con su donación ejemplar— a que le imitemos y nos incorporemos a su Vida.

La exhortación de Santiago en su epístola —*appropiate Deo et appropinquabit vobis* (*St* 4, 8), acercaos a Dios y Él se meterá en vuestra intimidad— responde a lo que el discípulo experimentó personalmente: si no nos apartamos de Dios, no sólo se hará fortísima su presencia en nosotros, sino que inundaremos de *gaudium cum pace*, de la alegría y paz verdaderas, los ambientes en los que nos movemos.

Convencimiento, pues, del cristiano ha de ser el de necesitar a Dios más y más. Él nos asegura la participación en los planes divinos, corredimiendo. Ansiaba Jesús que sus apóstoles —con su vigilia— colaborasen activamente a la reconciliación del mundo con el Creador, es decir, que percibieran, ya entonces, que es preciso beber el cáliz que el Padre nos ofrece, para liberarnos de las ataduras terrenas.

Al mismo tiempo, resulta lógico preguntarse el motivo de esa petición del Maestro, si ellos —como nosotros— no eran capaces de solventar la deuda que afligía a la humanidad. Sin embargo, constituía un anticipo de esa verdad sintetizada por san Agustín: «El que te hizo sin ti, no te justificará sin ti.»[9]

Descubramos que es inmensamente amable la invitación del Redentor y, en consecuencia, procuremos no cerrar nuestros oídos ni apartar la vista de este programa corredentor que se nos presenta continuamente con viva actualidad. Nos conviene acercarnos a Él para calar en la riqueza y en la hondura y en la anchura de su amor, y pregonarlo por la tierra: si los hombres conociéramos de veras el don de Dios, se operaría un cambio radical en este mundo nuestro.

---

9. Cfr. san Agustín, *Sermón* 169, 13.

Con ese poco de la infinitud divina que tocamos ya, crece en el alma un entusiasmo real, provocado por las entrañas de misericordia de Quien no nos necesita. ¡Qué sería, si aquellos hombres hubiesen velado y nos hubiesen transmitido algo más acerca del amor-dolor de Dios perfecto Hombre! Nuestra locura de amor se abriría a horizontes más amplios, pero —y no es conformismo con nuestra debilidad— quizá nos habría servido de excusa para no intentar llegar a cotas más altas de oración al comprobar crudamente la distancia que nos separa del modo de dialogar Cristo con su Padre, que, por otra parte, Él colmó. En esa desgraciada omisión de los apóstoles es muy fácil apreciar, por contraste, cuán grande es el interés de Dios por nosotros, que siempre nos es fiel.

Con mano excelsa

13. En Getsemaní, con la oración fervorosa y perseverante de Cristo, se nos revela de forma conmovedora el Amor misericordioso de Dios. La historia de la humanidad está, en verdad, tejida y empapada por la Misericordia divina. Nos ha creado el Señor, nos mantiene en la vida y nos llama luego de este mundo, para llevarnos a Sí. Somos nosotros, pobres criaturas, quienes nos alejamos de esos planes de salvación porque exigen esfuerzo. No nos percatamos de que ese empeño de fidelidad nos robustece y nos adentra en la intimidad de Dios; tampoco lo apreciamos a fondo cuando comprobamos que Él nos tiende la mano para que superemos las dificultades cotidianas —grandes y pequeñas— y seamos más suyos, es decir, más dignamente hombres o mujeres de Dios. Su Misericordia —no lo olvidemos— desciende a diario a nuestras almas.

El Éxodo, al describirnos al pueblo elegido acosado por el ejército que lo había tenido reducido a esclavitud, precisa que Yahvé velaba por su grey, pues *illi egressi erant in manu excelsa* (*Éx* 14, 8). Es una palabra que conmueve: el camino hacia la libertad —fruto de la Misericordia divina— lo recorrían conducidos por *la mano potente y excelsa* de Dios, que es fiel a sus promesas: estamos ante la Omnipotencia al servicio de su Misericordia.

Todo esto era figura de la nueva y definitiva libertad, que Cristo nos consiguió en el misterio de Amor misericordioso de la Cruz. Con su Pasión y Muerte, que se inician en la oración de Getsemaní, el Señor Jesús abrió nuestro camino hacia el Cielo con la potencia salvadora de su brazo. Y la misma protección dispensa ahora a sus hermanos en las circunstancias de actual debilidad personal, que se asemejan a la de los discípulos: ni el sueño al que se rindieron los apóstoles, ni su indiferencia ante la escena tremenda que presenciaban, fue motivo para que el Maestro los dejara a su aire, como habrían merecido; y tampoco nos abandona a nosotros, a pesar de nuestra persistencia en no mirar al Señor.

Puso sus ojos en la miseria humana —los tiene puestos de continuo, como en Getsemaní— y nos ofreció de nuevo su mano segura, paterna y materna, reciamente misericordiosa. Como en el mar Rojo, su brazo poderoso, su inmutable lealtad a la promesa de salvación, nos marcará el recorrido seguro, siempre que colaboremos, aun en medio de las corrientes o de la resaca de nuestras bajas tendencias al mal.

Los discípulos, a pesar de haber experimentado los desvelos del Señor, se centraron en sí mismos, en su comodidad y en su descanso. Es inevitable, meditando la oración del huerto, considerar una vez y otra este desamor. *Sic nos amantem, quis non redamaret?*[10] Y, sin embargo, en Getsemaní, el desamor pudo más que el amor en la criatura. Procedieron así, no por mala voluntad; examinada la situación con ojos ajenos, se podría afirmar que los once no hicieron nada malo, pero no concluyeron nada bueno: cargó sobre ellos la tremenda responsabilidad de la omisión, pues no correspondieron al ruego del Maestro de que vigilasen.

Si no hubiesen cerrado sus ojos, ante su horizonte habría resplandecido la lección inolvidable de cómo pelea el Dios hecho Hombre para defendernos hasta de nosotros mismos con su mano fuerte. Si ahora, a distancia de siglos, remueve el recuerdo de esa escena, ¡imaginemos qué impacto produ-

---

10. Himno *Adeste, fideles*.

ciría la contemplación del rezo doliente del Salvador! De seguro que si los once hubieran mirado a Cristo paciente, su comportamiento habría sido completamente distinto.

Por desgracia, en el Huerto de los Olivos, como en la salida de Egipto, los elegidos optaron por refugiarse en su comodidad, ignorando la mano excelsa de Dios, su Providencia misteriosa y protectora, que jamás se desentiende de los suyos. De suma importancia es que nos percatemos de que Jesucristo se sometió libérrimamente a ese sufrimiento de reparación, con el fin de que nos calase bien hondo que el amor tiene su piedra de toque en la renuncia al propio yo, que necesariamente trae consigo la abnegación, a la que nos resistimos con falsas excusas. En este generoso padecer del Redentor se aprecia a fondo con qué mano grandiosa y amable salvó y continúa salvando a sus hijos.

Considerémoslo de nuevo: ¿a qué condujo la abulia de los apóstoles? A la huida, a la desolación. Decidámonos, pues, a perseverar vigilantes con Cristo y como Cristo, aunque la gente no responda, aunque tarde en brotar el fruto, aunque debamos ir cuesta arriba. Nuestra oración despertará del sopor o de pesadillas angustiosas a muchas otras personas, o las empujará a buscar el consuelo y la reparación en el Señor. Los cristianos, conscientes de la filiación divina, adquieren la certeza de que no desarrollan un papel de segundones en esta aventura de la humanidad: al contrario, desapareciendo, anonadándose, se convierten en cimientos que sostienen el bello edificio de la Iglesia.

Pregonemos con seguridad, oportuna e importunamente, que Dios conduce a su pueblo con mano excelsa, que supera los obstáculos y asegura la victoria.

Anonadamiento de Dios

14. Jesucristo, *perfectus Deus, perfectus Homo*,[11] ha sido ensalzado por el Padre sobre todas las cosas, porque se anonadó completamente en cumplimiento de la Voluntad del Cielo

---

11. Símbolo Atanasiano, n. 30.

(cfr. *Flp* 2, 5-11). En Getsemaní inicia los últimos pasos hacia el *consummatum est* (*Jn* 19, 30) de la Cruz, que le pondrá en lo más hondo de la abnegación y del anonadamiento y, a la vez, le encumbrará y le hará reinar sobre toda la humanidad. Así abría, señalábamos, el camino de la verdadera libertad, el camino por el que cada uno puede ser, con Él, señor de sí mismo y del mundo entero.

Satanás, en las tentaciones que se atrevió a presentar con su falsía y su fanática temeridad (cfr. *Lc* 4, 1-13) —con esta misma argucia se dirige siempre a los hombres—, había expresado al Mesías la oferta de ser rey de «su mundo» si, postrándose ante su maldad, le adoraba. Jesucristo ni siquiera dialogó con la tentación: la rechazó de plano, sin detenerse un instante en la propuesta, porque nada bueno proviene de Satanás, de quien se opone radicalmente a Dios. El tentador, vencido por Jesús en el desierto, «se retiró de Él hasta el tiempo que estaba determinado» (*Lc* 4, 13), que es ahora, en el Huerto de los Olivos.

En Getsemaní continuaría aquella proclamación: *adorarás al Señor tu Dios, y a Él sólo servirás* (*Lc* 4, 8). Antes de subir a la Cruz, el Salvador se hallaba en una soledad semejante a la de los cuarenta días en el desierto, porque sus discípulos tendemos a no oírle. Allí este Dios nuestro, hecho Hombre, reafirmó de otra manera que sólo se reina sirviendo y, por eso, su oración fue larga, detenida, exhaustiva, llena de esfuerzo, para adecuarse sin fisuras al plan que la Trinidad había trazado, y que su Padre le pedía como Enviado al mundo. Allí venció al tentador mientras trataba, por todos los medios, de que sus discípulos no cayeran en aquella terrible prueba y los exhortaba a la oración.

En la oración se concreta el camino para reinar con Cristo sobre nuestro yo, para dominar las circunstancias externas, convirtiéndolas en ofrenda divina. De acuerdo con el ejemplo del Redentor, hemos de mantener una generosa conversación personal con Dios, sin caer en el anonimato o en meros formalismos; ni excusarnos del cumplimiento de este deber, incluso cuando nos falte la comprensión de quienes nos rodeen. Jesús, postrado en el huerto, señaló el itinerario de la victoria, vertebrado en la perseverancia de ese apoyar el alma y el cuerpo en la protección del Padre Todopoderoso, que nos deparará el triunfo sobre las adversidades, si no nos retiramos.

¡Qué contraste entre la soledad de cada discípulo, refugiado en el sueño, y la comunión que vivió Jesús con la humanidad desde la roca de Getsemaní! Qué contraste la oración de Cristo que, al acoger plenamente la Voluntad del Padre, en medio de la indiferencia de las criaturas, alzó al Cielo su plegaria por todos, más aún, con todos, y, seguro de la asistencia de Dios Padre, rompió así el muro que separaba a sus hermanos de la salvación.

Fijémonos en que, si imitamos a Jesucristo, el anonadamiento libre y gozoso conduce a ese santo extremo de no disponer de asidero alguno aquí abajo, a prescindir —si el Señor lo pide— hasta de la presencia de quien debiera acompañarnos. Y al unirnos a Dios Padre, en Jesucristo, por el Espíritu Santo, la vida se dilatará hasta conseguir la capacidad de llevar con nosotros a todas las almas; es decir, esa aparente soledad se transformará, con Cristo, en una fuerza de atracción para los demás, porque nos encontrarán disponibles en sus necesidades.

A la vez, recordemos que el Señor desea contar siempre con el esfuerzo de la oración. Nos ha convocado, con sus discípulos, para que demos a nuestra vida el peso y la proyección apostólica que encierra, por nuestra condición de corredentores. Maravillémonos, desde luego, de que la Trinidad Santa haya decidido colocarnos en el centro de sus planes salvadores, pero miremos fijamente al Maestro para aprender a orar, presentando a Dios Padre nuestras limitaciones. De sobra sabía Él que los suyos estaban conturbados y fatigados, pero también le constaba —y lo reveló con sus hechos— que no hay cansancios ni pesadumbres insuperables cuando se ama.

«*Orad para no caer en la tentación*»

15. *Vigilad y orad para que no caigáis en la tentación* (*Mt* 26, 41).

«Y no nos dejes caer en la tentación» (*Mt* 6, 13): es la penúltima petición del padrenuestro, la oración que Jesús mismo les había enseñado a rezar, algo que pertenecía por tanto al núcleo más esencial de la oración según la doctrina del Maestro. Tanto que, en aquellos terribles momentos del huerto, emerge como la razón misma de la oración que les pide Jesús. E inmediatamente Cristo se retiró a rezar, para afrontar la increíble prueba de la Pasión. Aguantó esa tragedia por su unión eterna con el Padre, que se acrisoló en su condición de Hombre a través de la oración. Por mucho que lo meditemos, nunca acertaremos a valorar, ni por aproximación, el despliegue del mal desatado contra Jesús: el diablo, la plebe, los poderosos, los soldados, los grandes y los humildes, los pecadores...; todos contra Él en una cobarde valentía,[12] porque, si hubieran estado a solas, frente por frente con Jesús, no se habrían atrevido a nada. Desgraciadamente, también tuvo que sufrir en ese ataque la cómplice abstención de los buenos.

Cristo Hombre soportó y amó ese dolor físico y moral, que arrastraría a la desesperación al hombre o a la mujer más fuerte, porque había orado sin tregua, y su plegaria —no debe olvidarse— tuvo una intensidad total. Ahí amó la Voluntad de Dios Padre y la incorporó a su Alma y a su Cuerpo y a su Sangre. Con aquella oración, que no descuidó, aunque sentía un enorme agotamiento físico y un tremendo cansancio moral, se preparó ¡y cumplió!

Trasladamos este criterio a las tareas humanas. Gracias al diálogo con Dios, podremos afrontar y cumplir cualquier deber, aunque comporte dolor o nos invada la fatiga.

12. Cfr. san Josemaría, *Vía Crucis*, IX estación.

CAPÍTULO II

Y se llevó a Pedro y a los dos hijos de Zebedeo, y comenzó a entristecerse y a sentir angustia (*Mt* 26, 37).

Del Tabor a Getsemaní

1. Jesús se adentró en el huerto para dedicarse a la oración en compañía de sus tres discípulos predilectos: Pedro, Santiago y Juan. Así lo relatan expresamente san Mateo y san Marcos. Los otros ocho —de acuerdo con el consejo de Jesús— se sentaron cerca de la puerta que permitía el acceso a la finca y vieron alejarse al pequeño grupo. Bien sabían los que se quedaban que no era la primera vez que el Maestro llamaba a aquellos tres discípulos y se apartaba con ellos: probablemente, en esas ocasiones, cobraría más fuerza en cada uno aquel primer «sígueme» que cambió su existencia. Cuando el Maestro se dirigía a los tres en esos términos, los demás comprobaban después que algo importante había sucedido o iba a ocurrir. Sólo con este detalle recurrente en las andanzas de Jesús tendrían que haber afinado las facultades de su corazón, porque saltaba a los ojos que algo grande se avecinaba; aparte de que las premisas del cenáculo encerraban, en este sentido, una elocuencia diáfana. En Getsemaní, estos ocho permanecen como a distancia, sentados a la entrada del huerto. Probablemente intentaron orar, conforme al consejo del Maestro (cfr. *Lc* 22, 39), pero finalmente también se durmieron (cfr. *Lc* 22, 45).

En los relatos de Mateo y Marcos las dramáticas idas y

GETSEMANI

For the use of Chelsea House:

- Not to be removed from the Oratory
- Not to be lent away
- Let us try to organise ourselves for every body to have access to it

Thank you for your collaboration

CH, 4-III-005

http://uk.f531.mail.yahoo.com/ym/ShowLetter?MsgId=9982_1816090_130973_1539_1188_0_3... 04/03/2005 venidas de Jesús en el huerto —de los apóstoles a la oración y de la oración a los apóstoles— expresan casi siempre relación al pequeño grupo de Simón y los hijos de Zebedeo, que habían sido de manera tan excepcional testigos de las grandezas de Dios y ahora lo van a ser de su congoja y de su humillación. Los otros ocho quedan, en efecto, en el trasfondo. Orígenes pone en boca de Jesús estas palabras dirigidas a los tres apóstoles mientras se adentran entre los olivos: «A los otros discípulos, más débiles, les he mandado que se sienten allá; pero a vosotros, más fuertes, os he traído para que colaboréis conmigo en las vigilias y en las oraciones.»[1]

La escena de Getsemaní parece narrada por san Mateo y san Marcos en intencionado paralelismo con la teofanía del Tabor. Allí, en el monte, los tres discípulos habían contemplado, como en éxtasis, la gloria de Jesús: resplandecía el rostro del Maestro mientras la voz del Padre señala al Hijo amadísimo —*¡Escuchadle!*— y Moisés y Elías le acompañan y conversan con Él. *Qué bien estamos aquí... Hagamos tres tiendas...* Acá, en el huerto, esos mismos discípulos apreciarán no la gloria sino la agonía de Jesús, no la compañía y el calor humano sino la soledad (en la que ellos mismos le dejaron), no la luz y el resplandor de su rostro sino el miedo en sus ojos y aquel sudor de sangre que bajaba de sus sienes. No oyeron la voz del Padre sino el gemido y el llanto del Hijo. Ante ellos y junto a ellos, Jesús, precisan los evangelistas, empezó a entristecerse, a afligirse y a sentir angustia. Él mismo les confiaba así la espantosa agonía de su alma. Un escritor sagrado apunta la razón teológica: «Llevó consigo solamente a los tres discípulos que habían contemplado su gloria en el monte Tabor, para que quienes vieron su poder vean también su tristeza y descubran que era verdadero hombre en esa misma tristeza. Y porque había tomado toda la humanidad, tomó las propiedades del hombre: el temor, la angustia, la natural tristeza; pues es lógico que los hombres vayan a la muerte contra su voluntad.»[2] En Getsemaní, Cristo vive anticipadamente todo el proceso de la Pasión y de la Cruz, con

---

1. Orígenes, *Tratado sobre el Evangelio de San Mateo, in loco.*
2. Teofilacto, *Enarración sobre el Evangelio de San Marcos, in loco.*

un sufrimiento indecible; pero el misterio de Getsemaní radica en que allí Cristo, ante sus discípulos, en la manera de anticipar ese dolor nos reveló su «debilidad» y, en ese paradójico sentido, la perfección de su humanidad. Con qué ternura deberían haber reaccionado los apóstoles, que habían sido testigos de las grandezas de Dios, ante aquellos dolores y angustias.

Pero todos —los tres, aquí; allá, más lejos, los ocho— declinaron las exigencias del amor y de la compasión y se desentendieron pronto de la invitación recibida, aunque el Cielo habría salido a su encuentro si hubiesen hecho un mínimo esfuerzo. El Señor, en su bondad infinita, respetuoso de la libertad, les ofreció suficientes pormenores significativos, para que advirtieran que se acercaba un momento irrepetible. Al mismo tiempo confirmó con su comportamiento que sembraba a manos llenas su gracia, con el deseo de que cada uno respondiera libérrimamente según sus posibilidades. Nunca pide más de lo que poseemos, de lo que estamos en condiciones de entregar, aunque —como buen amante— quiere ese poco, del todo.

Tristeza de Cristo

2. Sintió miedo y congoja el que venció a los elementos de la naturaleza desatados con violencia, a los poderes de la tierra, a las enfermedades incurables, a la muerte. Se entristeció el Señor —explica san Jerónimo—, no por miedo al sufrimiento, pues para esto había venido a la tierra, sino por la suerte del infeliz Judas, por el escándalo de los apóstoles, por el rechazo del pueblo judío, por la futura destrucción de Jerusalén.[3] Jesucristo estaba desoladamente triste, porque era muy grande la hondura y la intensidad del mal que la humanidad había cometido: una humanidad que ha recibido tantos bienes, empezando por la misma vida, pero prefirió apartarse de su bienhechor. Estaba apenado porque, habiéndonos concedido la capacidad de distinguir y de elegir, hemos op-

---

3. Cfr. san Jerónimo, *Comentario al Evangelio de San Mateo, in loco.*

tado por el mal: el descamino, el desprecio del amor. Como Hombre-Dios perfecto, entendía y abarcaba la magnitud inmensa del pecado, de la ofensa a Dios. Y Él, que es la sólida alegría infinita, sufrió una pena total: una tristeza de amor.

Difícilmente los hombres pueden paliar la angustia del *perfectus Homo*, entre otras cosas, porque no necesita de las fuerzas de sus hermanos, aunque procuremos aportar el consuelo a nuestro alcance. Se quedó a solas con su aflicción. Deseaba encontrar una chispa de solidaridad, a pesar de que su amor superaba con creces la capacidad de nuestros corazones, y no halló respuesta; ni tan siquiera la palabra o el gesto de comunicarle: si yo pudiera, si nosotros pudiéramos... Hasta esa pequeñez le negaron los hombres.

También hoy tenemos que alzar sinceramente la voz al Cielo, para suplicar al Padre que nos cambie el corazón de piedra, como sugiere la Escritura, por un corazón de carne (cfr. *Ez* 11, 19). Roguemos que sea de carne limpia porque, si no, Cristo no sabe qué hacer con un corazón mundanamente carnal. Tristeza de Jesucristo, porque el hombre no se detiene ni unos segundos en el Amor.

Razonando tan sólo a lo humano, se comprende el dolor de Jesús: movido por su compasión divina había lanzado un cabo de seguridad a los suyos, la misma red que hoy nos protege a cada uno, a todos, pero no nos mostramos capaces de considerar ese interés suyo. Apena muy de veras tanta negligencia de entonces y de ahora. ¡Qué humano es Jesús! Y es que el Hijo eterno de Dios se ha hecho verdaderamente hombre, Hombre perfecto.

Miedo y congoja

3. Empezó a entristecerse y angustiarse, a atemorizarse y acongojarse. Las palabras de los evangelistas comunican netamente el peso de la situación. Con su estilo parco, no dudan en transmitir —inspirados por el Paráclito— lo que sucedió en esos momentos. En términos escuetos describen el drama terrible de Jesucristo en el huerto. En cuanto Dios, es inmutable y no caben en su naturaleza divina esos cambios

de ánimo, que hablan de una manifestación tremenda del dolor en Jesucristo Hombre.

Nunca pagaremos con la debida gratitud a la Trinidad Santísima el divino misterio de la Encarnación, y la totalidad con que nuestra condición humana es asumida por el Verbo. Cristo experimentó esos cambios por ser hombre y con la lógica de su perfección humana. Muy difícil es que nosotros, sus hermanos, nos percatemos de la zozobra del Redentor ante el cáliz que se le ofrece.

Para lavar la terrible y despreciable inmundicia de los hombres, los planes divinos pasaron por el suplicio incomparable de la Cruz. No puede existir una criatura que no se estremezca ante semejante panorama de dolor y de expiación; y Jesucristo, precisamente por ser *perfectus Homo* y tener una exquisita sensibilidad espiritual y humana, acusó con mayor intensidad ese ataque tan agresivo, inicuo y desolador.[4] Él sabía que iba a ser abandonado por todos, y esto entrañaba un peso durísimo: la amargura de la soledad y de la indiferencia; pero conocía que, además, iba a dejar de experimentar su indisoluble unión con el Padre, porque expiar los pecados más abyectos traía consigo ese sentimiento de lejanía para soportar y superar la separación radical del Cielo que la humanidad había provocado. Conviene al cristiano valorar en su meditación la tristeza de Jesús en aquellas horas nocturnas, sobre la roca de Getsemaní. Así podremos adquirir conciencia de que el Señor acude a la cita magna de la Pasión y de la Cruz, con el asentimiento voluntario, total, de su Alma y de su Cuerpo, *y va a solas*. Entendemos así, de modo bien patente, que la oración personal debe informar el obrar del cristiano. Horas más tarde, en el juicio embustero y amañado, en los salivazos, en las bofetadas y las burlas, en la flagelación y en la coronación de espinas, en los pasos vacilantes y llenos de esfuerzo con el madero a cuestas, asido luego por los clavos, desde lo alto de la Cruz, repetirá nueva y gozosamente con amor al Padre, en el Espíritu: *non mea voluntas, sed tua fiat!* (Lc 22, 42).

Pero ya entonces, durante las horas de Getsemaní, «en su

---

4. Cfr. santo Tomás de Aquino, *Suma Teológica*, III, q. 45, a. 6.

alma siente ya, anticipadamente, los padecimientos de la Pasión: los insultos, los salivazos, los azotes, las espinas, los clavos..., y aquella lanzada que desgarrará su corazón exánime. Sufre también porque su divina omnipotencia queda como atada y sujeta —hasta eso llega el amor de Dios— a nuestra miseria humana, y se ve zarandeada a empellones y escarnecida por las bofetadas».[5]

Ante los desmanes de la humanidad

4. Muchas veces, en el trato con los demás, somos testigos de la tristeza y angustia de personas que sufren ante situaciones difíciles de su familia. Es tan común que se han acuñado frases, en todos los idiomas, para expresar o resumir esas reacciones: «Vi su cara de tristeza y no se me olvidará nunca.» «Se leía la tristeza en los ojos, en el hablar, en el hacer.» «Desde que le sucedió, el pobre no levanta cabeza...» Ese trauma, que compartimos en aras de la solidaridad o de la caridad, está relacionado con el amor sincero a los seres queridos.

Desde la perspectiva del desgarro por nuestra profunda enfermedad espiritual nos explicamos mejor el comportamiento de Jesucristo ante nuestra caída. Eligieron nuestros primeros padres el mal, aunque se encontraban felices, rodeados del amor de Dios y gozando de sus dones —sobrenaturales y preternaturales—, poseyendo pacíficamente los bienes de este mundo. El hombre ha llegado a esa depauperación porque la ha querido libremente —lamentablemente, sería expresión más atinada—, con un uso torcido de la libertad. Nuestros primeros padres tocaban la felicidad con sus manos y la malbarataron y la arrojaron muy lejos, colocándose a una distancia de Dios incolmable ya para la criatura.

No nos movemos las mujeres y los hombres de hoy con mayor cordura. Por desgracia, seguimos asumiendo esa postura tantas veces con un mimetismo sin razón. A pesar de nuestros descalabros, Jesucristo nos ha recuperado a la Vida, nos concede su gracia para que la hagamos fructificar, e inex-

---

5. A. del Portillo, Notas de la predicación, 9-IV-1977.

plicablemente continuamos reaccionando con inconsciencia: escogemos el descamino, los desvaríos; con una actitud de desprecio hacia el bien, hacia el mismo Dios. Resulta muy comprensible la tristeza y la angustia de Jesucristo ante nuestra insensatez y falta de lógica. Se podría decir que este irracional comportamiento ofrece, por contraste, un motivo de credibilidad en la infinitud del Amor y en la Misericordia de Dios Padre, porque —comprobada nuestra tozuda aversión al bien— debería concluir con la más lineal de las deducciones: si los que han sido creados para ser míos, participando del amor que me une a mi Hijo muy amado, se empeñan en apartarse de mí, los abandono a su triste destino. Pero no quiso ni quiere proceder así.

La tristeza y el agobio de Cristo muestran hasta la saturación en qué grado se interesa por todos los detalles de nuestra vida personal. Se explica también esa gran congoja del Redentor en Getsemaní por la fina percepción de la realidad a la que llegaba con su nobilísimo entendimiento humano: no existe justificación en el embrutecimiento voluntario de sus hermanos y, aunque Él todo lo suplió, su Corazón dilatado de Amor padecía más y más por nuestra patológica elección del mal, como si fuéramos alérgicos a la manifestación de la Bondad. Contempló cómo dilapidábamos los incomparables tesoros del Cielo, y nada más razonable que le doliera hondamente tanta inconsciencia.

Apliquemos la inteligencia sinceramente para intentar hacernos cargo del desconsuelo del Señor en aquellas horas. Cuando hemos sido testigos del destrozo de vidas físicas, de bienes terrenos o de obras de arte, hemos tratado de evitar esos atropellos, si estaba a nuestro alcance, con una cierta indignación y pena. Si no lo hemos logrado, hemos lamentado estupefactos ese pobre espectáculo. Sin rencor, con el perdón cristiano por adelantado, basta volver los ojos a las destrucciones que han asolado el planeta durante el siglo xx. Aunque se trate de sucesos pasados, nos produce gran congoja la maldad de que somos protagonistas los hombres. En no pocas ocasiones, esos desmanes nos dejan hasta un poso de agobio permanente.

Con todo su relieve se presentaron ante Jesús las atrocidades brutales de la humanidad, que resultaban inconcebibles a su naturaleza perfecta: se entristeció por el dolor que le esperaba, pero no es atrevido sostener que —en su inteligencia y en su delicadeza— nuestras ingratitudes, activas y pasivas, le pesaron más que el sufrimiento físico, siendo éste, como fue, un tormento aterrador. Si todo lo hizo bien (cfr. *Mc* 7, 37), ¡qué expresivos y elocuentes debieron de ser, para aquellos discípulos, su tristeza y su desasosiego externos e internos! Lo sintetiza muy precisamente la imagen del profeta, recogida en el canto de adoración a la Cruz el Viernes Santo: *pueblo mío, ¿qué te he hecho, o en qué te he contristado?*[6] Te he dado todo mi ser —repite sin cesar a cada uno— ¡y cómo me has tratado!, ¡cómo me tratas!

Soledad de Jesús

5. Es impresionante esta situación anímica de Nuestro Señor Jesucristo en esos momentos sublimes en que se adentra en su Pasión y Muerte, que Él mismo llamaría «tristeza»: *me muero de tristeza*, confiará a los discípulos un poco después. Oigamos cómo santo Tomás de Aquino lo comenta, hablando de por qué fue «máximo» el dolor de Cristo en la Pasión, tanto el «dolor sensible», que provenía de la extrema crueldad de su martirio hasta la muerte en la Cruz, como el «dolor interior», que se llama *tristeza*, y que proviene *ex apprehensione alicuius nocivi*, es decir, de la captación por el alma del mal o de los males que se le infieren. ¿Cuáles fueron las causas de ese extremado «dolor interior», de esa desolación y amargura que hizo que la tristeza de Cristo y su agonía fueran máximas? Precisa el Santo Doctor: ante todo, «el cúmulo de los pecados del género humano, por los que se entregaba al sufrimiento»; en segundo lugar, el caso especial de las personas que de modo directo pecarían con su intervención directa en la Pasión y Muerte —el traidor, los jefes de los sacerdotes, Pilatos, etc.— y entre éstos, principalmente —agrega santo Tomás—, los discípulos, «que se escandalizarían de Él en la

---

6. Misal romano, Viernes Santo, *Improperios*.

Pasión»; sólo en tercer lugar —pero con toda su fuerza— señala Tomás como causa de la tristeza el saber que iba a perder la vida corporal en aquella jornada, lo cual —agrega— «*naturaliter est horribilis humanæ naturæ*».[7]

A este horror natural de la muerte se agregó, en efecto, la tristeza del Amigo traicionado por el amigo y del Maestro abandonado por sus discípulos, junto a la profunda contrición de Jesús por los pecados, los odios y crímenes de esta humanidad de la que había sido constituido representante y cabeza. Dolor inmenso con una causa bien precisa: Jesús sufre por los pecados de todos y cada uno de los hombres, como expresó en su propia vivencia el apóstol san Pablo: *dilexit me et tradidit semetipsum pro me* (Ga 2, 20): me amó y se entregó por mí. Todo el decurso de su Pasión y Muerte, en cuanto motivadas por el pecado del mundo, fue el «*malum interius apprehensum, sive per rationem sive per imaginationem*».[8] Ése fue el mal, el horror que tanto la razón como la imaginación presentaban a Jesús en la oración del huerto y que le llevó a aquella inmensa tristeza.

Se puede apreciar, como afirmaba san Josemaría Escrivá, que, al contemplarle en medio de esa angustia dolorosa, de esa congoja sin consuelo humano, se le ve más Dios, se nos hace más fácil adentrarnos —con agradecimiento— en el misterio de la unión hipostática, porque sólo un Hombre que es Dios puede soportar tamaña carga. Sus reacciones ante los diversos estímulos, siendo humanas, fueron divinas; en su raíz no se diferenciaban de las que brotan de los hombres y mujeres de todos los tiempos, aunque fueran de calidad tan distinta.

El Maestro sufría ante la obstinación contumaz de sus criaturas. Le conturbaba esa especie de suicidio colectivo e individual de la humanidad. Un irracional empecinamiento lleva a preferir el salto en el vacío de un goce o conquista que no perdura a la posibilidad del triunfo para siempre, para siempre, para siempre,[9] que trae consigo el pregustar aquí

---

7. Cfr. santo Tomás de Aquino, *Suma Teológica*, III, q. 46, a. 6.
8. Santo Tomás de Aquino, *Suma Teológica*, III, q. 46, a. 6.
9. Cfr. santa Teresa de Jesús, *Libro de la vida*, 1, 6.

abajo, como anticipo, un júbilo que lo mundano no proporciona.

Jesucristo se acongojaba porque se antoja a los hombres dejarse morir, de modo semejante a algunos enfermos, que no se esfuerzan en luchar contra su dolencia o contra el agotamiento. Se hallan como en un túnel en el que no ven la luz ni el término. Rechazan la medicación y los cuidados que les instan a no despreciar la curación.

Duro debió de ser para la inteligencia perfecta del Redentor el desatino de sus hermanos. Se entristecía por la afrenta a Dios que cometemos y por la ceguera de mente y de corazón que nos embarga. Podía haber ido directamente a la Cruz, para consumar el Sacrificio supremo de nuestra salvación. Pero no quiso ahorrarse las horas que preceden al suplicio, para mostrar también así que el camino santo de la expiación y de la penitencia no se concreta sólo en actos grandiosos.

Si se anhela llegar a la inmolación grata a Dios del propio yo es preciso tejer la propia vida con los hilos de una abnegación diaria que, por quedarse entre el Señor y el alma, se convierte en malla robusta y prepara a la criatura para afrontar grandes pruebas. No debería el cristiano quejarse de la soledad de la tribulación o de la Cruz, porque Él nos ha enseñado —con su actitud— que es necesario vivir cara a Dios; y que no se justifican las quejas, pues Jesús, en Getsemaní y en el Calvario, está al lado del hombre, ofreciéndole la posibilidad de amar más, entregando alma y cuerpo, ilusiones y deseos, todo el ser. El único que permaneció solo con su dolor —con su dolor santo— fue el Redentor.

A la hora de la aflicción, los apóstoles —sus íntimos— no toman parte, ni siquiera como comparsas, de esa memorable escena. Jesucristo no tuvo, ni físicamente, hacia dónde volver la cabeza: sólo su Madre y aquel grupo de mujeres, con un adolescente, le comprendieron; por lo demás se quedó acompañado de su santa soledad. Con qué evidencia manifestó que no hemos de buscar agradecimientos en la tierra. La criatura debe apoyarse sólo en Dios, sin olvidar que la caridad —como Él espera de los suyos— se concreta en ayudar a los otros a cargar con su Cruz, y en dejar que le echen una mano para llevar la propia. La tristeza y el agobio de Jesús eran oración y amor al Padre, y oración y amor por cada una de las criaturas. ¡Bendita angustia de Jesucristo que reveló cuánto ama a las almas el Dios uno y Trino!

Adentrarse en la tristeza de Cristo

6. El corazón rebosa de agradecimiento cuando se detiene en esta generosidad del Dios hecho Hombre, que respondió con nuestras mismas reacciones —tristeza, agobio, temor, congoja— al divisar el mal físico que caerá sobre su cuerpo y la aflicción que golpeará su alma. «Para mí no hay otro pasaje —escribe san Ambrosio— en el que admire más su amor y majestad. Y es que su entrega a mí no habría sido tan grande si no hubiera tomado mis mismos sentimientos. Así pues, no hay duda de que sufrió por mí Aquel que nada propio tenía por lo que pudiera sufrir; y, dejando a un lado la felicidad de su eterna divinidad, se dejó dominar por el tedio de mi enfermedad. Él ha tomado sobre sí mi tristeza para comunicarme su alegría, y descendió sobre nuestros pasos hasta la angustia de la muerte, para llevarnos, sobre sus pasos, a la vida.»[10] Con la certeza de que cada uno ha provocado ese abatimiento en Jesús —aunque nos pesa, porque querríamos sinceramente no haberlo provocado—, brotan de la conciencia la necesidad y el afán de reparar. Por nosotros mismos no logramos alcanzar esta meta: no contamos con las facultades apropiadas ni estamos en condiciones de desagraviar con una existencia enteramente santa; además, a pesar de esos buenos deseos, ¡nos vencen con tanta frecuencia las miserias! Quien no admitiera esta triste y frágil condición, daría ya pábulo a la soberbia, que constituye el mayor de los males que causaron la tristeza de Jesús, el peor de los pecados, que trae muchos otros consigo, como en una reata.

No podemos por nosotros mismos enjugar nuestra deuda, pero Dios sale a nuestro encuentro una vez más. Como llamó a los discípulos para que le siguieran hacia Getsema-

---

10. San Ambrosio, *Comentario al Evangelio de San Lucas*, 56.

ní y se unieran a su dolor y a su oración, también ahora el Salvador, el Dios con nosotros, nos abre las puertas de su Sacratísimo Corazón, para que nos adentremos en su zozobra, y con Él y con la gracia del Espíritu Santo se la ofrezcamos arrepentidos en reparación a Dios Padre. Pero es indispensable la decisión de que la tristeza de Jesús nos abrase y nos transforme, porque nos reconozcamos agentes del dolor del Maestro. Tratemos, pues, de allegarnos a Cristo con esta compunción —metiéndonos en su Corazón sacratísimo y haciendo nuestro ese dolor, aunque nos supere—, y saborearemos así la alegría de ver cómo Él nos purifica. Veremos cumplidas en nosotros, a la letra, sus palabras, riquísimas de contenido sobrenatural y humano: *la mujer, cuando va a dar a luz, está triste porque llegó su hora, pero una vez que ha dado a luz un niño, ya no se acuerda de la tribulación por el gozo de que ha nacido un hombre en el mundo* (Jn 16, 21).

Con qué fuerza hemos de bendecir y de amar ese tiempo de oración de Cristo en el huerto, asumido por Él con la lealtad de cumplir la Voluntad del Padre, a pesar de la pena física y espiritual que le asaltaba. Cuanto más profundicemos en esa tristeza de Jesús, con más determinación rechazaremos no sólo el pecado mortal, sino también el pecado venial deliberado, y apostaremos por no convivir con la imperfección o con la indiferencia ante las gracias que bajan desde el Cielo a la humanidad. Emociona mirar y remirar la oración en el huerto porque guarda valor actual: con ese diálogo empezó el tiempo cumbre de la Redención. Cristo, en su bondad suprema, quiso revelarnos hasta el fondo el misterio de la Encarnación —¡Dios que se hace hombre por Amor!— y dispuso que los hombres oyeran sus gemidos y observaran cómo necesitaba de su compañía. Junto a aquellos olivos, sin embargo, apenas le brindamos palabra alguna de consuelo… Los evangelistas repiten en diversas ocasiones, confesando con sencillez la tosquedad de los apóstoles, que ellos entonces «no lo entendieron». Lo entendieron después, cuando el Espíritu Santo les abrió la inteligencia y el corazón. Ahora podemos nosotros, a partir de ese mismo Espíritu, prestarle a Jesús esa contribución y consuelo que sigue esperando.

En su decreto eterno de redención de los hombres, en quienes ha puesto sus complacencias, la Trinidad vuelca su infinitud de Amor para que demos ese salto hacia la unión con Dios, del que nadie sería capaz por sí mismo. Sólo reclama a cada uno que ponga lo poco de que dispone, pues —recibido por Él— alcanza valor de ofrenda grata a Dios Padre. Esta generosidad divina, para elevar al orden sobrenatural nuestras acciones, nos asiste hasta en las más pequeñas tareas cotidianas; con Él trascienden este mundo y quedan enriquecidas por el tesoro preciosísimo de sus méritos. Y al comprobar que Dios avalora la respuesta humana, aun en cuestiones mínimas a los ojos de las criaturas, el alma —como Teresa de Jesús en el texto que citábamos al principio— comprende con más profundidad aquellos gemidos de Jesús por nuestras ofensas personales y el consuelo que le prestan nuestro amor y nuestra compañía.

Inmolarse en soledad

7. Más se medita sobre esta tristeza de Jesucristo, y más se ahonda —dentro de los estrechos límites personales— en la grandeza de su locura de Amor por las mujeres y los hombres de todos los tiempos, en su amable deseo divino y humano de rescatarnos, protegernos, llevarnos adelante y hacernos gustar de la Vida suya. No se niega a entregarnos lo que posee: la riqueza inefable de estar con Él, Bondad infinita. Por eso, Él, nuestro hermano, como el mejor de los padres o la más abnegada de las madres, acude voluntariamente a la cita del amor más puro y del sacrificio más cruento —pero más gustosamente buscado y mejor aceptado— que se ha verificado en la historia de la humanidad. «Satisfecha queda el ansia de sufrir de nuestro Rey»,[11] de nuestro Jesús. Y aquí penetran con toda su fuerza los componentes humanos del temor y de la tristeza; estas actitudes brotan espontáneas ante una prueba de dolor que exige una aceptación sin cortapisas, pues ese sufrimiento se adapta a la criatura huma-

---

11. San Josemaría, *Santo Rosario*, III misterio doloroso.

na, pero está en el límite más extremo de la tolerancia de su naturaleza. *Corpus aptasti mihi* (*Hb* 10, 5), le ha preparado la Trinidad un cuerpo —la humanidad del Hijo de Dios— que será la hostia santa que se inmole en sacrificio. Este cuerpo, hechura finísima de Dios, perfecta imagen visible del Dios invisible, tenía que revelarnos, en su entrega al sacrificio, el desgraciado decaimiento —espiritual y físico— de la criatura alejada de su Creador, que no logra salir del atenazamiento del mal. Porque el hombre había sido creado por la mano de Dios para ser dichoso, y le rechazó de plano.

Los padecimientos humanos descargan sobre su Cuerpo santo, sobre su Alma limpia. Son de por sí una mole capaz de aterrorizar al ejército más dotado. Le desploma el rechazo de los que desprecian su intervención. ¿Qué combatiente, por muy aguerrido que fuera, no sentiría pavor ante esa burla? Porque viene para recrearnos a la nueva Vida, y los hijos suyos rechazamos ese don, por negligencia o por oposición expresa. Se trata de un misterio muy grande. No llegaremos a entender en este mundo cómo la Omnipotencia de Dios, que está plenamente en Jesús, puede conciliarse con la despiadada soledad en que le abandonaron los hombres, excepto María, las santas mujeres y Juan; esa inmolación la requieren los designios divinos para salvar la tremenda fisura que la criatura había excavado frente a su Creador. Jesucristo se disponía a subir a la Cruz, solo, ante la mirada de los presentes, que no se preocupaban de prestarle asistencia. Era imposible no sentir temor ante este panorama. La angustia brotaba de las raíces de su Alma porque había buscado la reconciliación de los hombres con el Cielo y nuestras respuestas pisoteaban esa Caridad divina.

Si no somos capaces de calibrar que no pretendió más que nuestro bien, es para estremecerse de temor, pues de esa falta de sensibilidad se pasa fácilmente a la crueldad de la rebelión o de la arrogancia salvaje, que se nutre en su propio mal y sigue alzándose para ofender a Dios. Además, la criatura no tenía posibilidad de esconderse a los ojos del Creador (cfr. *Sal* 138 [139], 8-10), y desde las más falsas coberturas continuaba rebelándose contra el bien, condenando a su Dios con una indiferencia monstruosa o con una maldad infrahumana, más despreciable que los más despreciables horrores que hemos contemplado en la historia, consecuencia del rechazo violento de Dios.

Tomó sobre sí nuestros pecados

8. Nos ha concedido el Señor, por su Amor e insondable bondad, el don de la inteligencia, un chispazo de su Sabiduría infinita, para que sepamos sacar provecho de este mundo y de la propia vida que hemos de administrar. Nos ha concedido igualmente el don inmenso de la libertad, para que podamos escoger el bien autónomamente y gozarnos de los beneficios de esa elección. Contemplamos el gran alcance de la inteligencia al observar los progresos de la humanidad a lo largo de la historia. Comprobamos también que nos ha sido otorgada esa facultad para comunicar esos bienes a los demás; posibilidad grandiosa que debería llevarnos a una continua acción de gracias al Dios Creador y Redentor. Nos ha enriquecido el Señor con la poderosa potencia de la voluntad para amar el bien libremente.

No es difícil descubrir que el recto uso de la inteligencia ordena amar el bien. Fijémonos en esas personas con discapacidad que, aunque no lo entendamos, son también auténtica bendición del Señor para la humanidad y para las propias familias. Su inteligencia no es capaz de razonar ordenadamente, pero algo de luz hay en su mente, pues consiguen agarrarse con confianza y cariño a las manos que con amor los atienden en sus días. Y sus reacciones, aun acompañadas de gestos quizá bruscos, permiten notar cómo aman, cómo agradecen, cómo necesitan ser amados y amar. Esta maravilla de la inteligencia y de la voluntad queda gravemente perturbada con el pecado, hasta llegar a ser empleada para destruir las grandes posibilidades de crear riqueza para uno mismo, para la familia, para la convivencia con los demás. Hemos sido creados para amar la Fuente del Amor, que es Dios; y para amar, en Dios, a todos los hombres, nuestros iguales. ¡Qué felices somos, qué dichosos nos sentimos, cuando —vencido el propio egoísmo— servimos a los demás, les proporcionamos alegrías o consuelos! Este modo de amar y de entender el amor —que era el propio de nuestros primeros padres— quedó desordenado, en ellos y en su descendencia, por la terrible rebelión al orden santo establecido por Dios.

No nos queda más remedio —y la situación actual del mundo y de la cultura lo testifican— que volver a admitir la realidad del pecado y reconocer qué tremendas son sus secuelas. Destruyó la felicidad en la que se desenvolvía el hombre en el Paraíso. En la historia de la humanidad, el pecado deterioró lo más noble de la naturaleza de la criatura; debilitó la agudeza de la mente, la rectitud de la voluntad, el equilibrio psíquico, la estabilidad de ánimo, el ejercicio de la solidaridad; perturbó hasta la salud corporal. Jesucristo, perfecto Hombre, que ahora vemos entristecerse y angustiarse en el Huerto de los Olivos, se encarnó con su generosidad divina para enderezar nuestra desgracia y volver a abrirnos la posibilidad de amar y de gozar del Bien, asumiendo nuestro sufrimiento en el alma y en el cuerpo.

Grande es la misericordia de Dios con la humanidad, con cada mujer y cada hombre. La Carta a los Hebreos pone en boca de Jesús aquellas palabras del Salmo que expresan esa compasión divina: *He aquí que vengo, como está escrito de mí al comienzo del libro, para hacer, oh Dios, tu voluntad* (*Hb* 10, 7). La Voluntad salvífica pasó por el Redentor, que cargó con el desorden generado por nosotros. ¿Cómo no sollozar ante el aislamiento al que conduce el egoísmo humano? Él, que con el Espíritu Santo es uno con el Padre, tomó sobre sí esa podredumbre, tan ajena a la perfección de su naturaleza humana. Jesús iba hacia el patíbulo libremente, con alegría amorosa, compatible con la tristeza y el temor. No resulta difícil de entender; basta pensar en los riesgos a que se someten los padres por sus hijos: lo hacen gustosamente, pero no dejan de experimentar la fuerza del temor, que aceptan por el bien de los suyos.

Congoja, tristeza, temor del Señor en el Huerto de los Olivos: ¡cuánto nos ha amado Jesús! «Delante de este misterio podemos afirmar que sin el sufrimiento y la muerte de Cristo, el amor de Dios a los hombres no se habría manifestado en toda su profundidad y grandeza.»[12] Superó la prueba física de aquellos cuarenta días de ayuno en el desierto; rechazó con soltura las tentaciones del diablo, sin conceder ningún avance; dominó las fuerzas de la naturaleza, transformándolas en bonanza; multiplicó unos pocos panes y unos pececillos en alimento sano y apetecible para una ingente multitud; redujo al silencio a los que usaban despóticamente su poder; sanó las enfermedades que la medicina no curaba; entró en el reino de la muerte, volviendo a implantar la vida; dejó entrever su magnífica gloria, que satisface con creces a los que le aman, aun sin mostrar toda la riqueza de su misterio... Estos destellos de su Omnipotencia y de su Amor muestran que era —¡y es!— el amable Dominador de cuanto existe. Nada había que le sujetara o que Él no pudiera gobernar con su beneplácito.

Pero no nos apartemos de aquellos olivos junto a los que Jesús abre su alma a los apóstoles. Con esa misma Omnipotencia y con ese mismo Amor, Jesucristo en aquella hora tremenda del huerto, ante sus tres discípulos más queridos, se inundó de tristeza y de congoja. Es fácil calibrar su perfección de afecto a los hombres y su incompatibilidad con el mal: de la correspondencia que merece su afecto se desprende generosamente, pues ha venido para servir; de la incompatibilidad con el mal no tiene que soltarse, pues el desorden jamás podrá tocarle, pero debe ofrecerse como Víctima por esa inmensa desgracia de sus hermanos, y lo cumple hasta el holocausto. La naturaleza humana, que el Hijo eterno de Dios quiso asumir al encarnarse, atravesará la muerte física que advino al hombre caído como pena por el pecado. La Muerte de Jesús irá acompañada de los más grandes suplicios. El profeta había anunciado que se le podrían contar todos los huesos y que no habría en Él parecer ni hermosura (cfr. *Is* 53, 2). Su Pasión y Muerte reflejan, en efecto, una situación espantosa. Ningún otro ser humano habría podido arrostrarla; fue el sufrimiento más descarnado que cabe ima-

---

12. Juan Pablo II, Catequesis en la audiencia general, 19-X-1988.

ginarse y, a la vez, la soledad más aislada. El Padre, que le ama con intensidad infinita, permitió que sufriera ese desconsuelo y colocó a Jesús en una terrible coyuntura, que debía afrontar personalmente y que le empujará, en el momento culminante, a expresar al Padre su soledad con el grito: *¿por qué me has desamparado?* (Mt 27, 46).

Todo este panorama se agolpaba sobre Jesús en Getsemaní. Y tembló, y se acongojó. Temor y temblor de Jesucristo, Señor Nuestro, que son la señal evidente de cuánto nos amaba. Como a lo largo de su vida humana, desde la riqueza impresionante de la Encarnación, también en esas horas del huerto que preceden al juicio inicuo y a la Cruz, le vemos —física y anímicamente— del todo cercano a los hombres. Y, aunque no alcancemos a sopesar la eficacia infinita de estos momentos, al acompañarle ahora en su oración y en sus gemidos contemplamos asombrados el modo que Él eligió para acercarse permanentemente al corazón humano: a través de los siglos, en los ambientes más diversos, las mujeres y los hombres, ayudados por la gracia, se sienten tocados en lo más íntimo de su ser por la generosidad de un Dios que abrazó por nosotros las vicisitudes más dolorosas que puede atravesar una criatura.

Santo temor de Dios

9. Damos gracias a Jesucristo por haber sentido temor y por hacernos divisar que aquella situación no era pusilanimidad ni egoísmo. Entendemos bien que a Cristo, en cuanto hombre, le asaltase el miedo ante la gran epopeya de la Pasión, también porque esa carga —de tremenda brutalidad y violencia— era consecuencia del pecado del hombre, que nada tenía que ver con Él. Agradecemos a Jesucristo, Señor Nuestro, que su temor de Hombre fuese pleno. Vio la justicia y la misericordia de Dios Padre ante el pecado: exigió su reparación y Él mismo ofreció la carne limpia y el corazón de su Hijo muy amado para realizarla. Quiso que de este modo percibiéramos también, visiblemente, la potencia de la mano de Dios, en quien misericordia y justicia se identifican.

Con ese santo temor queremos también ahora afligirnos por el riesgo de cometer un pecado, que nos aísla en el desamparo de la soledad y nos aparta de Dios, que justamente sancionará esa separación que tristemente elegimos. Nos dice san Josemaría: «No olvides, hijo, que para ti en la tierra sólo hay un mal, que habrás de temer, y evitar con la gracia divina: el pecado.»[13] Temamos, pues, al pecado, como lo que es, y en consecuencia, sin caer en el desasosiego o en el pesimismo, temamos al propio egoísmo, que tan fácilmente nos traiciona. Ha de ser real y diaria la desconfianza hacia el yo, pues nos distancia de la imagen y semejanza de Dios, que poseemos por su Bondad: nos aleja de la auténtica personalidad que el Creador quiere que desarrollemos, para encenagarnos en una vida compuesta exclusivamente de bajos instintos carnales, o de enojosa soberbia.

Esa actitud positiva nos conduce —lo contemplamos, Señor, en la manifestación de tu dolor en Getsemaní— a agarrarnos sólidamente a la mano de nuestro Padre Dios, que no falla, ni puede fallar nunca, y que nos asiste sin tregua. Fiémonos exclusivamente del Señor, y así andaremos por los caminos que nos corresponden, sin estridencias ni deserciones. Jesucristo, que asumió la humanidad con su bagaje de limitaciones, experimentó un temor grande, porque penetró hasta qué punto llega la debilidad de la carne: vio el embrutecimiento de las criaturas y su dependencia del príncipe del mal. Nos limpió con su entrega como víctima agradable al Padre, y nos anticipó con los hechos lo que san Pablo explicará más tarde a los romanos: que no podemos convertirnos en deudores de la carne, de las pasiones, porque no lograremos desembarazarnos de esa maraña y, por el contrario, nos ahogaremos en el lastre de las miserias (cfr. *Rm* 8, 12). Con su temor santo ante el daño que había producido el pecado, nos exhortó a sentirnos deudores dichosos de la ley del Espíritu, que engrandece el alma, impulsa hacia la perfección de la imagen y semejanza de Dios, y nos confiere así la verdadera Vida (cfr. *Rm* 8, 1-2.13).

---

13. San Josemaría, *Camino*, n. 368.

Agradezcamos, pues, al Redentor su generosidad al recorrer en Getsemaní esa aventura de zozobra humana que debe servirnos también para ahondar en la pena —especialmente la de la separación de Dios— que trae consigo la ofensa al Creador.

CAPÍTULO III

Entonces les dice: Mi alma está triste hasta la muerte. Quedaos aquí y velad conmigo (*Mt* 26, 38).

Confidencias divinas

1. Continuamos orando en Getsemaní, metidos en la narración de los Sinópticos. Es san Mateo el que nos sirve de guía y al que seguimos versículo tras versículo. En esta tercera meditación pasamos del versículo 37 al 38, que acabamos de leer. Ambos, lo mismo que los paralelos de san Marcos (14, 33-34), constituyen una unidad, son una sola pieza, que es como el pórtico, el marco inmediato a lo que en sentido formal y propio sería la «oración de Jesús en el huerto». Situémonos de nuevo en la escena. Los otros ocho discípulos han quedado atrás y Jesús, que se ha traído consigo a Simón con Santiago y Juan, se adentra entre los olivos. Se alejaron como un tiro de piedra, precisa san Lucas, y allí —ante los tres discípulos y en conversación con ellos— se verificará la más impresionante revelación de su intimidad de hombre y de la verdad de la naturaleza asumida.

El Señor debía estar hablando con ellos. No es difícil pensar que continuaban con la conversación que los ocupaba en el camino, cuando Jesús les anunciaba: *todos vosotros os escandalizaréis esta noche por mi causa* (*Mt* 26, 31) y Pedro aseguraba que él jamás se escandalizaría de Jesús (cfr. *Mt* 26, 33). ¿Conversaban sentados en tierra, junto a los olivos? ¿La escena transcurre de pie o paseando? No lo señalan los Evangelios. Lo que sí refieren es que fue allí, en medio de aquella intimidad sobrecogedora, cuando la humanidad de Jesús «se derrumbó»: de miedo, de dolor, de aflicción, de angustia, al tocar tan de cerca lo que se le echaba encima por la magnitud de nuestros pecados. Hasta entonces, en aquella noche memorable de la Eucaristía, había estado el Maestro —si es que podemos hablar así— conteniéndose, guardándose en el alma su dolor. Pero ahora, ante los tres grandes amigos —a los que ha llamado expresamente— y en aquel clima que Él creaba de intimidad y de confianza, deja que salga fuera lo que lleva en el alma: *empezó a entristecerse y a sentir angustia*. Lo vieron los discípulos con sus ojos —temblaba de dolor y de pena— y lo hemos considerado en la meditación anterior. Pero no sólo lo contemplaron, sino que el mismo Jesús les explicó qué es lo que sus ojos observaban: *mi alma está triste hasta la muerte. Me muero de tristeza*, traduce llanamente una versión española.

No cabe más humildad, sinceridad y confianza de Dios con nosotros. El Hijo eterno de Dios, el mismo Dios que el Padre, que se hace hombre por Amor, se presenta ante nuestros ojos «necesitando» el apoyo, el consuelo, la comprensión de aquellos tres pobres apóstoles que representaban a la humanidad. Y después de manifestar la profundidad de su dolor, busca Jesús la «com-pasión» de aquellos amigos: cariño, apoyo, compañía: *Quedaos aquí y velad conmigo*. Debemos a san Mateo este detalle entrañable. San Marcos recoge sólo el *velad*. El Redentor, por san Mateo, nos puntualiza: *velad conmigo*. ¡Conmigo! ¡No me dejéis solo!, acompañadme con la vigilancia y la oración. Quiero teneros cerca. ¡Cómo consuela en medio del dolor «tener cerca» a los que se ama! Y fue entonces cuando Jesús se adelantó un poco —*micrón*, dice el griego de los Evangelios— para hacer oración —la «oración del huerto»—, y cuando aquellos tres amigos, que eran los más «fuertes», según nos decía Orígenes,[1] y que habían escuchado de Jesús aquella petición de compañía, se abandonarían al sueño...

Las escenas de la Pasión, que empieza en Getsemaní, for-

---

1. Orígenes, *Tratado sobre el Evangelio de San Mateo*, in loco.

man como un conjunto de confidencias de Jesucristo con los suyos, con las criaturas que han vivido y vivirán a lo largo de los siglos. Cada una de estas confidencias del Redentor son de una riqueza inefable, como una joya de gran precio. El juicio y la condena, la Cruz sobre sus hombros —precedida por la flagelación y la coronación de espinas—, la agonía y la muerte quedan fuertemente iluminados por estas palabras de intimidad que salen de labios del Señor en Getsemaní. Jesús habla claramente con los apóstoles, les manifiesta el dolor de su alma y les sugiere que pueden ayudarle. Aquellos hombres, que amaban a Jesús pero que eran duros para adentrarse en los planes divinos, se quedaron, estupefactos y como insensibles, en esta hora dramática de la Redención, como nos sucede a nosotros ante tantos requerimientos diáfanos del Cielo para que nos comportemos cristianamente.

Pero la «oración del huerto» y la reacción de los apóstoles a la petición de Jesús las contemplaremos en otra meditación. Nosotros, ahora, queremos quedarnos prendidos en las palabras de Jesús que acabamos de leer. Porque el Señor se acerca también a cada uno, y nos revela como en confidencia: *mi alma está triste hasta la muerte*. Fijémonos que comparó su apenamiento al paso más duro de la naturaleza humana, la muerte. Y, aunque parezca forzar el texto, podemos interpretarlo como la manera de manifestarnos que esa honda tristeza no le soltaría hasta el momento de expirar, porque tocaba el desamparo en que le abandonamos los hombres.

Para esos tiempos en los que deberíamos ir a la Cruz con decisión e incluso alegría —compatible con sentir amargura y dolor—, roguemos al Espíritu Santo que nos cambie el corazón de piedra por un corazón de carne (cfr. *Ez* 11, 19), de modo que nos conduzcamos noblemente. Recordemos que Jesús no nos ha tratado como a huérfanos (cfr. *Jn* 14, 18) y, como buen padre, hermano y amigo, nos transmite estas confidencias para que no nos retiremos y le oigamos con deseos sinceros de corresponder.

Correspondencia de fraternidad

2. Ocurre no pocas veces en la vida que, ante la tristeza de una persona y con ánimo sincero de ayudarla, no se logra este propósito porque no está dispuesta a decir lo que le sucede. Si comentara su angustia, quizá le podríamos atender.

El Maestro nos ha puesto, como a los apóstoles, en el camino hacia la Vida, y nos abre enteramente su alma. Pero no habla en tono de queja, pues recorrió todas las exigencias de la Pasión con afán verdadero de cumplirlas hasta el final, sin ahorrarse esfuerzo.

A la hora de la prueba, de la tentación o del cansancio —Él pasó por esas circunstancias—, miremos a Cristo triste, a Cristo en soledad, y no queramos aumentársela alejándonos más de Él. En la Epístola a los Hebreos, el Espíritu Santo, entre la riqueza inmensa que nos descubre sobre el sacrificio del Sumo y Eterno Sacerdote, precisa en breve frase: *caritas fraternitatis maneat* (*Hb* 13, 1), que arda siempre y se robustezca la caridad fraterna que ha venido a instaurar con plenitud el divino Redentor.

Jesucristo, nuestro Hermano primogénito, se avecinó a nosotros, nos expuso su ansia y nos anticipó que se proponía darnos su fraternidad, a la vez que nos pedía correspondencia. No resulta aventurado afirmar que, del mismo modo que echamos con confianza nuestras penas sobre Él, también el Maestro —por el vínculo profundo que le ata a toda persona humana— manifestó de modo abierto que anhelaba que su tristeza fuera nuestra, porque había decidido desde la eternidad compartir su Vida con la de los hombres, y así nuestra tristeza se convirtiese en alegría.

Con su cuerpo destrozado y su sangre vertida hasta la última gota, nos sacó del mundo de las tinieblas, nos enriqueció con la nueva existencia cristiana, y en su sangre inmolada purificó la nuestra.

Nos ha mostrado a lo divino, pero con gestos completamente humanos, que quiere que nos adhiramos a su Pasión, al destino preparado para el Hijo de Dios, y que así seamos hijos del Padre en Él. Se abre el alma a quien se quiere, al amigo íntimo, al hermano. Y se abre el alma para recibir, cuando menos, interés, comprensión, afecto. Así se allega el Maestro a los discípulos. Su faz desfigurada por el sufrimiento debería haber constituido un aviso para los apóstoles. Es evidente que sus rasgos de angustia aparecían más pronunciados que cuando lloró ante la abulia y la frialdad de Jerusalén (cfr. *Lc* 19, 41). Pero no se limitó a acercarse con el paso vacilante y la cara demudada; se puso junto a los tres, les manifestó con precisión cómo era su tristeza y les pidió amparo y compañía. Los evangelistas nos escribirán —y nosotros lo meditaremos después— que se vio desamparado. Estuvo solo en el huerto, como cada uno en el momento de la muerte, que el hombre vive solo ante Dios y no puede ser sustituido por nadie, aunque le amen muchos y mucho.

El buen Jesús, el amigo de todos, avanzó con la faz desencajada —¡tan grande era su pena!—; se aproximó con la esperanza de que los suyos reaccionaran al mirar su rostro. Ansiaba ser acogido, que entendieran que estaba sufriendo, que le hablaran, que le preguntaran, que articularan algún intento por demostrarle que no les era ajeno. En aquella conversación que estamos meditando, ¿hubo alguna palabra de consuelo por parte de los discípulos? Pedro había pronunciado una protesta de fidelidad cuando venían hacia el huerto *y lo mismo decían también todos* los discípulos (*Mc* 14, 31). Nada recogen los evangelistas. Lo que sabemos es que terminaron durmiéndose.

Amante celoso: «...los amó hasta el extremo»

3. Con esa apertura del alma de Jesús a sus tres discípulos en Getsemaní se revela de modo eminente la ternura del amor de Cristo por nosotros y, a la vez, el deseo de verse correspondido. La amabilísima figura del Redentor descubre constantemente, a lo largo de todo el Evangelio, esa doble faceta de su amor perfecto. Con la humanidad, con la Iglesia, con cada criatura, es el Amante celoso; y, a su vez, es el Amado en

quien resulta muy asequible poner todas las complacencias (cfr. *Mt* 3, 17; 17, 5).

Acudió a Getsemaní en nombre de todos. Decidió que su generosa entrega no excluyera a nadie, y en esa relación con cada criatura, como Amante santamente celoso, se identificó con nuestras necesidades y aspiraciones, para que en cualquier circunstancia estemos en condiciones de dirigirnos a Él como al único asidero seguro.

Amante celoso, no permitió que le fuera ajena ninguna coyuntura por la que atravesemos los hombres. No trazó ninguna distinción ni marginó a nadie. Dedicó sus esfuerzos al alma de cada persona. Aparte de que nada escapa a su mente, dispuso que contempláramos toda la carga de su dolorosa oración, para que nos convenciéramos de que en su plegaria de valor infinito había y hay siempre cabida para nuestra miseria personal, aunque ésta sea abundante y fétida.

Amante celoso, para querer más, estuvo y está enteramente dispuesto a perdonar nuestros descaminos —purificándonos—, de modo que seamos morada para que Él venga y habite en nosotros. Si la criatura asiente a ese interés redentor, nada hay de su existencia ni de su conducta que Él observe como algo ajeno. También en Getsemaní, para saturarnos de su paz y de su seguridad, repitió con sus gestos el *meus es tu!* (*Is* 43, 1); insistió en que no nos desalentemos, pues Él ha allanado las más diversas dificultades y enfermedades humanas.

Amante celoso, no quiso que emprendiéramos ninguna otra senda que nos apartara de Él. Le apenó, en su holocausto, que nos alejásemos de su amistad y reaccionásemos ante su búsqueda con la indiferencia, con el egoísmo o con la tozudez de preferir el mal. No manifestó ningún inconveniente en igualarse a cada uno de nosotros, también a los más desvalidos, hasta el punto de señalarnos que el servicio prestado a esos indigentes es atención que le rendimos a Él (cfr. *Mt* 25, 41). Además, por su condición de amante celoso, ofreció a cada criatura un amor pleno, que colma el alma.

Nada le detuvo en el seguimiento de los hombres. De sobra conocía la ingratitud del corazón humano. Ya Adán y Eva anticiparon el comportamiento ilógico de los seres en quienes se había complacido el mismo Creador. Pero causa estupor la increíble reincidencia de los hombres en sus equivocaciones. Se explica, ante la conducta del pueblo elegido, aquel grito de impaciencia de Yahvé que expresa su arrepentimiento de habernos dado el ser (cfr. *Éx* 32, 9-12).

Procedamos con sinceridad: ¿qué hombre o qué mujer, poseedor de las mayores riquezas, que las ofreciera a sus semejantes o a sus súbditos, y recibiera una respuesta negativa no se desentendería de aquellos ingratos? Le invadiría una tristeza lógica que le pesaría quizá enormemente; pero nadie se extrañaría de que ese benefactor se encerrase en sus propios tesoros, en su amor familiar, ignorando para siempre a los demás. No ignoremos que, desde que el Señor nos ha creado y, luego, desde que nos ha redimido, nos hemos negado en multitud de ocasiones a su constante ofrecimiento de amor por todos y por cada uno. Con la agravante de que nuestra actitud puede incitar a otros a asumir nuestro mismo desamor y contribuir así a que la indiferencia ante el mal o el abandono del vivir cristiano se extienda progresivamente.

Amor infinitamente apasionado

4. En Getsemaní se alzará de modo patente y con toda su carga dolorosa (prendimiento de Jesús), no sólo esa rebelión de la criatura que arrastrará a su Redentor a la Cruz, sino la tibieza de los suyos, la floja correspondencia de los que le seguían. Y Jesús no cejó en intentar remover la pereza de esos hombres, ni en importunar al Padre para que se cumpliera su Voluntad de Redención, aunque el precio que se le reclamó era tan fuertemente oneroso.

¿Cómo puedes, Señor, mantener esa solicitud de amante celoso cuando no se te atiende o cuando a la manifestación de tu amor se te responde con una nueva insistencia en el mal?[2]

De tu Omnipotencia creadora había salido este mundo, y cada uno de nosotros. Ese acto de amor no te gastó nada, y acudiste al Huerto de los Olivos y consumaste luego la Pa-

---

2. Cfr. san Josemaría, *Vía Crucis*, VII estación.

sión con esa idéntica perfección generosa, para recrearnos a una nueva Vida. Te interesabas todo Tú por nuestras pobres vidas: con una repetición estupenda, ¡divina!, reiterabas que subiste Tú a la Cruz con tu Ser perfecto para salvarnos y llevarnos a la santidad.

Al meditar sobre esta oración tuya, con tu padecimiento de Señor, de Amigo, de Hermano, resulta clara, tras la oscuridad santa del misterio, tu promesa de ser alimento para sostenernos. ¿Por qué nos amas tanto, Redentor nuestro? Aunque hubiese bastado un pequeño gesto tuyo para obrar la Redención, salta a los ojos la evidencia de que no sobra nada de lo que llevaste a cabo en Getsemaní, en el Pretorio, en el Calvario, y derramar así sobre las criaturas la omnipotencia de tu amor.

Nada es más cierto que la afirmación de que no podías afanarte más por nosotros, pues te has inmolado totalmente; si no podías hacer más, significa que has puesto a nuestra disposición toda esa plenitud, el Amor que puebla la misma eternidad. No existen palabras en el lenguaje humano capaces de describir lo que recibimos cada hora: porque la oración en el huerto y la Pasión son actuales, como cuando te llegaste al Monte de los Olivos y cargaste con la Cruz Santa hasta la cima del Gólgota.

Tu Amor, Dios nuestro, Padre, Hijo y Espíritu Santo, coincide con tu Ser, con tu Existir; y, al disponer que esa infinitud perfecta esté unida personalmente a la humanidad de Jesucristo, vas actuando con ese Amor en cada golpe de su Vida: en el cansancio, en la tristeza, en el temor, en la congoja, porque elegiste esas maneras de expresión para que nos quedara patente cómo te interesamos.

Oh Jesús, Amante celoso, resulta fácil descubrir constantemente que nuestra miseria personal fue causa de tu tristeza, porque nos amaste ardientemente y buscaste el modo de que, acogiendo la gracia, no permaneciera en nosotros ni sombra de pecado. Una vez más, porque nos has querido, renovaste aquel aliento de tu Espíritu, deseando que vivamos de Amor (cfr. *Gn* 2, 7; *Jn* 20, 22).

¡Con qué apasionado y desinteresado amor, oh Jesús nuestro, nos colocaste como tema central de tu oración y de tu vida! Apasionado, porque no dejaste de purificar aquella acción u omisión nuestra menos desentonada: te empeñaste en restaurar en nosotros la verdadera imagen y semejanza de Dios que nos otorgaste, con el Padre y el Espíritu, desde «el principio» —desde la creación de nuestros primeros padres—, y para lograrlo te hiciste *Primogénito entre muchos hermanos* (*Rm* 8, 29) y nos incorporaste a tu Vida; y así, encendidos con la fuerza soberana de la actuación del Paráclito, nos volviste agradables al Amor perfecto de Dios Padre. No te conformaste con purificarnos: pediste perdón por nuestras ofensas y nos ofreciste contigo el Cielo. Jesús santo, Jesús bueno, te rogamos que nos adentres por el camino de la expiación que Tú anduviste: empújanos a que, contemplando en Getsemaní tu llamamiento a la oración, nos convenzamos de que la necesitamos personalmente. Y así, de tu mano, estimaremos la expiación activa y pasiva, con el deseo de que fecunde diariamente nuestra vida.

Amor desinteresado y respetuoso de la libertad

5. Por otra parte, el Amor que Jesús nos demostró en el huerto fue y es santamente desinteresado, y no condiciona nuestra libertad. Llama en efecto la atención cómo las palabras y acciones del Señor en Getsemaní son sumamente respetuosas de la libertad de los discípulos: presentan el carácter de invitación, de ruego. Él se entregaba con una generosidad que no exigió a los demás, y deseaba a cambio que la adhesión de nuestra inteligencia y de nuestra voluntad brotase espontánea, desde una libre decisión. Su ejemplo, sin quitarnos ni un ápice del albedrío, constituyó una lección de divina envergadura que respetaba nuestra capacidad de opción.

Amor desinteresado porque, si bien es cierto que el único fin último para la criatura es Dios —no existe ni puede existir otro—, Él nos propuso alcanzarlo tan sólo con la santa coacción de invitarnos. En el Huerto de los Olivos no hubo otra «coacción» que la que brotaba de la ternura del Redentor y de su invitación a acompañarle. Además, para que no nos superase la lucha, Cristo consiguió y puso a nuestra disposición el don gratuito de la gracia, al que también debíamos corresponder en el ejercicio de nuestra libertad.

No ganabas nada, Maestro bueno, con el esfuerzo de las criaturas para lograr una santidad que Tú ya poseías en grado sumo; con o sin esa correspondencia nuestra, los hombres no añadimos ni quitamos nada de la preciosa e inigualable felicidad de tu Ser. Por eso, jamás cabe equiparar a tu generosidad el acto más grande de altruismo entre las criaturas; pues, aun en el mayor desprendimiento de un hombre hacia su prójimo, jamás tocará la frontera del don que nos otorgaste.

Tú, Señor nuestro, operaste de forma muy distinta a la nuestra; nos has creado y luego nos has rescatado, concediéndonos simultáneamente la capacidad de recibir y aprovechar la participación en tu misma Vida. Nos has llamado a poseer, no ya la felicidad, sino tu misma felicidad, eterna e infinita y siempre nueva y renovadamente gozosa, participada en nosotros.

Como tu Amor no se muda, y sólo el hombre posee la triste facultad de rechazarlo, has acudido perseverantemente a nuestro encuentro, admitiéndonos en estrecha comunión contigo; y, cuando te respondemos con fidelidad, aumentas en nosotros la capacidad de amar con tu Amor, de ver con tu mirada, de servir con tu humildad, de interesarnos por las almas con tu celo santo, de superar nuestras dificultades y las de los demás con tu asistencia.

Nos has amado con plena magnanimidad y por eso te has hecho camino para cada uno; te has acomodado a nuestra marcha personal porque no has sido el extraño, sino el Amigo fiel, que cura y pone todos los medios para nuestra recuperación. La vida del cristiano, recorrida contigo, es —ya aquí en la tierra— un trasunto del Cielo; también cuando has permitido que el sufrimiento atravesase nuestro cuerpo o nuestra alma, porque transformaste este yugo en carga suave y ligera (cfr. *Mt* 11, 30), y hasta nos concediste la posibilidad de caminar dichosamente felices en los padecimientos.

No nos has exigido a cambio más que acompañarte y velar contigo: es decir, la lealtad, la fidelidad, la coherencia:

virtudes que requieren esfuerzo, pero que enriquecen la personalidad. Tu fidelidad, Dios mío, al pacto de nuestra salvación, adquiere un tono conmovedor en estas palabras de la Escritura Santa que entran a fondo en la mente y en el alma de cualquier criatura: *¿Acaso olvida una mujer a su niño de pecho, sin compadecerse del hijo de sus entrañas*, al que ha traído al mundo con su dolor? Tú añades más: *pues aunque ésas llegasen a olvidar, Yo no te olvido* (Is 49, 15).

¡Dios del Amor infinitamente misericordioso, Padre, Hijo y Espíritu Santo!, el acto de la creación no te supuso dolor ni esfuerzo y nos hiciste entrar en comunión contigo; posteriormente, cuando nos apartamos de Ti, dispusiste —como suprema manifestación de que nunca nos olvidas— que la reconciliación estuviese transida por el dolor del Hijo, que se hace hombre por nosotros, como estamos contemplando, estupefactos, en esta escena del Huerto de Getsemaní.

¡Qué grandeza de entrega! Oh, Jesús nuestro, abatido por nuestros pecados, te rogamos que cambiemos de rumbo y sepamos incorporar a nuestra respuesta ese dolor tuyo, que se ha convertido en raíz de nuestra filiación divina. Si no sabemos reaccionar así, y además enseñarlo a otros, significa que nos falta agradecimiento, que carecemos de entrañas sobrenaturales y humanas, que no hemos sabido asimilar la certeza de que Tú nos amas por nosotros mismos sin abandonarnos a un destino ciego ni desampararnos jamás.

Sufrimiento de Jesús: dolor de Amor

6. «El Hijo de Dios, que asumió el sufrimiento humano, es por tanto un *modelo divino* para todos los que sufren, y especialmente para los cristianos que conocen y aceptan por la fe el significado y el valor de la Cruz. El Verbo Encarnado sufrió según el designio del Padre también para que nosotros pudiésemos "seguir sus huellas", como recomienda san Pedro (1 *Pe* 2, 21). Ha sufrido y nos ha enseñado a sufrir.»[3]

Con estas horas de oración en el huerto, que tuvieron su

---

3. Juan Pablo II, Catequesis en la audiencia general, 19-X-1988.

culmen en la Santa Cruz, el Maestro transmitió con máxima claridad la enseñanza evangélica del sufrimiento. Por la desobediencia de nuestros primeros padres —es san Pablo quien nos lo explica— entró el pecado en el mundo, y con el pecado, el dolor, el sufrimiento y la muerte (cfr. *Rm* 5, 12). Sólo la obediencia perfecta del Dios-Hombre podía desagraviar en forma plenamente adecuada a Dios de nuestras desobediencias y obtener el perdón de los pecados. El amor de Dios dispuso que eso se hiciera realidad en Jesucristo, que por obediencia al Padre cargó sobre Sí con nuestras culpas —todo el dolor y el sufrimiento hasta la propia muerte: padeció de forma indescriptible— y nos alcanzó la libertad y poder ser «nueva criatura» en Él siguiendo sus pisadas. Siendo esto así, a poco objetivos que seamos, comprenderemos la necesidad de la purificación personal.

Nos empujó Jesús poderosamente a compadecer el dolor de los otros. Fijemos nuestros ojos en Cristo paciente en Getsemaní. Llama la atención de forma muy viva su capacidad de compartir las penas. Es el mejor Amigo, el Amigo de las tareas difíciles. No fue la suya tan sólo una aflicción de acompañamiento: sufrió con nosotros y por nosotros, asumiendo nuestro dolor personal.

No cerró el espacio a la libertad de elección para que nos identificásemos o no con Él; pero llegó, para ayudarnos, hasta la misma raíz de los dolores físicos y espirituales, y deseó que los superásemos y emprendiéramos el camino de la conversión, pues no existe otra senda válida. Muy grave es la mole de nuestras dolencias cuando produjeron esa reacción de agotamiento en Jesús, que no tenía necesidad alguna de sufrir para amar.

En ese tiempo de vigilia manifestó claramente cómo nos quiere. Al considerar la historia de los santos, remueve su determinación de no quejarse si los trataban como a Él; y por esas vejaciones, que aceptaron generosa y gustosamente, cantan al mundo de todos los tiempos su enamoramiento real de Dios. Infinitamente más que esto operó el Maestro: no soportó algunos aspectos de nuestro dolor, lo acogió entero, con plenitud.

Arrepintámonos diariamente de las ofensas y culpas que

tuvieron tan amable Redentor;[4] y aceptemos con alegría y sentido sobrenatural los sufrimientos físicos o morales que Él nos confíe, aunque nos resulten arduos. Si rectificamos nuestras ofensas personales y desagraviamos también por las de toda la humanidad, nos estamos uniendo a este canto sublime del dolor evangélico de Jesucristo: estamos acompañándole en su vigilia del Huerto de los Olivos y respondiendo a aquel impresionante *velad conmigo*.

Cuando nos toque la bendición del sufrimiento, además de transformarlo en oración profunda y constante, hagámonos cargo de que estamos renovando, con Cristo, el diálogo que Él mantuvo con la humanidad en Getsemaní y en la Cruz. Alegrémonos de esa cercanía con que nos trata, y saboreemos el designio divino de nuestra colaboración a la Pasión de Cristo.

La perfecta Sabiduría divina se acomodó a nuestra mente: con el gran misterio de la Cruz, la paz entró nuevamente en el mundo desde la debilidad del Hombre-Dios que sufre. Como afirma Juan Pablo II a propósito del dolor, «el Evangelio del sufrimiento se escribe continuamente, y continuamente habla con las palabras de esta extraña paradoja. Los manantiales de la fuerza divina brotan precisamente en medio de la debilidad humana».[5]

En toda la Pasión de Cristo, desde Getsemaní hasta el Calvario, se revela el misterio trinitario en la unión del Hijo con el Padre y en la efusión del Espíritu en la Cruz. Por tanto, agradezcamos las ocasiones en las que podemos, con nuestro dolor, incorporarnos a Él, y con Él al Padre y al Espíritu. Penetraremos así en la hondura y anchura del misterio de amor que es la Santa Cruz. Cabe explicar ese agradecimiento al comprobar que, cuando media el verdadero amor humano, no deseamos distanciarnos del dolor ajeno, manifestando así la intensidad de nuestro querer. Entonces, bendecir el dolor, amar el dolor, santificar el dolor, como aconsejaba san Josemaría Escrivá a los enfermos,[6] se transformará en un

---

4. «¡Oh feliz culpa, que mereció tener tal Redentor!» (Misal romano, *Pregón Pascual*).
5. Juan Pablo II, Carta Apostólica, *Salvifici doloris*, 11-II-1984, n. 27.
6. Cfr. san Josemaría, *Camino*, n. 208.

programa atractivo porque nos hallaremos bebiendo de los manantiales divinos y saciando la sed con esa bendita agua.

A través del sufrimiento, desde nuestra poquedad, nos convertimos en grandes protagonistas de la obra redentora de Jesús: por eso es bueno que amemos y bendigamos el propio dolor, sin victimismos.

Abrir el alma a los demás

7. Al comenzar esta meditación considerábamos que Getsemaní y toda la Pasión del Señor constituyen una increíble confidencia de Jesús con los hombres de todos los tiempos. La escena que venimos contemplando revela, en efecto, de una manera conmovedora, cómo Él abrió su alma y comunicó su intimidad a aquellos tres discípulos. Porque en los planes de Dios, la confidencia amigable, la comunicación confiada y sincera de Jesús se torna camino para la revelación y anuncio de su propio misterio. Desde este aspecto, la conversación de Jesús con Pedro, Santiago y Juan contiene una enseñanza importante acerca de la transmisión del Evangelio a las gentes: abrió el Maestro la intimidad de sus sentimientos para desvelar así su misterio. En aquellas horas tan tremendas, el Señor, con su manera de «tratar» a los apóstoles, nos enseñó a hacer apostolado, nos mostró la necesidad de adentrarnos con el respeto debido en el alma de las gentes que tratamos.

Todos los cristianos debemos ser apóstoles, servidores de los demás. Y para activar esa aspiración se hace muy necesario comunicar adecuadamente al prójimo las peleas de nuestra alma en busca de la fidelidad personal. No se trata evidentemente de detenernos en una pormenorización de culpas, sino de que comprueben los demás que también nosotros luchamos, porque sufrimos las pruebas del hombre viejo que clama por sus fueros perdidos.[7]

¡Qué grandes horizontes de amor de Dios, de siembra del bien, descubriremos a las personas que nos rodean! Empe-

---

7. Cfr. san Josemaría, *Camino*, n. 707.

zarán a entender con nuestras confidencias que el Señor las llama también para que le acompañen personalmente en el propio caminar terreno. Descubrirán así el gran papel del cristiano, que cuenta siempre con el estupendo aliciente de convertir su jornada en tarea de atención a las almas. Y quizá avancen luego en su lucha más que nosotros.

Jesucristo demostró gráficamente que la caridad consiste también en dejarse querer y ayudar. Poseía Él la omnipotencia de la divinidad; podía afrontar la prueba, como de hecho la asumió, con la respuesta suya; pero prefirió abrir su alma a los que estaban a su alrededor. Nunca nos debería humillar la necesidad de ayuda, como no le humilló al Maestro, sino que lo ensalzó aún más, pues confirmó que todo lo suyo nos concernía; y recurrió a esa confidencia, aunque continuaba siendo, como Dios de Israel, defensor de la criatura. Nos acompañó como el verdadero amigo al amigo. Se dirigió a los hombres, porque nos amaba, y se conformaba con la pequeña colaboración que le podían ofrecer los apóstoles: buscaba, por encima de todo, la lealtad.

Simultáneamente, su confidencia era otro aviso de caridad: anunciaba que el cristiano no puede observar la realidad de los demás como algo ajeno; no es mero espectador; ha de interesarse por ellos, velar activamente para compartir el sufrimiento o para colaborar en las tareas del prójimo. Con el ejemplo de Jesucristo toma cuerpo la gran sensibilidad, recia y abnegada, de ponernos a la disposición del otro, como si se tratara de uno mismo.

Notemos que el Señor asumió nuestra deuda de modo total: ningún otro estaba en condiciones de asumir ese cometido, por grande que fuera su generosidad. No se limitó tampoco a suplir lo que no alcanzáramos a saldar. Apuntó a esa vigilancia y acompañamiento para que palpemos y descubramos la bendita responsabilidad de movernos, tras la salvación que Él nos consiguió, como hijos de Dios en su misma Vida, sirviendo a los demás.

El paso del cristiano por la tierra es tiempo de espera en la venida del Señor, tiempo para aprovechar la gracia y la libertad que nos obtuvo con su Muerte y Resurrección, y para que del Maestro escuchemos esa sugerencia: *quedaos ahí, pero vigilad*; quedaos ahí, con la certeza de que Yo intercedo por vosotros, y anunciadlo a los demás.

Con Jesucristo entendemos que el tiempo de cada uno es siempre momento para amar. A través del don que la Trinidad nos otorga para que nos movamos en comunión de amor con las tres divinas Personas, se nos facilita también la posibilidad de conferir un vigor muy notable, empapado de divinidad, a la caridad con las criaturas. Para el cristiano no hay tiempos vacíos si se afana en responder a la asistencia de Dios. En el trabajo, en el descanso, en la alegría y en el dolor, en la jornada corriente, aparece la certeza de que podemos mandar —a los cuatro puntos cardinales— el apoyo de nuestra oración con Cristo y en Cristo.

Es una responsabilidad muy grande, pues somos miembros de ese Cuerpo, la Iglesia, que tiene a Jesucristo como Cabeza; pero nos consuela al máximo la convicción de que en nuestra existencia ha penetrado una fuerza de eternidad, que comienza ya con nuestra respuesta, quedándonos donde y como Dios dispone.

Velad, orad conmigo

8. *Quedaos aquí y velad conmigo*. Así rogó a los tres íntimos después de hablarles en confidencia sobre la tristeza que le embargaba. Con esta sugerencia se acentuaba la intensidad del dolor de Cristo, que no escondió a los discípulos más próximos. Los invitó además a algo que en principio no parece muy difícil: que velasen, que se unieran a sus intenciones, a su oración.

Velad conmigo… Esto es lo que demanda a los cristianos de todos los tiempos, a nosotros. *El que quiera ser mi discípulo…* Llenémonos de agradecimiento porque —unidos a Cristo— nuestra oración es valiosísima. Nos empujó el Señor a conferir ese norte a toda nuestra plegaria —mental, vocal—, confiriendo a nuestro trabajo y a las situaciones ordinarias un claro acento de diálogo con Él.

No calculemos los resultados por la medida de nuestra debilidad. Jesús incorporó para siempre a su oración todopoderosa lo poco de nuestro yo, haciéndolo así poderoso también. Cuenta muy de veras con que le ofrezcamos lo nuestro; no añadimos nada a lo que ya es infinito, pero ese «nuestro» adquiere un inesperado relieve al mejorar y aumentar nuestra correspondencia, pues permitimos que esa plenitud de Cristo entre de modo más profundo en nuestra debilidad.

Velemos, por tanto, con Cristo. El Señor se servirá de esta tensión santa para que muchas almas —que quizá no veamos— descubran y adquieran la dimensión sobrenatural de su caminar terreno, que deben elevar al Cielo. Y, seguros de la misericordia de Dios, incorporemos a nuestra oración, labrada en Cristo, la de aquellos que querrían orar y no saben; la de los que atraviesan un momento de desesperanza; la de los que no están convencidos de que la oración guarda una importancia real; la de los que desconocen el modo de orar porque nadie les ha enseñado.

Ahondemos constantemente en la riqueza insondable de estas palabras: *velad conmigo*. No existe oración —no sería oración verdadera— si no pasa por Jesucristo, Cabeza del Cuerpo que es la Iglesia. Con estas sencillas palabras en Getsemaní nos reveló una vez más que había venido a hacerse una sola cosa con nosotros, y a expresarnos la medida inconmensurable de su amor, pues —fijémonos bien— elevó nuestra oración al rango de la suya. Detenerse en oración, para un cristiano, es, desde entonces, orar con Jesús.

Al animarnos de este modo, aclaró el valor de nuestra plegaria, pues adquiere una riqueza impensada al identificarse con la suya. Llenémonos de fe y de confianza, ya que Jesucristo dio gracias al Padre porque siempre le escuchó (cfr. *Jn* 11, 41-42): luego tampoco podrá dejar de atendernos si ponemos en práctica esta invitación a velar con Él.

Cuesta salir de las palabras de Jesús. Necesitamos caer bien en la cuenta de la precisión que poseen. No dijo: «velad como Yo, rezad como Yo», porque entonces encontraríamos motivos para amilanarnos ante la imposibilidad de alcanzar ese nivel. Propuso a los apóstoles sólo que velasen —que velemos— «con Él».

No desaprovechemos esta oportunidad que Jesús nos brinda de continuo porque evidentemente nos admite en cualquier hora y circunstancia, también si atravesamos por la desgracia de haberle ofendido. Si a Él clamamos, decididos a alzar nuestra súplica bien unida a la suya, lograremos superar cualquier barrera, acercándonos a la misericordia y perdón que el Maestro otorga sin cesar.

¡Cómo se agranda el alma al participar en la oración sacerdotal del Redentor! Refugiémonos en Él con nuestra limitada dimensión y, en esa comunión de plegaria, percibiremos, de una parte, una inmensa dicha, ya que nuestra poquedad es destinataria del Amor divino; y, de otra, se saborea el alcance enorme de nuestra correspondencia que, con Cristo, se extiende a todas las almas de los diversos tiempos.

Corredentores con Cristo

9. Esta línea de revelación, que se contiene en el *Velad conmigo* de Jesús en Getsemaní, nos abre horizontes insospechados. Porque la llamada de Jesús a participar en su oración y su vigilia lleva consigo la llamada a la solidaridad y la colaboración: junto a Cristo, participamos en el obrar del Redentor, que se ofrece al Padre y se inmola gustosamente; nuestra vida comienza ya a sentirse redimida y corredentora. Siendo tan poca cosa, el Señor nos trata como si valiéramos mucho, pues nos llama a la unidad de su oración. Ante el Maestro jamás quedamos en el olvido: nos movemos con Cristo y en Cristo, que fue, es y será siempre el mismo (cfr. *Hb* 13, 8), vivificando con su Espíritu las almas y santificando todas las circunstancias humanas. Esta «comunión» con el Salvador alcanzará otro momento culminante en la Eucaristía, que acababa de instituir unas horas antes en el cenáculo. *Velad conmigo*, sugiere ahora, y al meditar esas palabras comprendemos que todos los cristianos —unos con la actuación ministerial *in persona Christi capitis*, otros con el sacerdocio común de los fieles recibido en el Bautismo— estamos con Cristo en la actualización sacramental del Sacrificio del Calvario, en el que Él se entregó por nosotros. Con qué claridad pidió a cada uno que actuase en esa renovación: *velad con-*

migo, porque sin Él no podemos meternos en esa Vida y entregarla con Él.

Jesús, Señor nuestro, con las palabras que guían ahora nuestra meditación —*perseverad aquí y velad conmigo*—, buscaba comunicar a sus discípulos no sólo su invitación a acompañarle en la súplica de aquellos durísimos momentos, sino la seguridad de que ahí encontrarían toda la fuerza. Consideremos que la exhortación de Cristo, a la vez que nos colma de ánimo, nos coloca ante la grave responsabilidad de la tarea corredentora. En esos instantes volvía a actuar como Modelo y Maestro, pues manifestaba a los tres su papel de instrumentos y les enseñaba que, para llevar a cabo tal cometido, necesitaban ser hombres de oración. Una oración, claro está, según la predicación del Maestro, es decir, basada en la fe. No podían haber olvidado sus palabras —*Yo os digo: pedid y se os dará; buscad y encontraréis; llamad y se os abrirá; porque todo el que pide, recibe; y el que busca, encuentra; y al que llama, se le abrirá* (*Lc* 11, 9-10)— ni la exclamación de gozo ante aquella mujer cananea: *¡Mujer, qué grande es tu fe! Que sea como tú quieres* (*Mt* 15, 28). Jesús Todopoderoso recurre confiadamente a la ayuda de la plegaria de sus discípulos, a pesar de que no precisaba de ese auxilio para ser escuchado por el Padre ni para acometer la empresa redentora. Pero ahí nos descubre Jesús el misterio de la Iglesia. Cristo llevaba en Getsemaní y lleva ahora a su Iglesia —a cada uno de nosotros— en su alma, en su corazón, en su voluntad, en su ser; y, con rigor lógico, invitaba a la comunión, que comporta el esfuerzo de emprender sus pasos.

No entró en los planes del Señor, en efecto, que desempeñáramos sólo el papel de espectadores de su obra redentora. Desde los comienzos de la Pascua, cuando entró en lo vivo de la Pasión, decidió asociar a los suyos a sus intenciones y los hizo partícipes de sus sentimientos más íntimos. Ya les había aclarado en la Última Cena que les llamaba amigos (cfr. *Jn* 15, 15) y que esperaba ardientemente que se unieran a su oración, de modo que todo lo suyo fuera de ellos, porque todo lo de aquellos hombres era suyo. Por eso, los instó a que comprendieran que su oración no era solitaria, ajena a los demás, sino que anhelaba —fomentando la responsabilidad personal— el clamor de la oración de la Iglesia. Más aún, transmitió a los apóstoles un mensaje de importancia capital: cada uno debía sentirse parte en la Redención, miembro vivo en su Cuerpo. Por eso, insistió a cada uno en que rezara unido a Él.

Cristo, Cabeza de la Iglesia, cumpliendo la Voluntad divina, quiso que sus discípulos participaran física y espiritualmente de su Pasión, aunque se notaran débiles. No le importó al Redentor que presenciaran su angustia para que aprendieran así que en la Cruz los hombres hemos de dejar hasta lo que más nos cuesta; y, a la vez, que no significa imperfección sentir repulsa ante esas exigencias, que debemos amar y asumir, aunque no concuerden con nuestras sanas y nobles ambiciones.

Les fijó una colaboración muy concreta: que velasen y rezasen. No les indicó nada más, dando también a entender que sus discípulos seríamos eficaces y capaces de participar libremente en la Santa Cruz que el Cielo nos confía si comenzamos por la oración y la vigilancia con Cristo. La Cruz, por santa, es humilde y exige humildad. A lo largo de los tiempos, el Señor nos reclama esa colaboración escondida de velar y rezar, sin que nos afanemos en grandes acciones que quizá acaban quedándose en meros gestos.

Bien elocuente resultaba en este sentido el ruego del Maestro para que se unieran a su oración. Le interesaba contar con esa adhesión; como ocurrirá siempre con los cristianos, aunque con frecuencia para nosotros —como debía haber ocurrido en Getsemaní— se traducirá en una adhesión activa a la Voluntad divina, sin entender la magnitud y la razón de lo que se nos presenta, o sin comprender en qué podemos ser útiles. El Señor recalca sin cansancio que no lo abandonemos, aun cuando sea Él quien vaya a realizar la tarea. Estamos ante una forma del gran misterio de la relación del hombre con Dios, porque Jesús no precisaba, ciertamente, de la colaboración de sus discípulos, que se durmieron mientras Él llevaba a cabo con plenitud su entrega al Padre en la oración del huerto. Persuadámonos de que es el hombre quien necesita unirse a la oración de Jesús. Por eso remueve muy de veras apreciar con qué porfiada confianza iba a buscar el consuelo de los suyos. Ahora se repite la escena: Jesús quiere almas en vigilia, que superen las tendencias propias de las criaturas hacia el egoísmo.

«Yo estaré siempre con vosotros»

10. Cristo camina con nosotros, nos sigue de cerca, no nos olvida, porque le interesamos de manera absoluta; también con la carga de nuestras miserias, aunque espera que peleemos para rectificarlas. Para esto derrama su gracia sobre nosotros sin interrupción. No deberíamos perder nunca de vista esta verdad, que hemos de proclamar sin cesiones, para que penetre en las almas y adquiera todo su relieve.

Cristo marcha de continuo a nuestro lado y requiere nuestra colaboración, sin ceder al cansancio, aunque las circunstancias exteriores justifiquen esa fatiga. Con este caminar del Señor a la vera de cada uno, en las diversas circunstancias y ocupaciones, manifiesta que, al mismo tiempo que no nos deja, anhela vivamente nuestra respuesta positiva. Ahondemos con agradecimiento en esta posibilidad —que el Señor nos presenta ininterrumpidamente— de ejercer la libertad, facultad que tanto fascina a la criatura, pero que debe emplear rectamente, sin ponerla a merced del capricho.

Meditemos siempre más en esta cercanía de Jesús con cada uno. No existe tregua en la divina protección que nos brinda, que nos vuelve capaces de la gran empresa de tender a una santidad, tejida, las más de las veces, de tareas cotidianas, corrientes, menudas, que se convierten, por el amor y la perseverancia, en acciones heroicas.

Al proceder así con nosotros, Jesús nos coloca ante los ojos la profundidad de su Amor. Cuando se ama de verdad —y no hay Amor más entrañable que el de Dios hacia nosotros—, el amante vuelca en la persona querida el interés, el pensamiento y la asistencia que es capaz de prestar. Los que aman viven pensando en los suyos, y ni la separación física logra distraer o disminuir este interés: lo hemos contemplado en tantos padres y madres; y quizá se nos ha hecho más palpable en personas santas.

No olvidemos que Cristo prometió que permanecería siempre con sus discípulos (cfr. *Mt* 28, 20), incluso cuando no somos conscientes de esta cercanía. Camina con nosotros, nos atiende y nos auxilia. Desde luego, cuenta con nuestra atención activa, traducida en obras, y, como buen amante, reclama que renovemos con frecuencia esta determinación enamorada. Porque existe el riesgo de que, al negarle esa colaboración, explícita o implícitamente, rechacemos su ayuda. Y sería verdaderamente penoso que nos cerrásemos a ese favor gratuito de Dios, al que nada añadimos, olvidando que su caridad perfecta le impulsa a entregarnos su felicidad, para que comencemos a gozarla ya aquí, en la tierra, y luego por la eternidad.

Protagonistas junto a Jesús

11. Ante tan magnánima apertura del Cielo hacia las criaturas, busquemos percatarnos de la inmensa fortuna que supone la posibilidad de participar en los planes de Dios, que quizá no coinciden con los nuestros y en ocasiones hasta nos parecerán adversos, con contradicciones más o menos acentuadas.

Nos invita a colaborar en la acción de su Amor —que une Justicia y Misericordia—, de cuya plenitud no podemos dudar, tampoco cuando algunas circunstancias rompen los moldes de nuestro discernimiento.

Tomemos conciencia de que, por la bondad de Dios —aunque no vayamos a figurar en las páginas de la historia—, somos protagonistas del buen gobierno con que la Trinidad conduce el mundo, y debemos por tanto cooperar en lo que Dios nos señala. A los suyos, mientras se dirigían al huerto, a la vez que anunciaba la soledad y el abandono en que le dejarían al cabo de unas horas, les señalaba cómo la Pasión y la Cruz que se avecinaban eran el camino para el horizonte de felicidad auténtica que se abriría al mundo con su Resurrección. Él ya estaba pensando en los frutos de la Redención: *os precederé en Galilea* (*Mt* 26, 32). Les estaba proponiendo que no perdieran esa «magna ocasión» de secundar la «más grande ocasión» que el Cielo ha concedido a la humanidad caída. Los emplazó, aunque no estaban a la altura —como demostrarían después—, para la fascinante aventura de la corredención. Igual nos ocurre a nosotros.

Interesarnos por las acciones de Dios, tomarnos en serio la vocación de cristianos, entraña la coherencia de ser hombres y mujeres que conceden valor a lo que verdaderamente tiene categoría. Programa válido a toda hora, porque en cada instante —siempre es tiempo de corredención— el Señor nos pide que nos mantengamos en vigilia, cumpliendo el deber.

Así descubriremos —siempre con más profundidad, no con resignación— que la Justicia de Dios jamás está separada del Amor ni de la felicidad infinita que le es inherente.

Todo gesto, toda palabra del Maestro en el Santo Evangelio, posee una inmensa riqueza, aplicable a la vida cotidiana. En la oración del huerto se palpa a manos llenas el Amor que nos llega de la eternidad en el dolor infinito de Jesús; ese Amor que le llevaba a suplicar a los hombres una activa compañía.

No olvidemos esta realidad increíble, pero completamente cierta: en la vida del cristiano, si se está a la escucha de Dios y se cumplen sus mandatos, cada instante —aun a los aparentemente vulgares— alcanza vibración de eternidad.[8]

Con María y con José

12. Jesús, en Getsemaní, pretendió el consuelo y la compañía de sus tres discípulos predilectos, que tan escasamente le correspondieron. Y es que, precisamente por ser *perfectus homo*, Jesús tenía —y tiene— una sensibilidad aguda para el dolor y un profundo sentido de la intimidad y de la amistad humana. La escena que meditamos nos trae el pensamiento de María y de José, las dos personas, no presentes en Getsemaní, con las que especialmente se consoló Cristo en la tierra. Debió de constituir para Jesús una alegría y un consuelo inefables la realidad de cómo renovaban una respuesta total

---

8. Cfr. san Josemaría, *Forja*, n. 917.

e incondicionada a los planes divinos, en la vida corriente y en las circunstancias extraordinarias. En tal grado cooperaron, que el Señor dispuso que María, la llena de gracia, fuese señalada por Isabel como la persona en la que, por su excelsa fe, se cumplirían las promesas de Dios (cfr. *Lc* 1, 45); y que José, el varón justo, fuese agraciado por ministerio de Ángeles, con la custodia del Dios hecho Hombre y de su Madre (cfr. *Mt* 1, 19-21).

María y José, por la gracia del Espíritu Santo, crecieron en la intensidad de su entrega al cumplimiento de la Voluntad del Padre. Por eso sintieron siempre a una con Jesús, estuvieron absolutamente unidos a Él, le amaron y vibraron con Él. Jesús les manifestó a la edad de doce años que había venido a ocuparse de las cosas de su Padre celestial (cfr. *Lc* 2, 49), y, aunque al principio no lo entendieron, ponderaron esta advertencia en el fondo de su corazón (cfr. *Lc* 2, 51) —acogieron el *vigilate mecum* de Jesús, por decirlo en los términos de Getsemaní—, para incorporarla a su conducta persuadidos de que así ayudaban a Cristo en su tarea redentora.

No extraña por eso que encontremos a José, mientras duró su vida en la tierra, plenamente empeñado en dar cumplimiento cabal a la protección de Jesús. Pasó oculto y, a la vez, desempeñó una gran tarea en la Redención, pues Cristo Hombre de él aprendió el oficio de carpintero —¡Cristo trabajó con sus manos!— y creció al amparo de la devoción que le profesaba José. Tanto que el pueblo conocía al Mesías como el hijo de José (cfr. *Mt* 13, 55). Con mayor relieve entró María en esos planes divinos: ¡es la Madre de Dios! En sus entrañas dispuso la Trinidad Santísima que tomara nuestra naturaleza el Hijo de Dios, de manera que María transmitió su sangre a la única Sangre capaz de lavar la inmundicia de la humanidad y de saciar su sed de Amor.

En otra línea, pero con la misma confianza, y con la certeza de que estaban en condiciones de responder con generosidad enteriza, Jesús rogó a los apóstoles que vigilasen, unidos a su oración. Aquí la miseria humana pudo más que el Amor, como meditaremos detenidamente después.

Frutos de la «agonía» de Cristo

13. Terminamos nuestra consideración de la tristeza de Cristo en Getsemaní. No ha existido ni existirá tristeza como la suya y, al presenciarla tan de cerca, se agiganta el misterio. El Hijo de Dios hecho hombre estaba abatido, con una zozobra y angustia que le embargaba el ánimo, y se manifestaba al exterior de modo físico y transparente. Su rostro adorable y todo su cuerpo reflejaban de manera impresionante, ante aquellos tres discípulos, el estado de su alma. En esta tierra jamás sabremos explicar cómo Jesucristo, verdadero Dios y Hombre perfecto, que poseía desde lo más hondo de su alma humana la paz y la felicidad, permitió que se ocultaran, para que le embargaran el desasosiego, la aflicción y la congoja. No sería Hombre perfecto si las ofensas de la humanidad, cargadas sobre Sí en el martirio de la Cruz, no le hubieran atribulado con un dolor indecible: un dolor humano que sólo podía soportar Él, por ser Dios mismo hecho Hombre.

Dios mío, Jesús bueno, tu capacidad de amar te condujo a expiar todos los pecados de la humanidad: los graves y también los más leves —¡qué poco apropiado resulta este segundo calificativo para un corazón que ama!—; y así lo obraste, Señor, por ese afán tuyo de cancelar hasta la más pequeña barrera que pudiera interponerse al amor que contigo nos prodigan el Padre y el Espíritu Santo. Has querido, por amor, cargar con todos nuestros males. Sin llegar a comprender nosotros ni el modo ni la intensidad, entendemos, Dios nuestro, que tu tristeza fuera la más angustiosa y atribulada que se ha producido en el mundo.

Tu tristeza, Jesús, nos impulsa a amar de verdad, a dolernos sinceramente de nuestras ofensas y de las de la humanidad entera.

CAPÍTULO IV

Y adelantándose un poco, se postró rostro en tierra mientras oraba diciendo: Padre mío, si es posible, aleja de mí este cáliz; pero que no sea tal como yo quiero, sino como quieres Tú (*Mt* 26, 39).

Orar con Jesús: «Vigilate mecum»

1. En las dos meditaciones anteriores nos hemos detenido, siguiendo a san Mateo (y a san Marcos), en lo que llamábamos el «pórtico» de la oración del huerto: aquella conversación entrañable y conmovedora de Jesús con sus tres discípulos preferidos, que acaba con la invitación apremiante de Jesús a que le acompañaran mientras oraba (*Mt* 26, 38). Ahora, en este versículo 39, que nos proponemos considerar con veneración, comienza propiamente la «oración de Jesús en el huerto», que se prolongará como en tres fases —a las que corresponden otras tantas visitas a los tres discípulos— hasta el versículo 46. El drama de Getsemaní concluye con la narración del prendimiento del Señor.

Con qué respeto y con qué contrición debemos introducirnos en el misterio de la oración de Jesús. Vamos a asistir, vivido dramáticamente por Jesucristo Nuestro Señor, a lo que el Catecismo de la Iglesia católica llama el «combate de la oración».[1] La escena del huerto debe estar bien grabada en nues-

---

1. «El combate espiritual de la vida nueva del cristiano es inseparable del combate de la oración» (*Catecismo de la Iglesia católica*, n. 2725).

tro corazón. San Lucas, que asume otra disposición en su relato, contempla a los discípulos como un grupo único a la entrada del huerto y a Jesús que se aleja para orar: *se apartó de ellos como a un tiro de piedra*, escribe (*Lc* 22, 41). Mateo y Marcos son los que nos precisan que, al «apartarse», Jesús se llevó consigo a Pedro, a Santiago y a Juan. Son bien coherentes ambos relatos. El «tiro de piedra» de san Lucas implica una cierta distancia, a la que quedaron los ocho discípulos, más lejos de Jesús y de los otros tres. Por eso, san Mateo y san Marcos, que basan su relato en referencia a estos tres, nos añadirán —para situar la oración de Jesús— que Nuestro Señor se separó «un poco» respecto de los tres discípulos, con los que conversaba y en los que buscaba compañía y consuelo, mientras les manifestaba aquella mezcla indecible de tristeza, de espanto y de flaqueza. En medio de la tremenda agonía de su alma, esperaba algún consuelo, que sólo podía venir de su Padre-Dios. Por eso exhortó a los discípulos a que se unieran a su oración; y se apartó ese «poco» *y se postró en tierra* (Marcos), *rostro por tierra* (Mateo) y comenzó a rezar al Padre personalmente, cara a cara.

No cabe pasar por alto estos detalles preciosos que nos ofrecen los evangelistas: ese separarse, ese adelantarse «un poco» en Getsemaní, para orar, nos habla del carácter personal, personalísimo, de la oración de Jesús, de su diálogo con el Padre. Y aquí, como en todo, Jesús nos puede repetir: *exemplum dedi vobis* (*Jn* 13, 15). La oración de Jesús en el huerto es una llamada a la oración personal del cristiano, al compromiso singular en el trato con Dios. La oración de los hijos de Dios hunde su raíz en el acercamiento individual del alma a su Creador, a su Redentor, a su Santificador. Alabemos y demos gracias al Señor porque nos distingue tan particularmente —uno a uno— para que percibamos su atención divina, su providencia con cada alma.

A primera vista podría parecer que rezar todos juntos habría manifestado más ostensiblemente la unión entre el Maestro y los que había convocado y hecho partícipes de su único sacerdocio. Aunque nada hubieran añadido los apóstoles con esa participación conjunta a la plegaria de Jesucristo, los discípulos sí se habrían beneficiado por la piedad perfecta del

Salvador. Pero no es ésta la cuestión, pues Pedro, Santiago y Juan tenían a Jesús a unos pasos y ellos, que vieron su agonía cuando estaba conversando con los tres, ahora también le contemplaban postrado en oración y oían sus clamores. Desgraciadamente, los apóstoles —y nosotros como ellos— eran muy capaces de no escuchar las *magnalia Dei* que salían de los labios del Maestro, para ensimismarse en sus temores y perplejidades ante la traición que les había anunciado el Señor.

La narración induce a concluir que tanto el ruego —*velad conmigo*— como el comportamiento del Maestro —*separándose un poco de ellos*— llaman imperiosamente a una oración de unidad, fundamentada en la fortaleza del esfuerzo personal, para cargar con la bendita responsabilidad de corredimir.

La oración a solas de Cristo guarda el gran tesoro de la universalidad. No podemos desatender esta clara enseñanza: Dios quiere de modo expreso la oración personal de sus discípulos: de cada mujer, de cada hombre. Se aparta el Señor —hasta de cosas buenas— para alejarse de lo que pueda separarle de su diálogo con el Padre, en el Espíritu. Porque no existe verdadera plegaria comunitaria si no está radicada, como necesidad insustituible, en la oración individual de cada alma.

Cautiva este recogimiento del Redentor, y resalta el empeño que se ha de poner en la oración. Al comentar este pasaje, san Juan Crisóstomo explica que «estaban los discípulos tan inseparablemente unidos con su Maestro, que tuvo el Señor que decirles: *permaneced aquí mientras Yo me retiro para orar*. Porque tenía por costumbre orar a solas. Esto lo hacía para enseñarnos a nosotros a que también busquemos para nuestras oraciones la mayor tranquilidad y soledad».[2] El Creador, que se ha gozado en la creación única e irrepetible de las personas, espera esta respuesta de cada uno en singular.

Muchas veces hemos meditado, también porque son de gran consuelo, las palabras de la Sabiduría que expresan netamente que las delicias de Dios son *estar con los hijos de los hombres* (Prv 8, 31). Con la fuerza luminosa de esta certeza

---

2. San Juan Crisóstomo, *Homilías sobre san Mateo*, 83, 1.

se entiende mejor que también las criaturas enfermas, maltrechas, inválidas de cuerpo o de mente, son particularmente amadas por la Santísima Trinidad, pues pueden convertir su limitación física en oración y serán consolados por Dios mismo (cfr. *Mt* 5, 4). ¡Qué gozo habrá en el Cielo al contemplar que Jesucristo —perfecta imagen visible del Dios invisible (cfr. *Col* 1, 15)— atrae a Sí a esos enfermos o incapacitados! De todos modos, ante nuestra debilidad o limitación resalta hasta como una exigencia, o como una consecuencia lógica, esa oración a solas de Jesucristo, en el Espíritu Santo, al Padre: lógica porque, aun en el caso de que nuestro diálogo con Dios Padre fuera perfecto, que no lo es, siempre desentonaría con la íntima e inefable unión entre el Unigénito y su Padre. Apartándose, mientras rogaba a los discípulos que vigilaran, muestra con fuerza tangible a sus criaturas que Él supera esa distancia y le agrada nuestra oración.

Al considerar que la Trinidad Santísima se ha gozado en la creación de cada uno de nosotros, dándonos una existencia personal e irrepetible, con nuestro cuerpo y con nuestra alma, se deduce fácilmente que a Dios, por analogía, le interesa la oración personal de cada hombre, de cada mujer, también porque nadie nos puede sustituir —aunque nos empeñáramos— en esta relación de criatura a Creador.

Motivos sobrados tenemos para gloriarnos, pues el Cielo nos oye; e igualmente motivos sobrados tenemos para ahondar en la humildad, por la desproporción que media entre el Señor y nosotros, y también porque Él, el Todopoderoso, no cesa de escucharnos.

A la vista de los hombres

2. Se retiró un poco Jesús, pero de modo que no quedara oculto a los suyos. Y allí se concentró en su oración, deseoso de que los demás le acompañaran, sobre todo aquellos más íntimos, tan queridos.

Este Jesús orante era el mismo que provocó con su vida y su ejemplo la petición de los suyos para que les enseñase a rezar. Y les enseñó (cfr. *Lc* 11, 1). Pero en Getsemaní aquellos que aprendieron del Divino Maestro el arte de la oración le dejarían solo. No supieron estar a las duras, olvidando que la oración áspera y seca, cuando los sentidos y potencias del alma se resisten, puede adquirir más valor que la de un amor subido y pacífico. Pero esa actitud distanciada de los discípulos, de la que los evangelistas nos hablarán después, también después la consideraremos nosotros. Ahora continuamos atentos a Jesús postrado en oración.

Las acciones de Jesús, Hombre perfecto, que es la Luz (cfr. *Jn* 8, 12), son punto de referencia para una vida cristiana coherente; por eso no ocultó las tentaciones con las que pretendió atacarle el diablo; ni su pobreza de hijo de artesano, que le obligó a moverse en un ambiente humilde; ni su cansancio por caminar largamente tras las almas; ni su hambre física, después de horas sin probar alimento; ni sus lágrimas ante la cerrazón de quienes rechazaban el amor y preferían el mal; ni su ira santa cuando se degradaba el culto debido a Dios; ni su tribulación ante el panorama estremecedor de la Cruz.

No se escondió Jesús en el huerto ni se ocultó a la vista de sus discípulos. Se alejó *un poco, a un tiro de piedra,* para desahogar más libremente su corazón al Padre, pero no escondió su oración, su diálogo. Tampoco se ocupó de las cosas sólo para dar ejemplo; de hecho, se detenía en su oración mientras sus discípulos dormían.

Hemos de convencernos de que, suceda lo que suceda, en la soledad, en medio de contradicciones, nos atañe la obligación de no eludir el deber. Sólo así cabe exigir derechos. Y sólo así lograremos ayudar o ilustrar a los demás.

Somos cristianos, hijos de Dios en toda hora y circunstancia. Por el Bautismo se ha impreso en nuestra alma el carácter, que sella nuestra pertenencia a Cristo y nos permite trazar nuestra existencia entera con el temple de cristianos: nada escapa a esta rica posibilidad de caminar en un diálogo permanente con la Trinidad Santísima. Adquiere extraordinaria importancia esta actitud en las tareas de mayor categoría, pero no guardan menos riqueza los pequeños pormenores.

El cristiano ha de marcar con esta impronta sus ocupaciones. No perdemos la libertad cuando respondemos que sí a los planes de nuestro Redentor, porque —al ser coherentes con la vocación de hijos de Dios— nos enraizamos más fuertemente en la ley divina, que santifica y, por lo tanto, robustece y perfecciona la personalidad.

Pensemos frecuentemente que este esfuerzo de coherencia trasciende el propio comportamiento, también para orientar a quienes conviven o están cerca de nosotros. Asumir el cristianismo a fondo enriquece al alma y abre horizontes amplios y bellos, pues se palpa la Comunión de los Santos, la solidaridad sobrenatural que impulsa a amar, a respetar y colaborar rectamente con los demás.

Este modo de actuar de Jesucristo, aparte de estimularnos de forma práctica a cumplir fielmente el deber, realza el vencimiento de un obstáculo que quizá puede paralizarnos: los respetos humanos. Cabría calificarlos como infrahumanos, pues impiden el desarrollo de la personalidad, que se consolida con el estilo marcadamente cristiano de nuestras actuaciones.

Lo más normal es que las personas no se avergüencen de los suyos. Al contrario, suelen manifestar un orgullo legítimo y un agradecimiento vigoroso a quienes los han traído al mundo y los han educado con su generosidad y su ejemplo. Hablan con naturalidad de ellos y les dirigen su gratitud en los momentos importantes de la existencia. Somos hijos de Dios y herederos del Cielo. Para encontrar acceso a la grandeza de esa condición y sacar rendimiento de tan afortunada riqueza, debemos adecuar nuestra conducta a la identidad cristiana.

Demos gracias al Señor Jesús porque en Getsemaní no quiso ocultarnos su angustia y su trepidación ante la prueba, a la vez que nos revelaba, en medio de aquella agonía, la necesidad de recurrir a su Padre, reconociendo que precisamente de ese trato sacaba la fuerza. Aprendamos y ejercitemos la libertad santa de los hijos de Dios y hermanos de Cristo, que ansían la gracia del Espíritu.

Superar con naturalidad los respetos humanos, reñidos con la sinceridad y con la lealtad, dará pie a que muchos se pregunten por el sentido de la coherencia cristiana, y se decidan a reemprender su camino o a buscar al Dios que no conocen.

Comprendamos, pues, que la fortaleza del Redentor hundió sus raíces en la unión con su Padre, que no disimuló ni dejó jamás en la penumbra. Él mismo nos asegura que cumple siempre las obras del Padre: *Yo hago siempre lo que le agrada* (Jn 8, 29).

Rezar con esfuerzo

3. Hemos comentado ya varias veces que nos proponemos no perder ningún gesto del Maestro, porque hasta el más pequeño comunica un tesoro de enseñanzas. Por eso no nos cansamos de fijarnos en su oración en el huerto. Ha transcurrido una jornada intensísima de trabajo y de entrega, en la que amó a los suyos *usque ad finem* (Jn 13, 1). Al llegar a Getsemaní entró en agonía con una congoja indescriptible mientras conversaba con los discípulos y, a pesar de ese deterioro, se levantó, se apartó un poco, cayó hincado de rodillas y comenzó de modo expreso su oración. Puso en acto un esfuerzo agotador —hasta inclinarse rostro por tierra, puntualiza san Marcos— para que todos sus sentidos y potencias de Hombre perfecto entraran en el diálogo con el Padre. Y así perseveró durante horas, sin concederse otra pausa que la de acudir a los suyos para despertarlos e instarles de nuevo a que permanecieran en oración con Él.

Se nos aviva en el alma de modo patente el «esfuerzo» de Jesús para recogerse en oración y para superar todo obstáculo corporal o anímico. Ahí queda patente en los relatos evangélicos. Hablando a lo humano, ¡qué tesón intelectual y físico el de Jesús en esos momentos! También aquí resuena para nosotros la palabra normativa de Jesús: *os he dado ejemplo* (Jn 13, 15). Por eso, la sequedad, el cansancio, la tribulación, el dolor nunca deberían constituir una traba para la oración. Podrán, sí, aconsejar o determinar un modo u otro de orar, pero jamás deberán apartar a un discípulo de Cristo del diálogo filial con su Padre Dios. Precisamente la oración de Jesús durante esas horas nos indica a las claras que el itinerario para dar un sentido y una salida a grandes sufrimientos y a la «tristeza» existencial que conllevan, se abre precisamente a través de la oración. Terminaron aprendiéndolo los apóstoles, que estaban como ausentes en aquella dramática situación de Jesús. San Josemaría nos lo subraya en un punto de *Camino*:

«Para poner remedio a tu tristeza me pides un consejo. Voy a darte una receta que viene de buena mano: del apóstol Santiago.

»*"Tristatur aliquis vestrum?"* (¿Estás triste, hijo mío?) *"Oret!"* (¡Haz oración!). Prueba a ver.»[3]

Una oración será a veces la nuestra —en circunstancias personales difíciles—, que descubrirá su modelo exacto en estas horas de Jesús, cuando nos hallemos atribulados y como seca el alma, apenas con la posibilidad de dejarse llevar de la fe desnuda y repetir, como Jesús, una vez y otra, la misma frase. Él repetía al Padre: *que no se haga mi voluntad sino la tuya*. También a cualquiera de nosotros, en un determinado momento de tribulación, podría suceder que sólo seamos capaces de musitar e insistir: Jesús... Jesús... *Iesu, Fili Dei, miserere mei peccatoris...*

Pero de ordinario nuestro esfuerzo irá dirigido a superar la tentación de no dedicar el tiempo previsto a la oración para ocuparnos de otras cosas «más urgentes». Y, una vez rechazada esa equivocación, tratemos de mantener la atención en el Señor y «contarle» nuestras cosas. Aunque aflore el razonamiento falaz de que, al hablar con Dios, lo nuestro tiene escasa importancia, ese poco hay que exponérselo por entero. Si la oración de los cristianos se forjara con esta intensidad, ¡cuántos propósitos se cumplirían!

Rendido de hinojos

4. «De rodillas sobre el duro suelo, persevera en oración.»[4] ¡Rendido de hinojos! (cfr. *Lc* 22, 41). ¡Postrado rostro por tierra! (cfr. *Mt* 26, 39). ¡Qué expresivo es el Evangelio! Hasta la postura física de Jesús habla del profundo sentido de ado-

---

3. San Josemaría, *Camino*, n. 663.
4. San Josemaría, *Santo Rosario*, I misterio doloroso.

ración y de alabanza que es esencial a la relación del hombre con el Creador, y que se expresa de manera eminente en la oración. Cristo, de rodillas ante el Padre, nos habla, en medio de su agonía, del magnífico cometido del cristiano, que debe convertir toda su tarea en una alabanza a la Trinidad, bien decidido a adorarla con todo su ser.

A pesar de la tristeza y de la congoja que embargaban al Maestro, el ánimo de Jesucristo —en lo más profundo de su espíritu— no fue en aquellos instantes distinto del que se expresa, por ejemplo, en la alegría de sus milagros. Servía siempre al Padre, en la fuerza del Espíritu, como ejecutor perfecto de la Voluntad divina.

Evidentemente, las acciones de Cristo se alzaron en un continuo loor al Padre. Por eso, y sin miedo a exageraciones o a interpretaciones acomodaticias, hemos de concluir que rezar de rodillas, mortificando el cuerpo, es sumamente agradable a Dios.

No quitemos, pues, importancia a los gestos del cuerpo en la relación con Dios: a las inclinaciones de cabeza, a las genuflexiones, a esas circunstancias del culto público o de la oración personal en que nos ponemos de rodillas, a esa postración en tierra de los que van a ser ordenados para el ministerio sacerdotal. Son modos de la tradición y de la liturgia que manifiestan la espontánea unión completa del cuerpo a la oración de reverencia, de piedad y de reconocimiento gozoso de nuestra condición de criaturas ante el Creador.

Contemplar a Cristo rendido de hinojos impulsa extraordinariamente a la piedad, al recogimiento y, simultáneamente, ratifica el principio de que requisito imprescindible de la eficacia de la oración es dirigirla al Señor desde el convencimiento de la humildad. Explica santo Tomás que, postrándose en tierra, Jesucristo se propuso darnos ejemplo de esta virtud, absolutamente necesaria para rezar, ya que *la oración del que se humilla penetra hasta las nubes* (*Si* 35, 21, Vulgata), y también para señalarnos que no hemos de confiar en nuestra virtud, sino especialmente en la misericordia de Dios.[5]

---

5. Cfr. santo Tomás de Aquino, *Lecturas sobre el Evangelio de san Mateo*, in loco.

Los ruegos del Hijo muy amado a su Padre celestial habrían sido igualmente íntimos y plenos si se hubiera quedado de pie. Pero no podemos minusvalorar ninguna de sus acciones, que en este caso invitan a examinar las disposiciones de alma y cuerpo en la celebración de la misa o ante la Presencia real de Jesús en la Eucaristía.

Denota también esa actitud el deseo de acoger y acomodarse a los planes divinos. En ocasiones nos corresponde asumir esa postura externa —la genuflexión, la oración de rodillas—, no sólo por la dimensión de adoración que es inmanente a la oración auténtica, por esa distancia entre la perfección de Dios y nuestra rudeza, sino porque la oración guarda también una dimensión de penitencia y de purificación, como nos enseña la Iglesia en sus rúbricas litúrgicas.

Esas posiciones significan respeto o invocación de clemencia. Por eso favorece el crecimiento de la vida interior no olvidar esta faceta, al arrodillarnos para rezar o para adorar al Señor. Contribuye también así a la intimidad de trato con la Santísima Trinidad, sin quedarse en una simple apariencia ritual externa.

Cristo arrodillado desvela la senda que escogió para superar su cansancio físico: evitemos las excusas que arrastran a justificarnos o a dispensarnos en la intensidad del rezo. En cambio, los discípulos se sentaron y los venció lógicamente el sueño. Idéntica podría haber sido la reacción de Jesús, que también acusaba la fatiga física —bien explícitas son las escenas del pozo de Sicar (cfr. *Jn* 4, 6), o el sueño profundo en la barca (cfr. *Mt* 8, 24)— y necesitaba humanamente ese reposo. Pero escogió la vigilia.

Al contemplar a Cristo orando sobre la dura piedra aprendemos la lección clara de que la penitencia y la mortificación han de ser externas e internas. Hemos de mortificar los sentidos corporales y los que hunden su raíz en el alma: el *pœnitemini* —¡convertíos!—, tantas veces repetido en el Evangelio (cfr. *Mt* 3, 1; 4, 17; *Mc* 1, 15; *Lc* 3, 8), conduce a liberar el propio yo de ataduras que lo rebajan y atan a lo caduco. La penitencia pone en condiciones de entender con mayor profundidad que *el Reino de Dios está en medio de vosotros* (*Lc* 17, 21): el Redentor ha implantado el Reino verdadero, que penetra hasta lo más íntimo de nuestro ser, para que le rindamos el homenaje debido, destruyendo con decisión los ídolos —grandes y pequeños— que fabrica el yo.

Rezar con las potencias y los sentidos

5. El desgaste y la fatiga de Jesús, en aquella vela, fueron impresionantes. No sólo por su actividad —incluso había servido físicamente a los discípulos (lavatorio de los pies)—, sino también por la intensidad espiritual de la Última Cena, en la que toda su energía divino-humana se concentró en la institución de la Eucaristía (y del sacramento del Orden), con la plenitud de entrega a la humanidad que esos santos misterios encierran. Su agotamiento al pisar el suelo de Getsemaní era tremendo. Y en esa situación le adviene la «agonía» ante la Cruz ya tan próxima. No busca entonces descanso físico, sino compañía, consuelo para el alma. Y cuando se adentra en la oración se postra, se arrodilla ante el Padre.

Jesús reza de rodillas, quizá también para avivar su vigilancia y su oración, como había recomendado a los discípulos. De nuevo, la enseñanza del Maestro evidencia que sus actitudes en la tierra guardan una referencia directa a nuestra vida y a nuestra salvación. Hemos de participar en el diálogo con el Señor, en alma y cuerpo, con potencias y sentidos. Se entiende perfectamente que personas de intenso trato con Dios aconsejen esquivar todo lo que sea obstáculo para concentrarnos en la oración.

Jesús en Getsemaní quiso orar con ese porte, sin duda para no interrumpir su plegaria ni por un instante, y para que no le arrollara el descanso lógico que le reclamaba el cuerpo. Jesús, de hinojos, es ejemplo de recogimiento y adoración. Clavemos, pues, nuestra mirada en Jesús, persuadidos de que, si Él sugiere algo duro, que rechazaríamos por el esfuerzo que implica, concede su auxilio divino para que salgamos vencedores.

A una apreciación superficial puede parecer detalle insignificante ese ademán de Jesucristo y, sin embargo, formó parte de aquella oración trascendental que era preludio de la nueva unión del Cielo con la tierra. Supliquemos al Señor que no olvidemos que la oración se trenza con el alma y con el cuerpo, que nos recuerde la urgencia de cuidar los gestos, la «urbanidad» de la piedad,[6] cumpliendo y entrando a fondo en el significado de las indicaciones litúrgicas, aunque estemos cansados o secos.

La oración de Jesús

6. Hasta ahora, centrados en la primera parte del versículo 39, hemos considerado lo que podríamos calificar de «actitudes» de Jesús en la oración de Getsemaní. Ahora pasamos a la segunda parte de este versículo, donde san Mateo nos ilustrará sobre el «tema» de aquella oración.

De nuevo, pues, nuestra mirada y nuestro corazón en el Maestro, hincado de rodillas entre los olivos, con la agonía del dolor en el alma. Escuchemos, porque llega hasta nosotros su clamor:

Oraba diciendo: Padre mío, si es posible, que pase de mí este cáliz; pero no sea como Yo quiero, sino como quieres Tú (Mt 26, 39b).

Rogaba que, a ser posible, se alejase de él aquella hora. Decía: ¡Abba, Padre! Todo te es posible, aparta de mí este cáliz; pero no sea lo que yo quiero, sino lo que quieres Tú (Mc 14, 35b-36).

Oraba diciendo: Padre, si quieres, aparta de mí este cáliz; pero no se haga mi voluntad, sino la tuya (Lc 22, 42).

Después pasaremos a meditar cómo se proyectan estas palabras sobre nuestra oración. Intentemos ahora profundizar, por un momento, en el «contenido» de ese coloquio filial. Porque el diálogo del Redentor con el Padre es uno de los eventos más intensos de revelación del misterio de Jesucristo: revelación del misterio de su filiación divina —única y personal, trascendente, intratrinitaria—, vivida y manifestada en sus acciones y sentimientos de hombre que percibimos con una fuerza extraordinaria en esta escena. Porque esa tremen-

---

6. Cfr. san Josemaría, *Camino*, n. 541.

da y reiterada invocación al Padre concentra en Cristo un único tema y un único contenido: la angustia que le asalta ante aquel cáliz —que es voluntad del Padre— y que le insta a rogar que pase, que esa voluntad sea distinta.

¿Qué contenía el cáliz, que provoca en Cristo una angustia y una aflicción tan espantosas? Ciertamente, el horror a la muerte que experimenta todo hombre; a una muerte que Jesús veía y vivía anticipadamente con el tremendo sufrimiento físico y psíquico que se acumularía en la Pasión y en la Cruz. Pero esto sólo fue el principio del cáliz, el primer sorbo. El espanto de aquella agonía se fraguaba, principalmente, a causa de nuestros pecados, a causa del desprecio del hombre a la mano misericordiosa que le tendía el Amor de Dios. Jesús se angustiaba por la ceguera de los hombres ante el Amor. *Jerusalén, Jerusalén, cuántas veces quise cobijarte... y nos has querido* (Mt 23, 37). Jerusalén, no has sabido reconocer el día en que te visitaba: *tempus visitationis tuæ* (Lc 19, 44). Y Jesús lloró por la ciudad, por el pueblo: *flevit super illam* (Lc 19, 41). El tema, ya muy vivo desde la entrada en la Ciudad Santa, se desbordó en el Monte de los Olivos. *¡Padre! Todo te es posible, aparta de mí este cáliz.* Pero, a la vez que suplica no beber el cáliz, se adhiere de manera humilde y total a la voluntad del Padre, sea la que sea: *no lo que yo quiero sino lo que quieres Tú, no como Yo quiero sino como quieres Tú, no mi voluntad sino la tuya.*

La oración de Jesús se convierte así en uno de los lugares de máxima significación dogmática para abordar el misterio de Jesucristo, es decir, el misterio de la doble naturaleza de Nuestro Señor, la naturaleza divina y la naturaleza humana que subsisten, inconfusas e inseparables, en la unidad de la Persona divina del Hijo de Dios, Segunda de la Trinidad Santísima, el mismo Dios que el Padre. Getsemaní pone de manifiesto, con una radicalidad sin par en los Evangelios —y con una perfecta coherencia entre los evangelistas—, cómo esa doble naturaleza traía consigo la presencia en Cristo de una doble voluntad: una voluntad divina y una voluntad humana. En la oración del huerto resplandece, en el dolor y en la angustia, la perfección de la naturaleza humana de Cristo, que se expresa en los actos de su voluntad (humana). A Cristo, como hombre, le repugna el sufrimiento y la muerte, y así lo manifiesta al Padre: no los quiere. Pero en cuanto Dios tiene una única voluntad con el Padre. La maravillosa lección de Getsemaní —y, a la vez, la revelación del misterio de Jesús— es que el Señor, también como hombre, también con su voluntad humana y superando su «natural» —en el sentido estricto de la palabra— repugnancia al dolor y a la muerte, se adhiere plenamente con su voluntad humana, fortalecida en la oración, a la voluntad divina. Y así aparece ante nuestros ojos la doble naturaleza de Nuestro Señor, su misterio adorable, en el que la naturaleza (y la voluntad) humana no está absorbida o aplastada por la divina, sino que subsiste en la Persona del Verbo, del Hijo, con su plena y total —y dramática— realidad. Realidad y perfección de la humanidad de Cristo que la Iglesia ha captado, sencillamente, al contemplarle mientras ora en el huerto y al ver a nuestro Salvador postrado de hinojos y clamando al Padre entre lágrimas. Y después, la misma Iglesia ha leído así el drama de Jesús: *no lo que yo quiero* (yo, la Persona del Verbo en cuanto hombre), *sino lo que quieres Tú* (tú, el Padre, y yo, el Hijo, en cuanto Dios); *no mi voluntad* (humana), *sino la tuya* (que es la mía, en cuanto Dios).

Esta plegaria de Cristo será lección impresionante con la que el Maestro explique, a los hombres y mujeres de todos los tiempos, que el gran tema de la vida gira alrededor de la tensión entre voluntad del hombre y voluntad de Dios, y que el gran tema de la oración se centra en la adecuación a la voluntad de Dios de la voluntad del hombre. Es el combate de la oración desde el ejercicio de la libertad: *no lo que yo quiero, sino lo que quieres Tú*. Nuestra meditación, ahora, no puede continuar sino contemplando a Cristo, de hinojos, en este clamor de oración. Poco después, sin salir del huerto, cuando ya el traidor estaba allí con la partida, Jesús cortó todo intento de resistir a los que venían a detenerlo con esta terminante aclaración: *calicem quem dedit mihi Pater non bibam illum?* (*Jn* 18, 11). ¿Pero acaso voy a dejar de beber el cáliz que me ha dado el Padre? No podía el Evangelio expresar de manera más literal y profunda la perfecta identificación de su voluntad humana con la voluntad divina, la libertad soberana con la que Cristo se encamina a la muerte redentora. El cáliz de la agonía pasa a ser el cáliz amado: *non bibam illum?*

Confianza filial

7. *Abba, Pater! ¡Todo te es posible!* (Mc 14, 36). Ponderemos, ante todo, esta ternura con la que Jesús se dirige al Padre en aquella hora dramática. Ya nos lo había revelado al enseñarnos el padrenuestro, pero en aquella larga noche, con su propia oración, nos mostró que nuestra oración ha de ser como la suya: la de un hijo que habla confiadamente con su padre, con su Padre-Dios.

San Mateo nos detalla que le llamó en aquella hora no sólo *Padre*, como en tantas otras ocasiones habían oído los discípulos, sino *Padre mío*, como subrayando la intimidad de la relación intratrinitaria y exponiendo sentidamente al Padre que era Padre *suyo* de una manera única, y Él, Hijo de una manera también irrepetible: es *tu* Hijo, Padre *mío*, el que te implora. Ni antes ni después del Huerto de los Olivos aparecerá esta invocación en los Evangelios. Exactamente lo mismo hemos de afirmar del *Abba, Pater!*, de san Marcos, aunque es lógico suponer que Jesús utilizaría habitualmente esa expresión al dirigirse a Dios Padre. La intimidad, la confianza y la ternura provienen de ser *Abba* la palabra aramea, familiar, infantil, con que los niños llaman a su padre, que lo puede todo: *Abba, Pater! ¡Todo te es posible!* Los evangelistas retuvieron en su lengua originaria, como comprobamos, este modo sorprendente de invocar al Padre, precisamente al relatar lo que salió de la boca y del alma de Jesús en el huerto: ¡Papá! Y pasados los años, cuando la expresión de la cultura cristiana era ya la lengua griega, y después también la latina, la dulzura de esta bendita palabra de Jesús se siguió manteniendo en el original arameo, tal como la pronunció el Maestro. ¿Podremos dudar de que, ya desde los primeros cristianos, la filiación divina en Cristo Jesús es el núcleo mismo de la fe y de la vida nueva?

En su eterno designio, Dios nos ha hecho hijas e hijos del

Padre en el Señor Jesucristo por la misión del Paráclito, Amor infinito del Padre y del Hijo. El Salvador, al enseñarnos a invocar con tanta intimidad al Padre, ha grabado a fuego en las almas, con incisión divina, esta confianza filial. Nos ha recordado que el Padre celestial posee la solución adecuada para todas las incógnitas y problemas —*Abba, Pater! ¡Todo te es posible!*—; y nos ha instado a que asimilemos esta realidad... Sin embargo —somos conscientes—, nos hallamos muy distantes todavía.

¡Padre mío!, exclamó Jesús, gozoso de su filiación inigualable, que tocaba a manos llenas la cercanía inseparable de la Primera Persona de la Trinidad Santísima. Ya sólo a través de este modo de expresarse nos iluminaba con nuevos matices la unidad en el amor intratrinitario. La unidad comporta consuelo, fortaleza, entendimiento, identificación, omnipotencia, eternidad, caridad perfecta. También en Getsemaní, como cuando vino a la tierra, dio hechura al plan de su Padre celestial.

Jesucristo acudió, ante el sufrimiento de su Humanidad, al único refugio, a la única fortaleza: a su Padre Dios, que es también nuestro Padre. Apenas se requiere imaginación para advertir el tono cálido, urgente y confiado con que se acogía al Amor del Padre: *¡Todo te es posible!* El Unigénito, por ser Dios, tiene la misma esencia del Padre, pero por ser hombre le prestaba honor y reverencia. ¡Con qué vibración escuchó las inspiraciones, que encerraban el sonido del Cielo! El Espíritu Santo —gracia increada— habitaba en plenitud la Humanidad de Cristo y acompañó cada una de las expresiones del Redentor.

En aquella noche de Cielo —de dolor que era Amor—, mientras permanecía la tierra encerrada en sí misma, acudió con el gran Amor, con la fuerza del Espíritu Santo, a la cita de Getsemaní. Sólo una Caridad perfecta, como la suya, era capaz de darse sin imponerse; y de hacerse igual a los demás para que ninguno se sintiera desplazado. Dormía nuevamente la tierra en esas horas, y los hombres brillaron por su ausencia durante momentos irrepetibles del coloquio divino que estamos contemplando. Qué profundidad y belleza encierra y comunica esa exclamación: ¡Padre! ¡Padre mío! La

Palabra, hecha carne, ha descrito egregiamente el Amor que une a las tres Personas, y ha trazado la estela de salvación para las criaturas, la posibilidad de que el mundo vuelva a rendir gloria al Creador.

Con qué estupenda y sencilla claridad apuntó Cristo, al expresar la filiación divina, que «Padre» equivale a Omnipotencia y que, por tanto, hemos de acudir a la oración confiadamente. Él, en cuanto Hombre, crecía en un amor ejercitado con totalidad, y en aquellos instantes tradujo su unión con el Padre en el Espíritu Santo con estas palabras: *Todo te es posible* (*Mc* 14, 36). Concluyamos que es necesario amoldarse a los planes del Cielo con la certeza de que, si nos dejamos atender, nuestro Padre Dios nos conducirá prácticamente de la mano para afrontar y recorrer felices el camino hacia la plenitud de vida cristiana, que reclama generosidad absoluta.

No lo dudemos jamás: si nos dejamos proteger por la coraza invulnerable de la paternidad divina, nada nos puede vencer; pasaremos por encima de la misma muerte, pues cada uno de los hijos e hijas de Dios en Cristo, *de plenitudine eius nos omnes accepimus* (*Jn* 1, 16): vivimos y nos movemos por Cristo, con Cristo y en Cristo. Si aprendemos a rezar con Jesús y como Jesús —es decir, como hijos de Dios que confían en su Padre—, saldremos de la oración poderosamente fortalecidos, y no surgirá prueba alguna que nos haga desfallecer, a pesar de que nuestra debilidad personal tal vez se agigante.

Qué agradecimiento debemos manifestar a Jesucristo, *perfectus Homo*, orante en Getsemaní, por el don y por la enseñanza: por el don de la filiación divina y por habernos enseñado cómo, en esas circunstancias tan tremendas, la vivía Él, el Hijo de Dios.

Tiempo diario para la oración

8. Hemos, pues, de aumentar nuestra gratitud al Rabí de Nazaret, porque verdaderamente es el Maestro por antonomasia, el Amigo, el Hermano, el Médico. Fue desgranando su

oración en el Huerto de los Olivos ¡y qué seguridad nos transmitió! Ciertamente, todo su caminar por esta tierra discurría en total unión con el Padre, pero las palabras suyas que aquí han transcrito los evangelistas constituyen un tesoro de valor extraordinario.

En las acciones de Jesús, que es el esplendor de la gloria de Dios (cfr. *Hb* 1, 3) no podía haber cosas raras, y tampoco las exige de nosotros. También en las horas de Getsemaní, envuelto en su dolor y en aquella agobiante tristeza, Jesús oró con sencillez y naturalidad. Con esta perspectiva se entiende mejor ese apartarse un poco que estamos meditando: Él buscaba las condiciones más favorables para conversar con su Padre-Dios.

Las personas, cuando los embarga una preocupación o necesitan desahogar el corazón, acuden a quien les merece confianza, porque los quiere bien. «Empecemos a conducirnos así con Dios, seguros de que Él nos escucha y nos responde; y le atenderemos y abriremos nuestra conciencia a una conversación humilde, para referirle confiadamente todo lo que palpita en nuestra cabeza y en nuestro corazón: alegrías, tristezas, esperanzas, sinsabores, éxitos, fracasos y hasta los detalles más pequeños de nuestra jornada. Porque habremos comprobado que todo lo nuestro interesa a nuestro Padre celestial.»[7]

Fuerte en amor y en espontaneidad se desarrolló la oración de Nuestro Señor en el huerto. ¿Quién podía consolarle más que su Padre Dios? ¿Quién era capaz de entender mejor sus afanes y su angustia de amor por los hombres? No suelen los evangelistas prodigarse en detalles o referencias marginales, menos aún al relatar estas horas tremendas a las que se orienta toda la misión de Jesús.

No se distanció de los suyos —de los hombres y mujeres de todos los tiempos— ni en su interés ni en su amor. Precisamente porque apreciaba nuestra vida, que hemos de santificar, actuó de ese modo luminoso y ejemplar. De una parte estableció que sin oración, sin referencia a Dios, no se puede divinizar la existencia; de otra, nos demostró prácticamente

---

7. San Josemaría, *Amigos de Dios*, n. 245.

que hemos de pelear para recogernos más y mejor cuando hayamos de rezar.

La oración diaria —mental y vocal— es componente esencial de la vida de quien se sabe hijo de Dios. «Este punto de partida será el origen de tu paz, de tu alegría, de tu serenidad y, por tanto, de tu eficacia sobrenatural y humana.»[8] No caigamos ingenuamente en el razonamiento falaz de que nos falta tiempo. Cuando surgen circunstancias extraordinarias de fuerte riesgo, ningún cristiano escapa del instinto de invocar a Dios o a su Madre Santísima. Por tanto, debemos centrar este hábito, crear esta disposición en el alma, es decir, aplicar la inteligencia a la realidad de que cada instante y cada suceso pueden convertirse en encuentro con Dios. Él nos abre la posibilidad de descubrir su intervención paterna en las cosas pequeñas o grandes de cada día, y la oportunidad de santificarnos, con su gracia, en las circunstancias ordinarias.

El reflejo de volvernos a Dios, una y otra vez, adquirirá la debida intensidad en nuestro ser, si el hábito de hacer oración se incorpora a nuestro horario cotidiano. Jesucristo, que vino a la tierra para ser Maestro, Amigo y Médico, nos lo enseñó, ante todo, con su ejemplo, dedicando a la oración tiempos privilegiados, en ocasiones arrebatados al sueño o al descanso. Esta luminosa actuación del Mesías ha de proyectarse sobre la conducta de los hijos de Dios. Nuestro caminar brillará como reflejo de esa luminosidad, si estamos a la escucha del Padre, de esa voz vivificadora y santificadora que habla a la conciencia y nos interpela sin interrupción. Convenzámonos de que no nos falta tiempo, en nuestra jornada, con el fin de encontrar espacios aptos para esa conversación filial con el Señor.

Ese adelantarse un poco, que ya hemos mencionado, es también una manifestación de su recogimiento para la oración. Una invitación a cada uno de nosotros para que al rezar, al ponernos delante de Dios en ese diálogo diario, sepamos *retirarnos* cuanto sea necesario. Procuremos sinceramente que nada interrumpa esa conversación, en la que

---

8. San Josemaría, *Forja*, n. 536.

nuestras preocupaciones, trabajos, penas, ambiciones, debilidades, queden expuestas a Dios Padre en un trato de sincero amor. Así, nuestras cosas son ya de nuestro Padre Dios; y de Él descenderá el auxilio apropiado. Empeñémonos en «separarnos», como Jesús, incluso de la ocupación que nos parezca más importante, para quedarnos a solas con el Señor: en ese coloquio con el Creador es donde el alma reposa, toma fuerzas y corrige la ruta de su andar, de acuerdo con lo que percibe que es Voluntad de ese Dios, que no ceja en su empeño de que vayamos a la santidad.

Nunca nos abandona el Señor a un destino ciego. Le atañe cada momento de nuestro caminar terreno; no deja nada al azar; nos coloca siempre en condiciones convenientes para que tendamos hacia Él. Pero no descubriremos ese vestigio divino en nuestros pasos si no vigilamos y peleamos para verle y oírle en el interior del alma.

Descubramos ese contraste pedagógico que se verifica en Getsemaní. Los hombres apenas atendieron los ruegos de Jesús. En cambio, Dios Padre le atendió y le confortó. Él siempre nos escucha: pero tenemos que hablarle.

Pedir con sencillez

9. Causa una honda y entrañable admiración la sencillez con que, en medio del temor y de la angustia, Jesús se dirige al Padre con frases impregnadas de extrema naturalidad, como las habría pronunciado uno de nosotros en caso de un sufrimiento de envergadura. No se sirvió de razonamientos, sino que expuso lisamente su petición como hombre, como perfecto Hombre.

Cabían muchos modos razonables de argumentar. Parecía imposible que quien carece de defecto alguno asumiera la carga de los pecados del mundo, que constituía la rebelión más directa contra el mismo Dios. No se concibe el fracaso, aparente, de que quien ha venido a traer la vida se sujetara a la muerte, y a una muerte tremenda, de suplicio. Los planes divinos, una vez más, superan las lógicas humanas y la imaginación más atrevida.

Siendo el Señor de condición divina —*perfectus Deus*—,[9] y estando, por tanto, a una distancia infinita de nosotros, ha querido operar ese milagro grandioso de asumir la naturaleza humana. No hay en Él limitación alguna; y, sin embargo, se abajó a las nuestras y habló como nosotros, se alimentó como nosotros, trabajó como nosotros, se cansó como nosotros, cumplió las leyes civiles como nosotros..., rezó como «deberíamos» rezar nosotros.

Con su vida no señaló metas imposibles. Jesucristo se movió, desde luego, en el nivel de la más sublime perfección, y nos obtuvo la posibilidad de renacer y de crecer constantemente en la gracia: mostró cómo hemos de acudir al Padre celestial. Expuso con claridad meridiana que lo importante es recurrir perseverantemente al auxilio de lo alto, tanto en lo fácil como en lo arduo o lo que parece superarnos, pues el Señor jamás nos negará su gracia.

Con una santa y pedagógica insistencia, Jesucristo predicó que, a toda hora y para cualquier cuestión, nuestro verdadero interlocutor es el Padre celestial. Para mantener este diálogo no exigió condiciones de categoría personal o de preparación intelectual, porque no espera nuestro Padre del Cielo frases brillantes o agudas; menos aún estableció una condición social determinada. *Venite ad me omnes* (*Mt* 11, 28): venid todos a mí, proclama y desea Jesús, para que con Él y en Él lleguemos a Dios Padre.

Hemos de ponernos al habla con Dios Padre como somos y como estamos; también cuando nos cuesta rezar o cuando estimamos que nuestra situación de ánimo es la más opuesta al recogimiento. El Espíritu Santo nos moverá. Jesucristo Hombre empezaba a sentir ya en Getsemaní los hierros de los clavos, que no le permitirían moverse ni cambiar de postura para facilitar la respiración o aliviar, aunque fuera sólo un poco, el dolor físico de la Pasión. Y se dirigió al Padre con la naturalidad confiada del Hijo. Expuso y pidió lo que consideraba conveniente; y su confianza filial se identificó en el acto con la voluntad paterna, que le había asignado esa obra incomparable de Amor, la Redención de la humanidad.

---

9. Símbolo Atanasiano, 30.

Exponer lo que llevamos en el alma no significa empecinarnos en nuestros deseos. Debemos presentarnos ante el Señor —valga la comparación— con la confianza con que se consulta al especialista en los males del cuerpo o de la psique. No dudamos de que el médico, si está en sus manos, recetará el remedio pertinente. Además, no tiene el Señor los límites de la ciencia humana; posee, en cambio, todas las facultades para resolver las más diversas situaciones. Por eso, Jesucristo nos enseñó a pedir, a ser tozudos en la oración: así alcanzaremos la disposición de ánimo para aceptar rendidamente la Voluntad del Padre. El Salvador conocía que había venido al mundo para padecer y morir; amaba ardientemente ese destino santo, pero no dudó ni un instante en manifestar, mientras rezaba, su inquietud y zozobra, dejando al Cielo la última palabra.

Con desvergüenza de hijos

10. Hizo oración y dijo: *Padre mío, si es posible, que pase de mí este cáliz* (*Mt* 26, 39). ¡Bendita ejemplaridad del Señor y bendita naturalidad del Maestro! San Josemaría, gran amante de la Pasión de Jesús, repitió pedagógicamente: «el tema de mi oración es el tema de mi vida».[10] Jesucristo, a pesar de la distancia que nos separa de su infinita perfección, es quien más se nos ha acercado en este mundo, más que nuestros padres o las personas que nos han amado. Su vida es un precioso retablo, con todas las escenas de la vida humana, menos las del pecado; y aun éstas las puso sobre sus espaldas, ganándonos su perdón.

Al detenernos en este sufrimiento que precede al de la Cruz, ¿cómo no volver a ese diálogo suyo con el Padre, en el que le ruega que no se diera curso al peso del dolor y le librara de la muerte? Amó el tesoro de la vida como Hombre y, precisamente por esa estima, la parte humana se angustiaba, con la fuerza más real, ante la pérdida de lo que era y es contrario a la bondad de la naturaleza: la vida, y la vida en

---

10. San Josemaría, *Es Cristo que pasa*, n. 174.

grado perfecto, que Él había asumido del todo. Por eso resulta coherente invocar a nuestro Padre Dios para que no nos asalten, o para que pasen, las aflicciones físicas y morales. Con qué precisión y profundidad evidenció el Maestro que esa reacción de súplica es lógica, y que no debemos enmudecer los gritos de alma y cuerpo, aunque hemos de acatar en seguida la Voluntad de Dios. También durante esa noche resonaban con vigor —a través de su comportamiento— las palabras: *discite a me!* (*Mt* 11, 29), aprended de mí, para dirigiros confiadamente al Creador.

No pudo ser más personal su petición: *pase de mí este cáliz*. Atrevámonos siempre a acudir a Dios con santa desvergüenza de hijos y con la confianza más segura de predilectos. Estos ruegos caben en la Providencia divina, pues los pone el Señor en los labios y los fomenta en el alma para que sintamos, más que la dependencia gozosa de tan amable Señor, la confianza de que no nos abandona. Esas oraciones son muy útiles, aunque no las atienda el Creador en la forma que pretendemos nosotros. Nadie puede dudar de que la petición de Jesucristo en el huerto careciera de trascendencia: al menos, y no es poco, nos descubre con ese fogonazo qué tremenda fue su Pasión. Estas palabras del Redentor, exhaladas de sus labios con sinceridad, espolean a no cesar de suplicar por cuanto nos apesadumbre, aunque la inteligencia humana achate la visión y consideremos que es un imposible lograr esa gracia.

Si no alcanzamos lo que pedimos expresamente, del Cielo nos vendrá el consuelo y la asistencia para afrontar la prueba con entereza, con alegría, más aún, con la persuasión de que es lo más conveniente, también para la Iglesia Santa, para la humanidad y, de modo especial, para quienes conviven con nosotros. Tocaremos así la eficacia de la oración, que nunca queda frustrada, y aprenderemos, con Jesús, a ser amigos de la penitencia y de la expiación. Jesús se mortificó —murió— por nuestros pecados; imitémosle, purificándonos por nuestras ofensas personales y por las de la humanidad.

Natus est nobis Dominus:[11] Cristo nació para nosotros, vi-

---

11. Misal Romano, Antífona de entrada de la II Misa de Navidad (cfr. *Is*. 9, 2).

vió como nosotros y ha llegado a Getsemaní para cumplir el divino designio salvador. Pero no se nos aplica la salvación sin nuestra colaboración personal, porque Dios nos ha creado libres; hemos de alcanzarla con el vencimiento del yo, en lo que arrastra de naturaleza caída. Si Jesús invocó el auxilio del Cielo para cargar con la Cruz, ¿qué no debemos hacer nosotros que no contamos ni con su perfección de condiciones, ni ¡desgraciadamente! con una voluntad que se identifique hasta su raíz más profunda con la Voluntad del Padre?

Oración humilde

11. *Si es posible, que pase de mí este cáliz.* Resulta fácil percibir aquí una característica indispensable de la oración eficaz: la humildad. Jesucristo era sabedor de la Omnipotencia de su Padre Dios, a cuyo gobierno perfecto están sujetas todas las cosas: por eso el Redentor puso en manos del Padre los planes que le afectaban.

La plegaria del Maestro subió derecha al Cielo, con los requisitos de una súplica perfecta. Meditemos este gran ejemplo de humildad, que hace de Jesucristo el Vencedor de todas las pruebas, porque, con ese ruego, ni lejanamente pretendió que prevaleciera lo que asaltaba su inteligencia y su voluntad. Tenía conciencia de que rezar significa amar enteramente los designios del Cielo: *non mea voluntas, sed tua fiat* (*Lc* 22, 42). Es un versículo de la oración que había puesto en boca de quienes buscan ser sus discípulos, o quieren aprender a rezar (cfr. *Mt* 6, 10).

Y a esta verdadera línea de unión sujetó su voluntad. Expuso sinceramente al Padre lo que experimentaba su alma, totalmente persuadido de que sus palabras llegaban hasta Él y de que el Padre se ocupaba certeramente de disponer lo más oportuno. Cuando falta esta humildad en el cristiano, el alma llega al desaliento o a la queja, que atenazan el desarrollo de la vida interior, porque no se reza de hijo a Padre, sino que se intenta imponer el propio punto de vista, carente del conocimiento pleno de las circunstancias.

La oración humilde fortalece el alma, y la acompaña hasta comprender y aceptar de buena gana que no se cumpla lo que se ha implorado. A través de esa disposición de recogerse en diálogo con el Señor, acatando sinceramente que Él conoce lo que precisamos, se pasa de la necesidad de ayuda a la reciedumbre, de la aspereza al amor a la Santa Cruz. Se entiende entonces que esa purificación es auxilio indispensable para adentrarse en la unión del buen hijo con su Padre Dios.

Se requiere la constante práctica de la humildad en la oración, de modo especial para que no nos anquilosemos al topar con la miseria personal ni caigamos en el triste conformismo de pensar que no somos capaces de superarla. En la plegaria humilde se expone llanamente a la mirada de Dios lo que nos aqueja, persuadidos de que nos auxiliará del modo más pertinente, sin que esto signifique que haya de concedernos lo que nos parece solución adecuada.

Incorporemos la advertencia de la Escritura: *mis pensamientos no son vuestros pensamientos y vuestros caminos no son mis caminos* (*Is* 55, 8-9). Y como en el Señor, y en su Providencia, se da la ausencia de todo mal, esos caminos de Cruz son caminos divinos.

Vayamos diariamente a recogernos en una oración humilde. Como Jesús en Getsemaní, adquiriremos la certeza de que Dios Padre nos oye. Descubrámoslo de nuevo al contemplar que no había mudado, en aquellas horas durísimas, la estrecha unión entre el Redentor y su Padre celestial; al contrario, hasta se descubre de modo más patente en las palabras de Jesús, también por su decisión serena y espléndida de entrar en la Pasión, tras esa súplica, que renovaba la idéntica acción de gracias que brotaba de su alma y de sus labios al operar los milagros: *¡Gracias, Padre, porque siempre me escuchas!* (cfr. *Jn* 11, 41-42).

Efectivamente, la oración en el huerto, en su unidad con la Cruz, estaba ya actuando el gran milagro de nuestra salvación, mucho más grandioso que las curaciones de enfermos y resurrecciones de difuntos. No nos obtuvo solamente la recuperación del flagelo de una existencia sin su gracia, sino el paso de la muerte en el alma a la comunicación con la naturaleza divina, a la vida de unión con el Señor.

A la vez, Jesús, con su diálogo humilde, reveló con otro matiz la recíproca y total unión que existe entre las tres Personas. Aunque no nos ha sido otorgado más que atisbar de lejos y entre sombras la perfección intratrinitaria, percibimos en sus palabras y en sus gestos que en Cristo están el Padre y el Espíritu Santo, y Él está en las otras dos Personas. En esa petición humilde de su oración se expresa de modo admirable la unidad de la Trinidad Santísima.

El cáliz de nuestros pecados

12. *Que pase de mí este cáliz*. Muy dura —indescriptible— fue la prueba de la Pasión y Muerte. Resulta más comprensible —aun sin penetrar su hondura— cuando observamos que la fortaleza del Redentor atravesó esa desolación en forma de temor y angustia.

Ninguno de los potentes de la tierra con los que hubo de relacionarse Jesucristo le produjo el más mínimo sobresalto. Cuando pretendieron prenderle o atemorizarle, chocaron con la seguridad absoluta de Cristo, Dios Hombre. No temió enfrentarse con un jefe, con los príncipes, o con una turba numerosa. Más aún, sin otras armas que las de su santidad, salió reforzado de los ataques o incomprensiones contra Él.

En cambio, ahora no podía ser más grave el clamor de su alma. Tan terrible era el sufrimiento —físico y moral— que le esperaba, que no se limitó a rogar que se atenuase el dolor que le sería inferido, o a refugiarse en la fortaleza del Padre. Pidió de modo neto que pasara ese cáliz.

También en esto se aprecia, por contraste, la calidad del amor perfecto de Jesús y la poca finura del nuestro. ¿Por qué seremos tan duros o inconscientes? Nos falta una reacción de sincera contrición ante nuestros pecados o ante los de la humanidad; además, nos metemos desaprensivamente en los linderos de la ofensa a Dios, grave o leve, y no experimentamos dolor por la lejanía en que dejamos al Señor ni por la depauperación de nuestro yo.

¡Cómo nos ama la Trinidad! En aquel diálogo intervinieron las tres Personas, que deseaban ardientemente nuestra salvación, y la hicieron posible derramando el Padre y el Hijo su caridad infinita, que es el Espíritu Santo: don supremo, conseguido por Cristo para nosotros al ofrecer al Padre una satisfacción sobreabundante por los pecados de toda la humanidad.

Pase de mí este cáliz, cuyo precio era elevadísimo, y no sólo porque la humanidad carecía de medios para satisfacer esa deuda. Se trataba de un sacrificio de envergadura infinita: que el Hijo muy amado, que había tomado carne por nosotros, manifestase su amor al Padre en una obediencia hasta la muerte y muerte de Cruz (cfr. *Flp* 2, 8).

Dios, que se gozó inmensamente en formar con sus manos al hombre y a la mujer, como nos dice la Sagrada Escritura (cfr. *Gn* 1, 27; 2, 7), ¡con qué predilección creó el Cuerpo y el Alma de su Hijo en las entrañas de la Santísima Virgen! De esa perfección del Cielo, de ese amor volcado hacia la humanidad, no iba a quedar en la Pasión y Muerte ni parecer ni hermosura (cfr. *Is* 53, 2). Luego, ciertamente, resucitará en cuerpo glorioso, pero no quiso cancelar las pruebas de los atentados bárbaros que cometemos los hombres y las mujeres, uno a uno, o uniéndonos en la triste solidaridad cobarde de abandonarle, injuriarle, maltratarle y darle muerte, como en Jerusalén.

Se comprende que la amable bondad del Redentor se asombrara ante el precio de reparación que exigía nuestra iniquidad. No cabe otro nombre, porque esa *conversio ad creaturas* es el sello de nuestra *aversio a Deo*, que opera en las ofensas al Señor, y que puede llegar a ser incluso odio a Dios.

Ahora, Jesús, agradecidos por tu amor e iluminados nuestros ojos por el resplandor de la gracia que nos has conseguido, te manifestamos sinceramente que habríamos preferido que no hubieras tenido que beber ese cáliz. Comprendemos que fue la expresión de tu amor por nosotros; de un amor —en el que nos amabas junto al Padre y al Espíritu Santo— que no hemos merecido ni merecemos; y por eso querríamos que nuestra oración se tradujera en el único odio que manifiesta la auténtica caridad: el odio absoluto al pecado mortal, el rechazo firme del pecado venial deliberado y de toda imperfección.

Aprender de Jesús

13. Al quejarse a Dios Padre ante el cáliz que ha de beber, está abriendo de par en par su alma, para que sintamos el derecho de pedir lo que nos parece bueno, aceptando rendidamente, antes y después, la Voluntad de nuestro Padre Dios. De la misma manera que luego no habrá nada en su cuerpo que no haya sufrido, como oblación grata al Cielo, tampoco en esta oración existe fibra del alma de Jesucristo que no padezca. *Bene omnia fecit* (*Mc* 7, 37), decía el pueblo de Jesús. Esto se verificó también en las horas tan duras de Getsemaní.

En su súplica, Jesús comparte todo con su Padre celestial. Sus quejas y su búsqueda de consuelo, dirigidas al Cielo, dejan bien a las claras que no se rompe su unión sublime e inefable. Sabe que aquel dolor entra en los planes divinos, y que es arduo lo que se le reclama. No se niega, pero manifiesta con sinceridad su estado de ánimo.

A la hora en que Jesús necesita más entereza, quiere la Trinidad que experimente, con la soledad, el cansancio y la turbación. Y para asegurar las fuerzas recurre a la oración, aunque haya de desgranarla a base de sollozos y de fatiga, también espirituales. No le importa tener que recomenzar, e incluso reiterar las mismas expresiones. Desea que advirtamos su constancia, y que el amor del Padre pide todo. Ante la carencia de asistencia humana, insiste en volver a rezar como primer resorte. La seguridad de estar con Dios Padre, la totalidad de su identificación con la Voluntad divina, otorga a Cristo Hombre todo el auxilio de la Omnipotencia divina para afrontar la prueba y superarla.

Aprendamos a cuidar la oración en momentos de dificultad, rogando por lo que humanamente consideramos adecuado. Este recurso ante los obstáculos, cuando se traduce en una conversación sincera, no aleja de la intimidad con Dios Padre. Al contrario, la reafirma, porque se habla de la personal situación con confianza filial, y el Creador responde a esa sinceridad concediéndonos la gracia para superar las barreras.

Se recoge Jesús en oración para poder ejecutar la Voluntad del Padre, esa epopeya que aterra a la naturaleza humana. La oración es «la única arma, el medio más poderoso para vencer en las batallas de la lucha interior».[12]

¡Qué admirable es el magisterio de Nuestro Señor en el Evangelio! Al filo de nuestra contemplación en el huerto dejemos anotadas, al menos, otras enseñanzas suyas sobre la oración. Primero, la necesidad de rezar a toda hora. Jesús resalta además que, con el ejemplo y con la palabra, hemos de procurar que los demás vayan por caminos de contemplación, también cuando estén cansados, porque ese diálogo es incluso preciso y precioso para descansar. Nos subraya que, con fraternidad ardiente, sin respetos humanos ni indiferencias, hemos de ayudar a que los otros perseveren y crezcan en espíritu de oración, sin admitir la excusa de que quizá somos cargantes o coartamos la libertad ajena. No se cansa el Señor de ser machaconamente insistente en recomendar esa vigilancia.

Explica también el Maestro que hemos de recogernos y aislarnos lo suficiente, para que nada distraiga la conversación con Él. Hay que decidirse a rezar con todas las fuerzas, apartando lo que nos quite esta mira; debemos defender la vida de piedad de los ataques de la personal debilidad o ligereza, y de los agentes externos.

Nuestra fidelidad a Dios queda entretejida por las fidelidades a estas obligaciones de piedad, porque ¿cómo podremos estar con Dios, vivir de Dios, trabajar para Dios, si le ignoramos o le tratamos desamoradamente en los momentos en que hablamos con Él?

Nos comunica gráficamente, en fin, que hemos de rezar unos por otros, en intensa Comunión de los Santos.

Perfecta unión con el Padre

14. *No sea como yo quiero, sino como quieras Tú* (*Mt* 26, 39), dijo sencillamente el Maestro. San Lucas transmite el texto

---

12. San Josemaría, *Amigos de Dios*, n. 242.

con las palabras: *no se haga mi voluntad sino la tuya* (*Lc* 22, 42). No pueden ser más ilustrativas estas frases sobre la libertad, un gran tesoro que no puede faltar en la lógica divina. No existe conflicto entre las dos voluntades de Cristo. No dejemos de considerarlo.

El Redentor cumple la Voluntad del Padre con un querer libérrimo: *quæ placita sunt ei, facio semper* (*Jn* 8, 29); también está cumpliendo su Voluntad en la reacción humana del temor, de la tristeza inmensa, del pedir que pase el cáliz. Este modo de actuar no difiere, en su perfección humana, de las reacciones físicas o intelectuales ante el frío, el dolor, la incomprensión, la necesidad de crecer en sabiduría... Constituye una señal más de la realidad misteriosa de la Encarnación, como anota san Agustín: «Si dijere que no se entristeció, diciendo como dice el Evangelio: *triste está mi alma hasta la muerte*, entonces, cuando asimismo consigna el Evangelio que Jesús durmió, no durmió; y cuando escribe que comió, no comió. De este modo se introduciría furtivamente el gusanillo de la carcoma y no dejaría nada sano, de suerte que se diría que su cuerpo no era verdadero cuerpo y que no tuvo verdadera carne. Todo lo que de Él se escribió, hermanos míos, aconteció y es verdadero.»[13]

Cristo amó y realizó la Redención a través de esas limitaciones humanas, que asumió plenamente. Si no, carecerían de razón su tristeza, su llanto, su impaciencia ante el vacío en que cae su palabra, ante el alejamiento del pueblo a causa de sus enseñanzas, o ante las miras con que se mueven los hombres, también los suyos más íntimos.

Si debía pasar por esos trances, que evidentemente entraban en los planes de su Padre, ¿por qué se apena?, ¿por qué llora?, ¿por qué se aíra santamente? En esos momentos, verdaderos choques para su inteligencia y voluntad humanas, transmite con elocuencia que hemos de acomodarnos a los designios del Cielo, sin que esto signifique que no experimentemos las reacciones naturales de la pobre humanidad. De muchas formas ha expuesto la Sagrada Escritura que el alma y el cuerpo se prueban como el metal precioso en el crisol

---

13. San Agustín, *Enarraciones sobre los Salmos*, 93, 19.

(cfr. *Prv* 17, 3; *Sb* 3, 5-6), pasando por una purificación activa y pasiva, que madura nuestra respuesta como hijos de Dios; Jesucristo lo demostró claramente, aunque no necesitara purificación alguna.

San Jerónimo, que utiliza en sus escritos expresiones duras y hasta rudas cuando responde a otros, se pasma ante estas locuciones de Jesús en Getsemaní. Considera que las palabras «Padre mío», para pedir que pasase el cáliz de la Pasión, fueron una caricia y un ensimismamiento con el Padre. No desplegó su amor, dirigiéndose a la primera Persona, para quitar un ápice a la entrega limpia y total que se le reclamaba; habló tan calurosamente porque todo lo de su Padre era suyo, y todo lo suyo de su Padre, y puso en evidencia que no hubo pensamiento o afecto que no se lo confiara abiertamente.

Jesucristo, con un Cuerpo y una Alma como los nuestros, es la imagen visible perfecta del Dios invisible (cfr. *Col* 1, 15). No podían estar ausentes en el Hijo del hombre las reacciones naturales, buenas, que nos afectan a nosotros; más aún, sirven hasta para calificar y definir el carácter y la sensibilidad de una persona. ¿A quién otro podía descubrir su alma, con su dolor, el que es el Hijo muy amado? Así deberíamos regular nuestras acciones, llevándolas desde el principio —libremente, pero como si fuera un instinto, una disposición espontánea de nuestra naturaleza— al Padre que está en los Cielos y es Omnipotente y Misericordioso.

Precisa la Escritura que el Espíritu del Señor, que escruta los corazones —*scrutans corda* (*Ap* 2, 23)—, llega hasta el último pliegue del corazón humano. Por su identificación con el Padre, esta certeza adquirió su más completa vivencia en Jesucristo y un momento eminente en la oración en Getsemaní.

Sí. Con esa apertura de su alma Jesús nos remacha estos dos puntos: que nuestra unión con el Padre, que todo lo sabe, se fortalece si le hablamos con confianza de lo que nos sucede; y que el alma y el cuerpo reclaman que el primer interlocutor de nuestra vida sea siempre nuestro Padre-Dios.

Lección de prudencia

15. *No como yo quiero...*, equivalía a insinuar otros posibles modos de operar la Redención, también buenos: gran lección de prudencia y de docilidad.

Al estar incorporada por el Espíritu Santo a Cristo, y en Cristo al Padre, la existencia humana participa de la Vida trinitaria y puede desarrollarse con valor corredentor. La gratitud al Señor debería mantenerse vibrante sin interrupción, pues todo lo que nos ocupa —ya comamos, ya bebamos, ya trabajemos, ya durmamos (cfr. 1 *Cor* 10, 31)— puede ser elevado al orden sobrenatural; con la particularidad de que, en la medida en que demos este relieve a la vida, nos haremos —con el Maestro— más humanos, más hermanos de nuestros hermanos los hombres.

En aquella oración, cuando el Redentor se disponía a traernos del Cielo el perdón que necesitábamos, descubrimos la anchura y la hondura de la fraternidad de Cristo. Realmente, arrastramos un lastre enorme de miseria y debilidad, más ostensible si lo comparamos con la conducta del Redentor desde que nació hasta que salió de este mundo. Por eso, al aceptarnos como somos, para formar ese Cuerpo —la Iglesia— del que Él es la Cabeza, resultaba preciso que Cristo nos asumiera en su amor al Padre, para volvernos dignos de su amor.

Mucho nos queda por aprender del Salvador, gracias a Dios, mientras peregrinamos por esta tierra. Su ejemplo humano es aliento, refugio, seguridad. Desde la situación en la que nos hallemos, cabe siempre alzar los ojos al Maestro, que nos orienta diáfanamente con su acción y con su palabra. Está muy a la mano, sin ningún distanciamiento. Deja sentir suavemente su presencia, para que —cuando perdamos el horizonte— le gritemos como Bartimeo el ciego (cfr. *Mc* 10, 46-47), aunque otras voces o nuestra propia bajeza no nos permitan mirar, o pretendan acallarnos.

¿No es maravilloso que aquella expansión de las almas que le removió cuando operaba los milagros salga de sus labios, en Getsemaní, para invocar al Padre? Este tiempo de oración en el huerto constituye una demostración palpable de la virtud de la prudencia.

Jesús conocía a fondo el Calvario que le esperaba, y el trabajoso camino que había de recorrer. Ante tamaña empresa, procedió a buscar apoyo en el Padre celestial. La virtud de la prudencia se caracteriza por la ponderación objetiva de los medios para alcanzar el fin. ¿Qué mejor elección que abrir cuanto guarda el alma, sin ocultar nada, al *Padre de las luces* (*St* 1, 16)? Contemos a Dios Padre cuanto nos acaece, seguros de su fortaleza, impulsados por el auxilio y el ejemplo de su Hijo, animados por la gracia del Paráclito, que no nos faltará jamás. Hablémosle de nuestra lucha personal, de ese afán cristiano de tomar la Cruz, de acompañar a Cristo hacia el Gólgota, sin apartar nuestros ojos de la meta: la gloriosa Resurrección y el Cielo para siempre. Así venceremos.

Hemos de emprender el camino, o reaccionar ante los sucesos, acogiéndonos —sin pusilanimidad— a la claridad que facilitan las personas prudentes. La prudencia conduce a la acción apostólica no sólo cuando apremia la necesidad, sino siempre. Es preciso acabar las ocupaciones, hasta en los pequeños detalles, a lo divino, a la manera de Jesús. El prudente sabrá distinguir entre lo ordinario y lo difícil, pero acudirá a ambas citas con idéntica serenidad porque contará siempre con la fortaleza de Dios Padre, pues *non est abbreviata manus eius* (cfr. *Is* 59, 1), su poder no se ha empequeñecido y nos sigue enviando, por su Hijo, la gracia del Espíritu Santo.

Abandono y docilidad

16. *No como yo quiero, sino como Tú*. La oración verdadera trae consigo el abandono en las manos de Dios. Esto aparece especialmente evidente al contemplar a Cristo en Getsemaní. El cristiano se encuentra con la paz amorosa de Dios, aunque la prueba se revele dura o la felicidad alcance tonos ardientes. Rezar no significa perder personalidad o vivir sin

ilusiones; al contrario, conduce al alma a enfocar sus tareas con la intensidad y la objetividad de quien ansía poseer la Verdad a fondo. La plegaria exhorta a afrontar plenamente la existencia humana, descubriendo el auténtico relieve de cada detalle.

Ese abandono en Dios hunde su raíz en el amor y en la confianza, características que quizá cultivamos poco, por estar asidos —aun con buena voluntad— a nuestros puntos de vista. No nos decidimos a pasar dócilmente por los designios de Dios, y a veces protestamos de su Voluntad.

Nuestra alma se colma de júbilo por ese testimonio de que Cristo Hombre, al toparse con el peso sobrecogedor de la Pasión, con la amargura del cáliz que excede a sus fuerzas humanas, acude inmediatamente al Omnipotente, que jamás niega su asistencia a quien se abandona en sus brazos y se refugia en su protección. No supone ninguna osadía afirmar que la dimensión salvífica de toda la vida de Cristo funda sus cimientos en la oración, ya que precisamente en ese diálogo se consuma la decisión de hacer propia la Voluntad del Cielo.

El Señor mostró que el fundamento prioritario de cualquier acción apostólica es la oración. Sólo se logra llevar a cabo cuanto Dios exige —con mayor motivo, una empresa de envergadura— si nos acomodamos plenamente a su Voluntad. Y para esto hemos de escucharle: abrir el alma, de modo que penetre la gracia del Señor en lo más íntimo, para responder luego como instrumentos libres y dóciles.

La Trinidad reclamó a Jesucristo un holocausto rendido, hasta el punto de que no hubo potencia de su alma ni sentido de su cuerpo que no padeciera con intensidad. Si observamos con detenimiento sus horas de recogimiento en el huerto, advertiremos cómo efectivamente dio curso a la oración con todo su ser. Todo se hizo redentor. Tomó así espesor gráfico la expresión profética de que se pueden contar todos sus huesos sin dejar ni uno (cfr. *Sal* 21 [22], 18); no quedó en Él parecer ni hermosura alguna (cfr. *Is* 53, 2).

Amar la Voluntad de Dios

17. Volvamos a considerarlo, porque es un dato dogmático fundamental: en Cristo hay dos voluntades, la divina y la humana, las dos perfectas. Quizá en ningún otro pasaje evangélico resalte más claramente esta verdad que cuando el Señor exclama: *Padre mío, si es posible, que pase de mí este cáliz; pero no sea como yo quiero, sino como quieras Tú.* Lo señalaba el Papa san León Magno al comentar estas palabras: «La primera oración manifiesta su debilidad; la segunda, su fortaleza. La primera es un deseo que brota de nuestra condición; la segunda es una elección que procede de su condición propia. El Hijo, igual al Padre, no ignoraba que todo es posible a Dios y que no había descendido a este mundo para tomar la cruz sin haberla querido (...). Mas para manifestar la distinción entre la naturaleza asumida y la que asumía, lo que había del hombre en Él llama al poder divino, y lo que era de Dios mira a las necesidades de los hombres.»[14]

Precisamente por ser verdadera y perfecta su voluntad humana, Cristo evidenció en el Huerto de los Olivos la repugnancia y el rechazo de la podredumbre de los pecados cometidos por la humanidad, y simultáneamente sintió la lógica resistencia al dolor de la Pasión y de la Cruz. Expuso al Padre lo que experimentaba, y como seguía siendo perfecta su voluntad humana, cumplió ese acto de sumisión sublime que no quita el dolor físico: *non mea voluntas, sed tua fiat!* (*Mt* 26, 42). Amó la Voluntad divina de tal modo que sus sentidos y potencias, su Cuerpo y su Sangre, sus vísceras, sus músculos y sus huesos, toda su piel, se hacían una sola cosa con el querer de Dios.

Cristo mostró cómo ha de desgranarse la plegaria. El que es Todopoderoso en obras y en palabras manifestó a Dios Padre lo que embargaba su alma en un diálogo sincero y completo. Pero, inmediatamente, oyó al Padre que le asistía con el Espíritu Santo. Oyó y amó la Voluntad del Cielo. El cuer-

---

14. San León Magno, *Homilía 5 sobre la Pasión del Señor.*

po, con el alma, se hundió en el dolor espiritual y físico, pero se rindió gozosamente, con totalidad, es decir, asumiendo aquel mandato con la mayor amplitud y haciéndolo enteramente propio, decisión que le supuso un ingente esfuerzo humano.

Así hemos de ir a la oración: descubriendo por entero el alma, sin omitir propósitos e intenciones, para escuchar luego al Señor y atenernos con docilidad a sus exigencias, también cuando son opuestas a lo que deseamos. Hubo la misma intensidad de diálogo y de confianza en Cristo cuando dirigió a su Padre la súplica de que pasara el terrible cáliz que le invitaba a beber, como cuando advirtió que la Voluntad eterna del Cielo se concretaba en su holocausto, con el desgarramiento de su naturaleza humana, designio que aceptó amorosamente y sin reservas. Este Cristo nuestro acogió y amó con totalidad ese desmoronamiento físico y psíquico de su yo, esa destrucción de su vida, que era demostración de que se debe devolver a Dios Padre *todo*, sin dejar nada, porque —al ser Padre de cada uno— lo nuestro le pertenece, en lo nuestro se deleita, y a nosotros corresponde ofrecerle ese amor enterizo para estar plenamente en Dios.

Identificarse con los designios divinos, buscar el modo de cumplirlos, quererlos con locura, no significa facilidad, camino expedito, ausencia de dificultades. No existe ni existirá acto de voluntad humana más perfecto que el de Jesucristo; pero observemos que, después de proclamar con todas sus fuerzas: *fiat voluntas tua!*, sudó sangre, quedó agotado.

Esa oración de Cristo no fue distinta ni más intensa que las que se relatan en otros pasajes del Evangelio: cuando eligió a los apóstoles (cfr. *Lc* 6, 12-13); antes de resucitar a Lázaro (cfr. *Jn* 11, 41-42); en la multiplicación de los panes (cfr. *Mt* 14, 19)... Pero en Getsemaní nos hizo descubrir que la divinidad, perfectamente unida a la humanidad, no impidió el dolor propio de la naturaleza humana; nos descubrió cómo Dios sufre en su Humanidad, y cuán grande fue su dolor por la grandeza de su Amor, que entrañaba la repulsa radical del pecado.

Amar la Voluntad de Dios puede costar, aunque se paladee la intimidad más profunda con la Trinidad. ¡Qué gráficamente lo describe san Josemaría Escrivá de Balaguer!: «Jesús ora en el huerto: *Pater mi* (*Mt* 26, 39), *Abba, Pater!* (*Mc* 14, 36). Dios es mi Padre aunque me envíe sufrimiento. Me ama con ternura, aun hiriéndome. Jesús sufre por cumplir la Voluntad del Padre... Y yo, que quiero también cumplir la Santísima Voluntad de Dios siguiendo los pasos del Maestro, ¿podré quejarme si encuentro por compañero de camino al sufrimiento?

»Constituirá una señal cierta de mi filiación, porque me trata como a su Divino Hijo. Y, entonces, como Él, podré gemir y llorar a solas en mi Getsemaní, pero, postrado en tierra, reconociendo mi nada, subirá hasta el Señor un grito salido de lo íntimo de mi alma: *Pater mi, Abba, Pater... fiat!*»[15]

15. San Josemaría, *Vía Crucis*, I estación, punto 1.

CAPÍTULO V

Vuelve junto a sus discípulos y los encuentra dormidos; entonces dice a Pedro: ¿Ni siquiera habéis sido capaces de velar una hora conmigo? Velad y orad para no caer en tentación; el espíritu está pronto, pero la carne es débil (*Mt* 26, 40-41).

Jesús en vela y nosotros dormidos

1. Jesús, en aquella terrible circunstancia, tenía tal necesidad de comunión y de compañía, en lo humano, que se llevó con Él a sus tres discípulos predilectos, a sus tres mejores amigos (a todos los discípulos los había llamado en el Cenáculo «sus amigos»: *Jn* 15, 15). Pero los amigos se durmieron. Ésta es la desnuda realidad que testifican los Evangelios y que nos disponemos a meditar con detalle; como decía san Josemaría Escrivá: «No se ha de perder una sola palabra de lo que nos dice el Señor.»[1]

Había transcurrido sin duda un buen espacio de tiempo desde que Jesús «se adelantó un poco» y cayó de hinojos en oración. Los tres discípulos quedaron detrás. Veían a Jesús inmerso en aquella oración perseverante —reiterada hasta en los términos—, filial y dolorosa a la vez. Resulta lógico suponer que los tres amigos intentaron poner en práctica el consejo del Señor y comenzaron a orar. Pero su voluntad se debilitaba, arreciaba el tedio y el cansancio, y terminaron

---

1. San Josemaría, *Carta 24-III-1931*, n. 13.

durmiéndose. Al cabo, Jesús *volvió junto a sus discípulos*, tal vez para comunicarles el ardor de su oración y animarlos a perseverar en la de ellos. Se volvió hacia donde estaban *y los encontró dormidos*. Esto es lo que san Mateo nos transmite al comenzar el versículo 40 de su narración (san Marcos en el versículo 37 de la suya).

Hay gracia abundante para responder

2. Antes de adentrarnos a considerar el sueño de los apóstoles, detengámonos en algunas palabras sobre la oración que Jesús esperaba que cundiera en sus discípulos. Había sugerido expresamente a Pedro y a los otros dos —*vigilate mecum*— lo que no requirió a su Madre, aunque Jesús tenía la certeza de que, si se hubiera hallado físicamente en Getsemaní, habría estado muy cerca de Él, con la fe y con el amor. Como contemplaremos luego, Ella no se aleja en circunstancias más difíciles, cuando su Hijo está colgado en la Cruz y parece que el mal ha vencido sobre el bien.

Agradezcamos y aprovechemos las paradojas que relatan los Evangelios; son como el estribillo de las enseñanzas y de las acciones del Redentor: hay que sufrir si se desea gozar; es necesario humillarse si se anhela la luz de Dios; bienaventurados los que lloran, los que padecen; para alcanzar el Reino del Cielo es preciso volverse niños dóciles a la gracia... Y en el Huerto de los Olivos se repite el contraste: en lugar de acudir directamente a la *Ancilla Domini*, fiel por excelencia, se apoya en unos hombres débiles e inconstantes. No tenemos pues, excusa para no responder, ya que —como a Santa María y a los apóstoles— nos ha mostrado el Señor también a cada uno su confianza. Miremos con ese prisma la insistencia del Maestro al recalcar a los discípulos que, a pesar de los pesares, por encima de las contradicciones y del agotamiento, podemos y debemos acompañarle en su Santa Pasión.

La Virgen consideró como vocacionales —esencia de su vida, estructura de su existencia— las peticiones que le dirigió el Señor. Llegó así a ahondar en el sacerdocio de Jesucristo, asociándose con la plenitud de su ser a la acción redentora. No hubo jamás dejaciones de parte de María. Sin embargo, en esta hora el Maestro habla expresamente a los suyos, que bien conoce que son más débiles. Demos gracias a la Trinidad Santísima porque no nos mantiene a distancia, sino que nos quiere insertados en el misterio de amor que une a Jesús al Padre en el Espíritu Santo.

Reclamó a los once que se recogieran con Él en oración, seguro de que también a ellos, si rezaban, el Cielo los asistiría, los consolaría y les prestaría el auxilio oportuno para mantenerse en vela.

Llenarse de esperanza

3. Por eso, la oración de Jesús en Getsemaní es un aliento a la vida de fe, de esperanza y de amor. A lo largo de esa noche, el Salvador está apostando por nosotros. ¿Cómo no creer firmemente en un Dios que se entrega *usque ad mortem* (*Flp* 2, 8) y resucita para ganarnos la verdadera Vida?

Con esa prolongada meditación, Jesucristo colma las inteligencias y los corazones de la más segura esperanza. Tomó sobre sí lo nuestro y se presentó —por nosotros y con nosotros— a Dios Padre, que tiene en Él todas las complacencias (cfr. *Mt* 3, 17; 17, 5). No obstante nuestra personal indignidad, con Él podemos agregarnos a la Vida divina. Verdaderamente grande es la dignidad del cristiano que nos recuperó Jesús.

Caminemos rebosantes de esperanza: hemos sido salvados por Cristo, que nos rescató del mundo de la muerte para que podamos mirar y hablar con Dios Padre, movidos por el Espíritu Santo, en la riqueza divina de Jesucristo, en Quien se vierte el Padre por entero.

Sólo Dios podía redimirnos, y lo hizo de modo sobreabundante nuestro Jesús. Sí, Jesús *nuestro*: porque no escatimó nada para limpiarnos a fondo, no nos humilló —y lo merecíamos—, y nos elevó en Él a la condición de hijos. Aunque expiemos contritos nuestras miserias, por muy grandes que sean, es mayor el amor con que nos acogió el Salvador, ofreciéndose como Víctima para remisión de los pecados.

No nos desanimemos aunque el cuadro de nuestra vida presente tonalidades tenebrosas. Jesús rezó por nosotros, ofreciéndonos la posibilidad de llenar esa tela con la frescura, el color y la alegría de lo divino.

Pasó el Señor por nuestras vidas con más fuerza y suavidad que las olas yendo y viniendo por encima de la arena, dejándola con una tersura espléndida, empapándola de fecundidad. Tenemos que volver el corazón hacia Getsemaní y escucharemos que también ahí nos llama por nuestro nombre, convocándonos perseverantemente a la amistad con Dios.

Ese grito confidencial del Maestro, *non mea voluntas, sed tua fiat!* (*Lc* 22, 42), nos aclara que, con el Padre, quiere la salvación de cada uno, a pesar de los pesares, que han sido tantos y de dimensiones atroces. Hemos de repetirnos y repetir a los hombres: Cristo, el Hijo de Dios Omnipotente, *quiere* salvarnos si nos dejamos.

Desde Getsemaní, Él —Buen Pastor— sale a la búsqueda de esa oveja perdida que había descrito en la parábola (cfr. *Lc* 15, 4-7). No le importan las fatigas, la indiferencia, el camino en solitario, el egoísmo de sus hermanos, el mío...: viene en primera persona, tendiéndonos la mano y tirando de cada uno. ¿Cómo no llenarnos de esperanza al descubrir, una y otra vez, que fue Él quien afrontó los sacrificios que debían correr de nuestra cuenta? Pero la esperanza, si es verdadera, se acoge a los medios que se nos conceden para alcanzar el bien.

Esta esperanza en Jesús es renovación de la que el apóstol alaba en Abraham, que actuó *in spe contra spem* (*Rm* 4, 18). En el caso de la Redención es todavía más real, pues sólo en el Salvador se hace posible el deseo esperanzado de no perdernos. Se comprende la gallardía, la serenidad, la determinación con que Él, sin desconocer el peso que le aguardaba, va hacia la Cruz con la alegría del Cielo, porque nos obtiene el gran bien para el que hemos sido creados: estar siempre con Dios.

Tristeza y sueño de los discípulos

4. Pero vengamos ya al sueño de los tres apóstoles. *Volvió junto a sus discípulos* —según el texto de san Mateo— *y los encontró dormidos*. San Lucas añade algo a este propósito, que debemos considerar: que los encontró dormidos «a causa de la tristeza». No era sin más el cansancio, lógico después de una jornada larga e intensa. ¿Qué tristeza era aquélla? Era, sin duda, la que traían todos desde el cenáculo, donde Jesús les había manifestado la inminencia de la traición y su propio empeño —el de Jesús— en la aceptación de ser entregado en manos de sus enemigos. Pesadumbre que se había intensificado, camino del huerto, cuando Jesús les anunció que todos ellos se escandalizarían de Él esa noche. Pero el desconsuelo, para aquellos tres apóstoles, de que habla san Lucas se acentuó ante lo que comenzaron a contemplar: la agonía de Jesús, aquella impresionante manifestación de pavor y de tristeza que el amado Maestro había padecido delante de ellos (estaban solos Jesús y ellos tres; los otros ocho quedaron sentados —¿dormidos?— atrás) y que nosotros hemos considerado en meditaciones anteriores. Luego, cuando se adelantó un poco para recogerse en oración a solas, ellos le miraron mientras oraba, e incluso oyeron aquella tremenda plegaria que hemos meditado en el capítulo precedente. Muy probablemente, más que el cansancio natural, los rindió aquella tristeza opresora.

No sin misterio, los evangelistas nos transmiten esta situación de Jesús y de los apóstoles porque está repleta de revelación y de enseñanza. Tanto en Jesús como en los discípulos se verifica ese «dolor interior» de que habla santo Tomás para explicar lo que es la tristeza. Por supuesto, «máximo» —como hemos visto detenidamente— en Jesús: no sólo por su perfecta sensibilidad y grandeza de alma, sino por las causas sobrecogedoras que la provocan (también las hemos meditado con veneración en el cap. II): una tristeza interior que abre cauce a aquella forma terrible de agonía. El «dolor interior» de los discípulos —su temor y su tristeza— provenía, en cambio, de la confusión y el desconcierto de esos anuncios del Señor y ahora de la contemplación de su debilidad y de su agonía. Una tristeza a la que acudiría con su afecto y su cariño el Maestro, en medio de su propia tristeza y de su soledad.

¡Qué diferencia entre el Maestro y los discípulos! ¡Qué tristeza tan diversa la de Jesús y la de sus tres amigos! Y no sólo por la infinita distancia de calidad entre Jesús y los otros —en última instancia, entre Dios y la criatura—, sino por la distinta manera de afrontarla. Jesús se echa en manos del Padre —de esa manera tan conmovedora que hemos visto— y la tristeza que le embarga no rinde su espíritu. Más: explica a sus discípulos la vigilancia que deben tener para que ese pesar no los precipite en la terrible tentación que se cierne sobre ellos. Los apóstoles apenas aguantaron en aquella vigilancia orante que Jesús les había sugerido: pierden la visión sobrenatural, la contradicción se les hace insuperable, descuidan la oración. ¡Abandonan la oración! Ésta es la clave. Después, su desasosiego los domina por completo y se derrumban. En esa situación, el tentador podría subyugarlos por completo —¡caer en la tentación!— si no fuera por la oración entregada de Jesús: «Simón, yo he rogado por ti...» La oración del Señor se prolongaba entre lágrimas y ellos no penetraron en su misterio. La tristeza los iba hundiendo en un sopor paralizante. Y se durmieron. El sueño fue para ellos la salida psicológica a la tristeza, mientras Jesús la superaba permaneciendo en vigilia, orando con perseverancia, clamando al Padre, de rodillas, sin dispensarse del esfuerzo.

Los apóstoles cayeron en el sopor; la gente buena también reposaba; los agentes del mal se revolvían agitados por la droga de la pasión. Y, como siempre, mientras la humanidad va a lo suyo, a sus pecados, a su abstención, Dios vigila y nos salva.

No habituarse a lo divino

5. Jesús está delante de Pedro, Santiago y Juan, que duermen. El mismo Jesús que, años atrás, se cruzó en sus vidas, les encendió con su mirada y con su palabra y con su ejemplo, y

les propuso un camino nuevo que jamás habían imaginado. Les había hecho contemplar en el Tabor la gloria de su rostro y escuchar la palabra celestial del Padre: *¡Éste es mi Hijo amadísimo! ¡Escuchadle!* (cfr. *Mt* 17, 1-9). Los amaba infinitamente —a aquellos tres y a los otros ocho que dormían junto a la puerta del huerto—, como en el primer encuentro, de modo siempre nuevo. En la Última Cena se había volcado con ellos abriéndoles su corazón de par en par. Aquellos hombres rudos habían mejorado, le querían más que en los tiempos iniciales y, sin embargo, no resistieron el peso de las contradicciones y se refugiaron en el sueño.

Jesucristo los había maravillado día a día con milagros portentosos, con sus enseñanzas, con sus cuidados, con su vida de piedad, con su celo por las almas. No ha habido, ni puede haber, un maestro como Él. A pesar de este contacto con lo divino, no perseveraron en la vigilancia orante que les pidió el Redentor, se adormilaron y se durmieron con una profundidad que asombró hasta al mismo Señor. Vivían ya tres años junto al Rabí y se acostumbraron, y tal vez perdieron sensibilidad ante el hecho de que lo divino se manifiesta en lo humano de Jesús.

¡Triste capacidad la nuestra de habituarnos a lo celestial! No acusemos de falta de delicadeza a nadie, pues cada uno conoce en el fondo de su alma con qué acostumbramiento o, peor, quizá con qué zafiedad le tratamos en la Eucaristía, o ignoramos los impulsos de su gracia o nos olvidamos de Getsemaní y del Calvario.

Cristo rezó y padeció por nosotros, nos suplió perfectamente para obtenernos la dignidad de hijos de Dios que habíamos perdido. Sólo Él podía lograrlo. Pero nuestra apatía y falta de correspondencia llaman poderosamente la atención, como si no fuera por medio —en esa entrega del Señor— algo que nos atañe personalmente y requiere una respuesta activa.

Nadie ignora que por nosotros mismos no habríamos logrado nada, aunque hubiesen sido muy grandes los deseos de salvación. Nos encontramos en la más absoluta condición de indigencia, como esos pobres que —aun queriendo— no encuentran posibilidad de trabajar, de mantenerse, de sobrevivir.

En tantos países, también en los de más alto desarrollo, se alzan las manos de los menesterosos, subrayando su clamor triste y casi desesperado con una mirada que provoca compasión. Quizá el Señor nos puede echar en cara que ni siquiera usamos ese derecho a pedir, ni le miramos. Y somos más indigentes que los más pobres y desvalidos de este mundo.

Lógicamente no deberíamos alzar nuestros ojos y manos sólo cuando asedia de manera más fuerte el dolor, la enfermedad, la contradicción, sino continuamente, porque, sin la gracia de salvación que nos obtuvo Jesucristo, no podemos nada.

Renovemos el propósito de dirigirnos asiduamente a Dios, evitando cualquier solución de continuidad, pues siempre es tiempo apto para rezar. Con esta perseverancia, además de santificarnos en la vida corriente —obligación de los cristianos—, adquiriremos la confianza de trato con Dios: le sentiremos como Padre muy nuestro y le invocaremos con naturalidad sobrenatural, *coaccionándole* al repetir, con obras, que todo lo nuestro es suyo. Pertenecemos a Cristo, que nos toma tal como somos. Y a Cristo Señor Nuestro, que no quiere desligarse de sus hermanos, el Padre le ama con su amor perfecto e infinito, que se extiende también a nosotros.

El Redentor sufrió en Getsemaní y en la Pasión, porque —como Cabeza de la humanidad— cargaba con nuestro peso. Si esa unión no hubiera sido así, habría afirmado rotundamente: ¿qué me va a mí de todo este lastre? Y de modo idéntico procede en la Cruz: bebe por completo el cáliz del dolor, que le hemos preparado; hasta el borde, para que ninguno se sienta excluido, aunque muy grandes hayan sido nuestras atrocidades.

Estar a la altura de las circunstancias

6. Se durmieron los discípulos... Cuántas veces nos parece que los apóstoles no estuvieron a la altura de las circunstancias. Nos duelen sus deserciones y, en el huerto, la soledad en que dejaron a Cristo. Pero, aun sin excusarlos, su actitud fue

más disculpable que nuestra indiferencia y desinterés ante lo que nos consta como único camino de la salvación.

¡Qué paradójica resulta nuestra debilidad humana! Los apóstoles habían tocado con las manos que cuando Jesús les indicaba algo, si respondían con docilidad, todo salía perfectamente: multiplicaciones de panes y peces, dinero para los impuestos, salud de los enfermos... Si conocían que la palabra de Cristo era Vida y daba Vida, ¿por qué, después de seguirle a Getsemaní, la tristeza y la pesadumbre pudieron más que la fe y el amor, y se ausentaron con ese modo de ausencia que es el sueño? Duele que haya sucedido —más dolor sintieron los apóstoles al recordarlo—, y a la vez debemos dar gracias a Dios porque permitió que ocurriera esa cadena de sucesos para formarnos, para que no nos desanimemos, para que recomencemos una y otra vez la ascensión, aunque nos sorprendan los resbalones y comprobemos que sólo alcanzamos cotas bajas.

Los apóstoles arrastraban muchas limitaciones y les podían sus tendencias de afirmar el propio yo. Al contemplarlos, quizá se nos antoje que humanamente eran más rudos que nosotros —no es así—, y que además nos falta la cercanía física de Jesús. Incluso razonamos que, a pesar de que sus ojos estuvieran nublados, tocaban constantemente la Omnipotencia de Dios y, en cambio, nosotros hemos de acudir a una fe con menos apoyos humanos. Nos olvidamos de que ellos proclamaron su fe ante el pueblo y, más adelante, entregaron su vida para testimoniarla. Sin embargo, de hecho, en Getsemaní desertaron en su papel de protagonistas de los planes divinos, cayeron en la tentación por no estar atentos —¡oración vigilante!— a los requerimientos del Cielo, como Jesús les había suplicado. Los había prevenido el Maestro contra el riesgo de ser *homines dormientes*, porque el enemigo se aprovecha de cualquier sopor para confundir el buen trigo con la cizaña (cfr. *Mt* 13, 25). Se durmieron mientras Jesús oraba, y luego se dieron a la fuga cuando prendieron a Jesús. Se comprende que santo Tomás de Aquino dijera, en un texto que hemos citado más arriba, que una de las causas principales que provocaron aquel espantoso «dolor interior» de Jesús —en el huerto— fue el pecado que cometieron los discípulos al escandalizarse de Él en la Pasión.

La Trinidad Santísima permitió esa actitud con el fin de que aprendamos —con una necesidad vital— que, para ocuparse de las cosas de Dios, como Jesucristo, se precisa la vigilancia, pasar con determinación por encima del propio yo y tratar de transformar —¡se puede, con la ayuda de la gracia!— nuestra jornada entera en diálogo con Dios.

El sueño malo de los hombres

7. Continuamos meditando el texto evangélico y pasamos a la segunda parte del versículo. Jesús llega delante de los tres discípulos, que se despiertan ante la presencia del Señor. *Entonces dijo a Pedro: ¿Ni siquiera habéis sido capaces de velar una hora conmigo?* Jesús se dirige a los tres en la persona de Simón. Pero en la narración de san Marcos —que como es sabido recoge la predicación de san Pedro—, la palabra de Jesús va directa y personal a Pedro: *Simón, ¿duermes? ¿No pudiste velar una hora?* (*Mc* 14, 37). ¡Se había dormido Simón!; Simón, al que Jesús había dicho: «Tú eres Pedro, y sobre esta piedra edificaré mi Iglesia» (*Mt* 16, 18); Simón, el que había asegurado a Jesús: «Aunque todos te abandonen, yo no te dejaré» (*Mt* 26, 33). En el Evangelio de san Marcos, desde que Jesús cambió el nombre a Simón, siempre le llama por su nuevo nombre: Pedro. Sólo en esta ocasión se sirve del nombre antiguo, como comentándole: has vuelto a ser el de antes... Pudo más en Pedro la destrozada situación en que veía el «reino» que había imaginado —el traidor maquinando y Jesús aplastado por el pavor y la angustia— y se llenó de tristeza y abatimiento, se apoyó en sus solas fuerzas y volvió a ser Simón. No siguió, como Jesús, el camino de la oración confiada, y abandonó al Amigo a cambio de un sueño lleno de tristeza. Y con él y como él, los otros diez.

Ese *sueño* del hombre que conduce al abandono de Dios presenta formas y causas muy diversas. También de muchos modos había hablado el Maestro de este mal sueño o de aquel otro que es figura de la muerte; prevenía contra ese descanso inútil y dañino, cuando es tiempo de vela; o acudía tenazmente para sacar a alguno de ese estado, apuntando que Él da la Vida, para felicidad personal, y para servir y ayudar a los otros.

Son rotundas las palabras de Jesús cuando se dirigen a las mujeres o a los hombres que abandonan el deber por el cansancio o por una fatiga que, desde el punto de vista humano, encontraría justificación, pero que se ha de superar si están por medio exigencias insoslayables.

En la parábola de las diez vírgenes señaló claramente que esa cómoda indolencia aparta de la amistad divina; más aún, cierra la puerta, pues se prefiere el yo al trato con Dios. Para una mirada superficial, las vírgenes necias no cometieron ningún mal. Se conservaron limpias, acudieron a la espera, no se apartaron del lugar del encuentro y, sin embargo, no fueron admitidas para recibir al esposo ni pudieron unirse a la alegría del festejo. Cuando llaman a la puerta es tarde ya, y retumba en sus oídos y en su ser aquella dura frase: *no os conozco* (*Mt* 25, 12).

En la amistad con Dios no caben respuestas a medias, posturas poco definidas: Él desea que se permanezca a su lado con una presencia activa, total, como su entrega. Tampoco cabe vivir de rentas porque siempre es tiempo de amar, sin permitir que se malgaste. Del mismo modo, la santidad requiere una respuesta personal y activa: no se puede caminar constantemente con la luz de los demás ni basta a la criatura la santidad de otros. Cada uno —tan inconmensurable y grandiosa es la caridad de Dios— ha sido llamado individualmente, por el propio nombre, para que nos abramos generosamente a la gracia. Lo afirmaba contundentemente san Josemaría: «La santidad no es comunitaria. La santidad es fruto del esfuerzo personal de cada uno, con la gracia de Dios.»[2]

El Maestro tampoco justificaba el reposo de los sembradores. Precisó muy bien en su enseñanza la insuficiencia del mero comenzar: hay que coronar cada obra (cfr. *Lc* 14, 28-30), pues los hombres recibimos la gracia oportuna para esa ta-

---

2. San Josemaría, Apuntes de la predicación, 28-IV-1972.

rea. Si el que labra el campo no vigila, no se aprovecha el terreno, la semilla no arraiga con las condiciones requeridas y se corre el riesgo de que la cizaña malogre la cosecha o desoriente al que viene a buscar el producto legítimo (cfr. *Mt* 13, 26). Constituiría un error importante el olvido de que esa apatía causa luego un trabajo extraordinario que roba tiempo y dedicación a nuevas empresas. «Mal sueño», lo llamaba san Josemaría:[3] «Porque, en nuestra vida personal, ¿no es acaso sueño, un mal sueño, el que nos hace desperdiciar la buena semilla de la doctrina y de la vida santa?»[4]

Mal sueño por muchos motivos. Se brinda ocasión a los sembradores del mal para dedicarse impunemente a sus fechorías. Se provoca escándalo con ese mal ejemplo, o no se saca de la ignorancia a los que vienen a buscar la luz y encuentran indiferencia y comodidad. Se suscita una gran confusión al permitir que la semilla espuria brote a la par que la buena, incluso mimetizada, como si poseyera las características de la autenticidad.

De muy diferentes maneras había adoctrinado Jesús a los apóstoles a propósito de que el *mal sueño* no concuerda con la responsabilidad del buen amo, del Buen Pastor. Se les habían quedado grabadas a fuego las expresiones del Señor; y, sin embargo, en esa hora cumbre cedieron malamente a la fatiga. No pusieron los medios para evitarlo y permitieron que los hacedores del mal se organizaran y procedieran a su antojo.

La pregunta del Maestro denotaba asombro: «*¡Simón!, ¿duermes? ¿No has podido velar una hora?* (*Mc* 14, 37). Nos lo dice también a ti y a mí, que tantas veces hemos asegurado, como Pedro, que estábamos dispuestos a seguirle hasta la muerte y, sin embargo, a menudo le dejamos solo, nos dormimos. Hemos de dolernos por estas deserciones personales, y por las de los otros, y hemos de considerar que abandonamos al Señor, quizá a diario, cuando descuidamos el cumplimiento de nuestro deber profesional, apostólico; cuando nuestra piedad es superficial, ramplona; cuando nos jus-

---

3. Cfr. san Josemaría, *Es Cristo que pasa*, n. 147.
4. San Josemaría, *Carta 24-III-1931*, n. 13.

tificamos porque humanamente sentimos el peso y la fatiga; cuando nos falta la divina ilusión para secundar la Voluntad de Dios, aunque se resistan el alma y el cuerpo.»[5]

No lo dudemos: a la hora de la tentación, del cumplimiento del deber, del sacrificio y la entrega, del rechazo ante el ambiente malsano, el Señor se dirige a sus hijos para preguntarnos: ¿duermes?

Luchar contra las omisiones

8. Pero el sueño de los apóstoles en Getsemaní, mientras el Maestro oraba, siendo una deserción dolorosa para Jesús, se ha transformado en una lección inagotable para los que queremos seguirle. Porque el Señor había sido terminante en su predicación: *el que no está conmigo está contra mí* (Mt 12, 30); *al que me niegue delante de los hombres, también Yo le negaré delante de mi Padre que está en los cielos* (Mt 10, 33).

Abyssus abyssum invocat (Sal 42, 8). La deserción había empezado al no atender en serio la petición expresa del Maestro —*vigilate mecum*— y no meterse a fondo en la oración. En el silencio de la noche, cuando todo callaba, las palabras y gemidos de Jesús rompían la quietud: *ofreció con gran clamor y lágrimas oraciones y súplicas al que podía salvarle de la muerte* (Hb 5, 7); es el clamor que hemos considerado en la meditación anterior. Tan empapadas de dolor estaban sus frases, que algunos santos padres, basados en este pasaje paulino, escriben que se traducían en punzantes alaridos.

Oír gemir al Maestro debió de ser estremecedor porque las manifestaciones de su corazón removían hondamente, como su llanto por Lázaro. Tan reciamente humanas eran aquellas lágrimas, que provocaron en Betania el llanto de los que hasta entonces tenían los ojos secos (cfr. *Jn* 11, 35-36). Si, en el relato de Getsemaní, ha querido el Espíritu Santo que se recogiera de modo reiterativo esa tristeza del Maestro, significa que su intensidad no podía dejar indiferente a una persona con un mínimo de corazón. No dejó, ciertamente,

---

5. A. del Portillo, *Carta*, 1-IV-1987.

de conmover a los tres apóstoles: su tristeza se forja ante la tristeza de Jesús. Pero, incapaces de abrir sus sentidos y potencias a los requerimientos claros y exigentes del Señor, no extraña que no distinguieran la impresionante oración que el Maestro expresaba en voz alta, y que no reaccionaron por la flaqueza humana y el temblor que habían observado en Él. La tristeza que entonces embargó a los discípulos se asemejaba a la que san Pablo (cfr. 2 *Cor* 7, 10) llamará *tristitia sæculi* —en contraste con la que es *secundum Deum*—, porque fue como un ensimismamiento que los llevó al sopor y al sueño. Y, de hecho, abandonaron a Jesús en su soledad.

Nosotros —hay que reconocerlo con sinceridad— nos quedamos lejos de Jesús y nos sumergimos en un mal sueño en situaciones mucho menos dramáticas. Cuántas veces nuestras deserciones —la deserción es el pecado— se originan en la mera comodidad, en las pequeñas ambiciones, en la sensualidad que dejamos que se desborde. Jesucristo lloró por su amigo Lázaro muerto. ¡Cómo lo haría al contemplar nuestra falta de vida, de vibración cristiana, más penosa que el fallecimiento físico, pues coloca a la criatura radicalmente lejos de Él, de sus latidos de auténtica vida y de auténtico amor! Con razón nos aconseja la Escritura Santa que pidamos al Señor que nos cambie el corazón de piedra por uno humano que sepa amar (cfr. *Ez* 11, 19), que no navegue en la tristeza del egoísmo y de la indiferencia.

Las cesiones en el servicio a Dios, aun aparentemente pequeñas, nos impiden acompañar al Maestro y nos desarman para cuando el Señor reclama algo más costoso. Conviene no olvidar que la omisión puede constituir ya una falta grave; la tentación no rechazada inmediatamente nubla la vista, y el alejamiento de Dios trae consigo la incoherencia de conducta. ¿Cómo iban los apóstoles a secundarle en los momentos tristes de la Pasión cuando el pueblo clamaba enfurecido contra Jesucristo si no se habían comportado con lealtad enteriza a la hora de mantenerse en oración en el huerto?

El apartamiento del Señor, y con mayor motivo la caída en la tentación, oscurece la visión y entorpece la sensibilidad. De ahí es muy fácil deslizarse a la incongruencia, a decisiones o posturas inconsecuentes. Cuando Jesús los envió a predicar y operar milagros en el nombre del Maestro, los apóstoles volvieron rebosantes de gozo y contaron detalladamente lo que habían realizado, impresionados de que hasta los demonios se sujetaran a sus palabras (cfr. *Lc* 10, 17). Ahora, en Getsemaní, se presentaba la irrepetible oportunidad de aunarse como testigos en el portento inefable de que la Vida puede más que la muerte; sin embargo, por no estar pendientes de Cristo, por no atenerse a lo que les había dicho —*vigilate mecum*— y ensimismarse en su tristeza, cayeron en un sueño que los empujó a dejarle en la más tremenda soledad.

Oigamos al Señor, luchemos contra cualquier pereza o somnolencia del alma ante las exigencias del Cielo. Recordemos que esa misma invitación, los preceptos que Él ha fijado para su Iglesia, son una fuerza sólida que nos pone en condiciones de vencer. No pidió a los apóstoles que cargaran con la Santa Cruz, que llevará Él; los animó a que estuvieran en vigilia, para poder tomar esa Cruz y extender la Iglesia, cuando Él ascendiera al Cielo.

No desertar, sino seguir a Jesús

9. Es la experiencia de cada uno: cuando no se atienden los requerimientos del Señor, se inicia el coloquio con la comodidad, con el egoísmo, con las distintas formas de deserción. Ahora, como entonces, los hombres tendemos a aislarnos de Dios, y somos los únicos perjudicados.

Al no estar pendiente de la Trinidad Santísima, el alma se repliega y se retrae, aunque esté rodeada de un cortejo de aduladores. Basta un traspié en la fortuna o en el poder y esos corifeos se retiran en busca de otro ingenuo para proseguir su existencia parasitaria. Lejos del Señor cabe conseguir un triunfo temporal más o menos largo, pero la criatura se encierra entonces en ese éxito y no rinde como debiera, experimentando —a veces hasta trágicamente— que la vida se le escapa sin haber conseguido ningún consuelo perdurable.

Enreciemos el comportamiento abriendo bien los oídos y los ojos del alma a los planes de Dios, que —lo sabemos bien— no coinciden en ocasiones con los nuestros; ni siquiera cuando nos movemos buscando la gloria del Creador. El paso terreno de Nuestro Señor Jesucristo, y concretamente estas horas de retiro en la ladera de aquel montículo, constituyen una permanente enseñanza que nos debe colmar de ánimo, de esperanza alegre, aun en medio del dolor.

El Maestro, que tenía que abrir el camino y marcar la pauta del andar cristiano, con su acción en Getsemaní realza el valor del Amor auténtico, que se esparcirá por el mundo desde la Santa Cruz. Al contemplarle, todo invita a apreciar que, para el alma enamorada, no basta amar mucho: es preciso llegar a la respuesta heroica; y esto, también cuando el cuerpo y el corazón atraviesan una grande, prolongada y justificada fatiga.

Jesús escuchó al Padre en la más acongojada soledad de la noche. Más aún, el Maestro acudió a buscarle, con la certeza de que no se toparía con un silencio. Ya había dado a conocer esta intimidad cuando proclamaba: *te doy gracias, Padre, porque siempre me escuchas* (cfr. *Jn* 11, 41-42).

Recojamos esta conversación y aprendamos a depositar nuestra confianza en la protección paterna de Dios, aunque a primera vista sus designios nos superen o nos resulten incomprensibles. Esa repetición de las palabras —como hace Jesucristo en el Huerto de los Olivos—, dispone a que el alma asuma más a fondo el convencimiento de que sujetarse por amor a la Voluntad divina es lo único realmente adecuado; de modo semejante a la necesidad de una intervención quirúrgica cruenta para no perder la vida.

En su predicación, el Maestro había señalado, en no pocas ocasiones, la conveniencia de ser santamente tozudos en la petición. Vienen espontáneamente a la cabeza los ejemplos del juez inicuo y la viuda (cfr. *Lc* 18, 1-8); del amigo que acude a solicitar un préstamo a una hora inoportuna (cfr. *Lc* 11, 5-8); la insistencia de la mujer con la hija enferma (cfr. *Mt* 15, 21-28)... La oración santa de Jesucristo que precede a la Pasión fue también repetidamente pedigüeña, y la nuestra debe seguir este modelo.

Descubramos a qué conducía esa plegaria confiada al Padre. Al mismo tiempo que exponía sencillamente su ruego, anticipaba que, con idéntica perseverancia, aceptaba la Voluntad del Padre: la que fuera, pues era la más conveniente. Cuando el diálogo brota sincero, cuando admitimos que los planes de la Providencia son los más pertinentes, la confianza de nuestras súplicas nos impulsa a amar sentidamente lo que el Creador establezca. No debería faltar jamás en nuestra vida de oración la referencia expresa que sale de los labios de Jesús: *no se haga mi voluntad sino la tuya* (*Lc* 22, 42). Afrontaremos luego los problemas con la paz y la alegría de quien de veras entiende que todo lo del Padre es enteramente nuestro (cfr. *Lc* 15, 31), y se operará el prodigio de que las disposiciones del Cielo informen plenamente nuestro comportamiento.

¡Señor, despiértanos!

10. Una última consideración sobre aquel sopor de los apóstoles mientras Jesús se recogía en oración. Largo y santo fue ese primer recogimiento de Jesucristo. No lo interrumpió cuando se acercó a los tres apóstoles. Con su generosidad sin límites, el Maestro iba entregando su vida por nosotros, segundo a segundo, con un amor inefable al Padre, y con una paciencia incomparable ante la dureza del corazón humano. Encontró dormidos a sus amigos, nos dice el texto de san Mateo que vamos siguiendo, y tuvo que despertarlos. Entonces Él les formula esta pregunta, pero dirigiéndose a Simón Pedro, que le había prometido que permanecería sin interrupción a su lado; *¿ni siquiera habéis sido capaces de velar una hora conmigo?* Es una pregunta y es una queja de amor.

Los invitó a corregirse con una pregunta cordial, en la que les remachaba la orientación que deberían seguir. Como horas más tarde, en el camino del Calvario, saldrá al encuentro de Simón de Cirene, en Getsemaní acude a la búsqueda de los amigos con insistencia incansable y afectuosa.

Ni en esos instantes, ni ahora, habría resultado extraño que los interrogara con claridad y firmeza: ¿es posible que no sepáis dónde está vuestra paz? A Simón y a los otros dos les faltaron hasta las palabras (cfr. *Mc* 14, 40). Estaban con la cabeza confusa, como quien se despierta de pronto, y sus ojos *estaban cargados de sueño*. Pero su confusión y su mutismo se nos presentan como un símbolo de la indiferencia de los hombres, de su indolencia ante algo que los afecta tan directamente. Y llama la atención aún más la clemencia de Dios, que no se cansa de nosotros. Todo en Getsemaní está atravesado del amor sin límites de Jesús a sus amigos.

Hasta cierto punto se explicaría que hubieran exclamado, en medio de su incapacidad real: «¡Si no somos hábiles para nada!»; o más aún, que, acogiéndose a la misericordia de Jesús, le suplicaran: «Tienes que hacerlo Tú, Señor; tienes que compadecerte de nosotros, porque no conseguiríamos nada, incluso poniendo nuestros mejores esfuerzos.» Ni siquiera esto aciertan a manifestar.

Les había rogado que vigilasen, y se lo repite ahora. Se afirma, y es verdad, que se sufre más ante una situación de indiferencia que de odio, porque el interesado, que no cuenta ni una pizca para los demás, comprueba que se le niega hasta el derecho a ser considerado como persona.

Por eso no es aventurado pensar que a Jesús le dolió la pasividad de los suyos más que las bofetadas, los escarnios y las burlas de los *soldadotes brutales*.[6] Con su omnipotencia, nada le impedía detener la afrenta física de los soldados, como anunció poco más tarde al contestar que bastaba una sola palabra para que miríadas de ángeles desarmasen a los que tan penosa y desenfadadamente le atacaban (cfr. *Mt* 26, 53). En cambio, respecto al don precioso de la libertad, Jesús no cambia por la fuerza la voluntad de los hombres. ¡Qué dolor tan grande el suyo al comprobar que los que le aman no se esmeran en vigilar!

A los pobres soldados que se burlaban de Él y le preguntaban: *adivina, ¿quién te ha pegado?* (*Mt* 26, 68), podría haberles respondido con exactitud, silabeando su nombre y sacándolos de su atrevido anonimato. No actuó así, para cumplir el designio del plan redentor y revelarnos a qué grado se eleva su amor. ¿Cómo justificar, hasta humanamente, que a los que eligió por su nombre para que se unieran a su vigilia no

---

6. Cfr. san Josemaría, *Santo Rosario*, III misterio doloroso.

colaborasen y no luchasen para dominar la tibieza y el desamor?

Verdaderamente, podía interpelarlos, como a nosotros: ¿qué te he hecho?, ¿en qué te he contristado?, ¿por qué a mi confianza sales con tu indiferencia? Aquellas pocas palabras de Cristo habrían bastado para provocar su reacción, porque en esos instantes no se estaban comportando como discípulos ni como amigos. En lugar de atribuir valor a la intimidad que el Maestro les ofrecía, habían transformado ese privilegio en algo usual de ordinaria administración, por lo que no merecía la pena perder el sueño.

Pidamos fervientemente al Señor que no se canse de venir a despertarnos y nos conceda la gracia de vencernos y de corresponder.

«Vigilad y orad»

11. *Vigilad y orad para que no caigáis en la tentación* (*Mt* 26, 41). Leamos el texto atentamente, porque Jesús está ahora explicando a los discípulos, que han despertado, por qué les ruega que no duerman sino que oren. Es unívoca en los tres evangelistas la razón que Jesús les exponía para entregarse a una oración vigilante: hacer frente a la tentación, que venía.

Necesitamos meditar despacio esta palabra de Jesús. Hay en este motivo un contraste con lo que Jesús manifestaba a los tres apóstoles, al entrar en agonía y desvelarles su angustia y su dolor, la tristeza de su alma hasta la muerte. Les precisaba entonces: *quedaos aquí y velad conmigo* (*Mt* 26, 38), y de esta forma imploraba compañía, compasión, consuelo en su tristeza. Se diría que estando allí le hacían un favor y que los había llevado consigo para encontrarse arropado. Ahora, cuando después de haber implorado al Padre vuelve a sus amigos y los encuentra dormidos, no les recuerda la compañía reclamada, sino que les hace notar —en aquella noche oscura— el fondo de la cuestión, el drama que los rodea y que tendrían que haber descubierto ya: la oración y la vigilancia, insistentemente aconsejadas, eran ante todo para su propia salvación. La terrible tentación que a Él le azotaría los afectaba también a ellos. Les era vital —¡a los tres, a los once!— despertarse y orar en serio y disponerse al sacrificio. Veinte siglos después, la lección permanece con idéntica y exigente claridad: Cristo y solo Él es el Salvador, que se entrega en completa libertad por nosotros; pero los hombres sólo podemos beneficiarnos plenamente de la salvación que Cristo nos consigue si, libremente, nos unimos a Él con nuestra entrega personal, que se manifiesta en oración vigilante. Es algo que nos afecta a todos, no exclusivamente a aquellos apóstoles, y la prueba es que lo pedimos todos los días en la plegaria enseñada por Jesús: «No nos dejes caer en la tentación» (*Mt* 6, 13).

Jesús, en aquella «hora» decisiva, no habla de una eventual tentación en la que podrían caer los discípulos si no rezan. Él se está refiriendo a una tentación del Maligno, que ya invade aquel lugar, con toda la potencia para el mal que Dios le ha permitido desplegar en esta «hora», tan temida por el Redentor: *Simón, Simón, Satanás os ha reclamado para cribaros como al trigo* (*Lc* 22, 31). Satanás pretendía lograr, ahora de manera definitiva, después del fracaso en las tentaciones del desierto, que Jesús desertase del misterio salvífico de la Pasión, y si los discípulos no rezan —si no se juntan a su oración—, podría el diablo apartarlos de su Maestro y abocarlos a la apostasía. Esta realidad suponía un terrible sufrimiento para Jesús, que conocía que todo pendía del buen uso de la libertad, ayudada por la gracia. La tentación avanzaba: la cuestión era no caer en sus lazos. Y el único camino se abría a través de la oración. Así había sido la oración de Jesús en la Última Cena: *no pido que los saques del mundo, sino que los guardes del Maligno* (*Jn* 17, 15).

El Señor preveía la «hora» tremenda que se avecinaba, tan terrible que comenzó a angustiarse y a sentir pavor; y certeramente se refugió en la oración, es decir, en los brazos del Padre, como hemos apreciado en las consideraciones anteriores. Era igualmente consciente de que los discípulos sólo desde la oración podrían superar la gran prueba —la de huir y abandonarle— que iba a cargar sobre ellos en un tiempo ya inminente, cuando el traidor con los suyos se acercara a prenderle. El amor sin límite a sus amigos entrañaba esa ansia santa de remarcarles este fundamental criterio de conducta cristiana, absolutamente esencial en aquellos momentos, e imprescindible para ellos y para la Iglesia —para nosotros— en todo tiempo y lugar.

Orad para que no caigáis en la tentación (*Mt* 22, 40). San Lucas lo escribe con las mismas palabras que san Mateo; pero en san Marcos (14, 38) encontramos este otro matiz, cargado de fina delicadeza: *orad para que no vayáis hacia la tentación*. Porque es difícil «meterse» en la tentación y no sucumbir ante su fuerza arrolladora. La doctrina que Jesús nos predica en Getsemaní abarca —lo mismo que la séptima petición del padrenuestro— todas las formas de tentación que nos asaltan. Un doctor de la Iglesia, haciéndose eco de la precedente tradición, comenta así las palabras de Jesús: «No dijo: orad *para no ser tentados*, pues es imposible que el alma humana no sufra la tentación; sino: *para no caer en la tentación*; es decir, para que la tentación no sea más fuerte que vosotros.»[7] Y concluye san Josemaría: «Luego debemos estar vigilantes. *Custos, quid de nocte?* (*Is* 21, 11). ¡Centinela, alerta! Debemos estar en vela, debemos oír el grito de alarma y repetirlo a los demás. No podemos adormecernos, porque si no, en medio de lo bueno vendrá lo malo: *vigilad y orad, para no caer en la tentación* (*Mt* 26, 41).»[8] Los discípulos descuidaron la oración y se durmieron. Más tarde, llegado el momento, cayeron en la tentación.

Ninguna persona escapa de ser tentada, y esto en sí no implica imperfección. Ya el mismo Maestro, *perfectus Homo*, quiso que no faltase esa prueba durante su caminar terreno (cfr. *Mt* 4, 1 ss.). Si Satanás fue tan irreverentemente osado para acercarse a Quien no le afectaba ninguna tendencia o apetito desordenado, con igual desenfreno se aproxima a los hombres. Dios permite la tentación —que nada tiene que ver con ponerse voluntariamente en la ocasión— para que el alma se robustezca, buscando con más ahínco la fortaleza del Cielo. Con claridad lo precisó san Pablo: *virtus in infirmitate perficitur* (*2 Cor* 12, 9).

---

7. San Beda el Venerable, *Comentario al Evangelio de san Marcos, in loco*.
8. San Josemaría, *Carta 24-III-1931*, n. 13.

Para estar prevenidos, pensemos en la maldad y el odio que alberga el diablo, hasta atreverse al dislate de tentar a Cristo (cfr. *Mt* 4, 1-11). Arremeterá con fuerza también contra quienes somos amigos de ese Señor que tan claramente le humilló. No temamos pues, ya que la gracia y el auxilio del Cielo son mucho más vigorosos que los embates de Satán. Pero tampoco dialoguemos con el ángel caído, porque nos colocaríamos en su terreno.

A la vez, detengámonos en una circunstancia que el Evangelio señala explícitamente: el tentador se acercó al Hijo de Dios cuando le vio cansado, se diría que hasta débil físicamente (cfr. *Mt* 4, 2). Sin embargo, el padre de la mentira no advirtió que ese Cristo cansado se había robustecido en la oración y en el ayuno, medios necesarios para mantener lejos a esa bestia portadora de todo desequilibrio.

Ahora, en el momento supremo de Getsemaní, Jesús se ha recogido nuevamente en oración; y, además de rezar por los suyos y por todos los hombres, les advirtió que, si no le imitaban, su flojera crecería en profundidad. Cambiaban las circunstancias exteriores, la situación se presentaba más dramática, pero no varió la receta: rezar con el alma y con la penitencia del cuerpo.

Los apóstoles huyeron y abandonaron a Jesús. Cabe afirmar que se trataba de una caída prevista, por no haberse preparado —como Cristo— en un diálogo con el Padre; también para ellos habría sido una oración construida con esfuerzo, por el cansancio y la tristeza. Pero descuidaron ese recogimiento, y Pedro llegó hasta negarle formalmente. Su reacción habría sido muy diversa de haber velado como les instaba el verdadero Amigo.

Evidentemente, no estaba en sus manos impedir los sufrimientos indescriptibles del Maestro; pero, como a Santa María —aunque en otra proporción—, no les faltaba la gracia para ir tras Jesús y adentrarse en el gran misterio de la Cruz, donde se hizo y se hace presente la omnipotencia de la Trinidad Santísima en la salvación.

María, llena del Espíritu Santo, había permanecido siempre atenta a las enseñanzas de Jesús, y no sintió ningún pavor ni alarma. Ciertamente, la situación no se dibujaba fácil.

Unos pocos habían engañado a la turba, que se tornó cruel y agresiva, con la valentía del anonimato. Esa turba que pedía sangre, se reía y martirizaba a Jesús, podía también descargar sus desmanes contra la Madre del que habían condenado por alborotador. Ella no echó cuenta del riesgo. Con la plenitud de su gracia, afrontó las consecuencias, mostrando sin recato alguno su unión total con el reo.

Era tal la compostura de la Virgen, rebosante de firme coherencia y sinceridad, que ninguno de los agresores se atrevió a molestarla, ni con un sarcasmo indirecto. Y consta que estuvo *iuxta Crucem* (*Jn* 19, 25), lo que significa que también debió de andar muy próxima a Jesús en el camino hacia el Calvario. Los apóstoles habrían sido valientes de haber rezado como les sugirió el Redentor.

Coherencia cristiana

12. *Vigilad y orad para que no caigáis en la tentación*. En esa vigilia de oración, Jesucristo se preparó para su Pasión y Muerte. ¿Qué hubiera sido de nosotros —pobre humanidad—, sin el sacrificio al que se entregó el Redentor? No cabía la posibilidad de que el Hijo de Dios declinara esa misión que le encargaba el Padre, pues las dos Personas son una sola cosa entre Sí y con el Espíritu Santo, pero podemos imaginar el desamparo y la impotencia en que habríamos caído las criaturas de no mediar ese holocausto del Salvador.

Jesús se entregó y así, además de indicarnos reiteradamente que era necesario vigilar a toda hora, predicó con su acción; más aún cuando incumbía al tiempo de la prueba. *Cœpit Iesus facere et docere*, comenzó a hacer y a enseñar (cfr. *Hch* 1, 1): dos facetas de la pedagogía del Maestro que se renovaban constantemente en su caminar entre los hombres. Dejó ver a sus discípulos que el dolor le embargaba el alma, y los orientó una vez más con su ejemplo palmario de Hombre que reza.

Muy aleccionador sería su modo de orar al predicar con los hechos que hemos de ser coherentemente piadosos, sin respetos humanos, sin que nos importe que nos observen.

No procedía así sólo para que le miraran, porque el diálogo con el Padre era tan intenso que no albergaba más inteligencia ni voluntad que para aplicarlas a cuanto del Cielo le pedían. En los benditos intervalos en los que tornaba hacia sus apóstoles para despertarlos, les insistía en que no decayeran ni se excusaran, y en que fueran más espirituales y más desprendidos de su yo.

En otro orden de intervención, las bodas de Caná ofrecen una idea de incapacidad análoga a la nuestra: el Señor puso remedio a una situación crítica a instancias de Santa María, adelantando su tiempo (cfr. *Jn* 2, 1-11). Si Jesucristo se hubiera abstenido, como aparentemente insinuaba su respuesta —*¿qué nos va a ti y a mí, mujer?*—, la fiesta habría terminado en drama, y los anfitriones protagonistas habrían sido el hazmerreír de los invitados, si acaso no perdían su amistad.

En aquel banquete, el Señor encontró la colaboración generosa de los criados, que colmaron los recipientes *usque ad summum* (*Jn* 2, 7), hasta arriba. ¡Qué alegría la de todos los que habían percibido la dificultad que atravesaba aquella pareja, precisamente porque eran el blanco de la atención de los asistentes! La alegre celebración cobró, por el remedio de Jesús, un acento aún más feliz, y todos disfrutaron de la incomparable calidad del nuevo vino. Porque el milagro no se quedó sólo en la transformación del agua: el ambiente, la felicidad, la amistad, se acrecentaron tras la acción generosa del Maestro.

En Getsemaní, cercano ya el gran festejo de la reconciliación de la criatura con su Creador, el Maestro sugirió a los suyos que intervinieran. En estos momentos ni siquiera les reclamaba el esfuerzo físico de recoger el agua; su prestación se limitaba a la decisión de unirse en oración con Jesucristo. Ante los resultados, si hubiera que calificar esa participación, habría que concluir que no dieron ni *usque ad minimum*. No le ayudaron absolutamente nada.

Escarmentemos en esa pasividad y procuremos ser buenos acompañantes del Redentor, amigos leales, ya que no es menos actual la invitación del Maestro a cada uno de nosotros. Como de los primeros, de nosotros espera que, con nuestra conducta, con nuestro trabajo honrado, con nuestra intransigencia ante el error y nuestra comprensión y caridad con los que yerran, sepamos mostrar al mundo que estamos con Cristo y deseamos seguir sus pasos, aunque esta determinación nos acarree sufrimientos.

Sí: es preciso que la gente, también los que se proclaman enemigos de Dios, sepan que somos cristianos, y que nos atengamos a las consecuencias. No queremos ni podemos pactar con posturas de abandono al Señor. Si nos ven con firme coherencia, se abrirán nuevos horizontes en conciencias adormecidas o alimentadas por el odio, y será posible desterrar la terquedad.

La actitud del cristiano no es arrogante. El Maestro ha trazado un trayecto lineal: no se impone ni avasalla, pero no cede en la doctrina.[9] Con *santa transigencia* y *santa intransigencia*,[10] va tras los pecadores y tras sus discípulos. Con todos es igualmente comprensivo y exigente, porque la Verdad es idéntica aunque algunos se obstinen en rechazarla.

Robustecer el espíritu

13. *El espíritu está pronto, pero la carne es débil.* Con estas palabras acaba el versículo que estamos meditando. Nuestro Señor les indicaba así por qué podía avanzar sobre ellos tan avasalladora la fuerza del Maligno y levantarse de modo tan evidente el riesgo de caer en la tentación. La «carne» es aquí nuestro ser humano —alma y cuerpo— dejado a sus propias fuerzas naturales, tan escasas para las cosas de Dios; es el hombre abandonado a su debilidad natural, sazonada por las consecuencias del pecado de origen y los pecados personales. Ese hombre sólo logra responder y ser fiel al Señor con el auxilio de la gracia y activándola de manera constante en la oración. La «carne», en este sentido, necesita que la supere y la trascienda el «espíritu», que está pronto. «Espíritu» adquiere aquí un significado muy próximo a lo que san Pablo llamará el «hombre nuevo», la «nueva criatura».

---

9. Cfr. san Josemaría, *Es Cristo que pasa*, n. 93.
10. Cfr. san Josemaría, *Camino*, n. 198; *Forja*, n. 801.

El «hombre nuevo» se halla pronto y con agilidad cuando le mueve el Espíritu Santo —el Espíritu del Hijo—, que domina al «hombre viejo» a través de la oración, en la que se oyen gemidos inenarrables. Sin este recurso al trato con Dios, se «recae» una vez y otra en la debilidad de la carne y se «cae» en la tentación.

Por eso, el hecho de permitir que los atenazara la tristeza, que los sumergía en el sueño y en la pasividad, era ya para los apóstoles una forma de imperio de la «carne» sobre el «espíritu», un principio de ceder a la tentación. El Maestro comentaba ese contraste duro que experimentamos las criaturas y que sólo puede superarse si el espíritu se robustece por la vida de oración y domina a la carne, a ese «hombre viejo» que alcanza a lo más una débil disposición inoperante.

Aplicando toda esta doctrina a nuestro día tras día, descubrimos cómo nos previene Nuestro Señor contra la ingenuidad de pensar que los buenos deseos, e incluso un cierto buen obrar en el cotidiano batallar, levantan de por sí una suficiente defensa. Lo que nos estamos jugando en nuestro caminar terreno es muy serio y hay que apostar fuerte. Jesús volvía una y otra vez a recordarles que no se fiaran de sí mismos, de sus promesas ardientes de fidelidad, de su entusiasmo. Desde luego, constituyen un punto de partida y un buen entrenamiento, pero hace falta más. Como señala la Escritura y confirma la experiencia, *el buen metal se prueba en el crisol* (cfr. *Sb* 3, 6). Del mismo modo, la «nueva criatura» que somos en Cristo se manifiesta cuando deben afrontarse pruebas que atentan contra la coherencia; cuando resulta difícil mantener el comportamiento cristiano.

Esa preparación, activa y pasiva, ha de ejercitarse en cada jornada y sólo es posible robustecerla con un recurso constante y confiado a la oración. Con la alegría del enamorado, o con la novedad de quien está prendado de un ideal, busquemos modos de enreciarnos, tanto con espíritu de expiación y penitencia para negarnos a tantas cosas buenas o indiferentes, como con la determinación de aceptar las incomprensiones, las desatenciones, y hasta el mal trato de otros, siempre que esta tolerancia no suponga un daño para el alma de quien así se conduce.

La tarea de preparar y entrenar al «hombre nuevo», suscitado en nosotros por el Bautismo y la gracia del Espíritu Santo, entraña una forma de correspondencia a esa gracia que queda al alcance de la mano de los jóvenes, de los maduros y de los ancianos; de los enfermos y de los sanos; de los que disponen de medios materiales y de los que carecen de recursos; de las personas cultas y de quienes no han recibido formación. Evidentemente requiere esfuerzo y, sobre todo, el convencimiento de que el alma no ha sido creada para ser esclava de las malas tendencias o de una cobardía denigrante.

Si deseamos que el espíritu tire con fuerza, hacia arriba, de la carne débil, hemos de querer formarnos a fondo. Con esta determinación, adquiriremos el hábito de la prudencia y de la fortaleza, para enfocar las cuestiones y ser consecuentes con los principios, aunque gustemos el dolor moral o físico en toda su crudeza.

Aquí aparece otro punto de la rica enseñanza de la escena de Getsemaní. Crezcamos en gratitud a este Maestro entrañable que ilustró con claridad la necesidad de cultivar la virtud de la fortaleza. Si Jesucristo, revestido de la omnipotencia, ha querido señalar que la capacidad de acoger el sufrimiento exige sacar fuerza de la oración, encomendemos a Dios Padre, con la súplica de su Hijo, que sepamos recurrir a ese diálogo para mirar la Santa Cruz con la lógica divina; es decir, acogiendo la gracia del Espíritu, que propone siempre el itinerario más conveniente.

Ninguna potencia del mal, del sufrimiento, de la contradicción, pudo detener la generosidad del Salvador. Y también nosotros caminaremos gozosamente vencedores si nos cristificamos en la oración. Ahí, en esa asistencia que nos brinda la Trinidad Santísima, el espíritu y la voluntad dominarán la inseguridad que como pobres criaturas nos afecta.

Sin miedo a exagerar en el amor

14. *El espíritu está pronto, pero la carne es débil*. Ya se advierte, por lo que venimos considerando, que, si esa prontitud connatural del «espíritu» —de la nueva criatura en Cristo—

no se cultiva en la oración y en la entrega, la «carne» —la debilidad del hombre consecuencia del pecado— puede imponerse al «espíritu». El Redentor conoce de sobra que, si no enreciamos el espíritu con perseverancia, la criatura se vuelve esclava de la miseria, incapaz de escoger la victoria que le conviene. Se enrecia el espíritu por el amor vigilante —*cor meum vigilat* (*Ct* 5, 2)—, por el cultivo del amor cristiano, por la oración y el espíritu de sacrificio.

Para agradar a Dios, para corresponder al Amor con amor, decidámonos a proceder como dos personas que se quieren sinceramente. Viven con la determinación de sacrificarse el uno por el otro; gastan sus días para robustecer ese amor, pasando por encima del propio yo y acomodándose a lo que agrada al ser que tanto estiman. No se detienen en cálculos de generosidad, ¡aman!

Nada más lejos del cristiano que un comportamiento mediocre, ramplón, que no se esfuerza por adentrarse en la vida de la gracia. Adopta Satanás una táctica muy sagaz con los cristianos: los persuade a no exagerar, quedándose sólo en un cumplimiento mínimo. Va arrancando poco a poco del alma el afán sano y santo de llegar más lejos, de portarse con coherencia en las diversas circunstancias, es decir, como personas que no se conforman con una respuesta a medias. De esa falta de lucha para crecer brotan conductas chatas, ancladas en la comodidad, sin recursos para responder que no a la tentación, proclives a las claudicaciones.

La criatura es más auténticamente humana en la medida en que perfecciona la imagen y semejanza de Dios (cfr. *Gn* 1, 26-27). En esta determinación encuentran el hombre y la mujer el sentido más hondo y más feliz de su existencia. Tenemos que rechazar la idea, desgraciadamente difundida, de que imitar a Cristo supone un nivel de conducta que nos supera. Nada más lejos de la verdad. Mientras no nos persuadamos de que, con la gracia de Dios, podemos lograr esa identificación, significa que seguimos pactando con la mediocridad, renunciando a la incomparable aventura de tratar a Cristo de cerca, como Amigo, Hermano, Maestro, Médico.

Este empeño, conviene recordarlo, no hace desaparecer

los errores. Fijémonos en que a Jesucristo no le extrañó que el cansancio asaltara a los suyos; le dolió que no quisieron reaccionar, porque de la pasividad pasaron a la cobardía, a la desbandada, al desconsuelo.

Cuando se mantiene alerta el espíritu, aunque la debilidad abra una brecha en la respuesta humana, se puede remediar inmediatamente, taponando la herida y recomenzando, porque el Señor no se hastía de salir a nuestro encuentro.

A los cristianos incumbe el deber de apreciar la grandeza con que Dios nos ama y nos asiste. No podemos contestar con un *basta*, hemos de ir siempre a más —desde la contrición, si es preciso—, con el fin de no desaprovechar el tiempo que se nos concede, en el que nadie puede sustituirnos, y que no se vuelve a presentar.

No es un dato más entre tantos el hecho de que la Biblia sea el libro más vendido en el mundo. Significa que en el corazón y en la inteligencia de la gente late la sed de Dios, de un Dios que, siendo perfecto e incomprehensible, se pone a nuestro alcance y nos repite que podemos recorrer sus pasos y compartir su Vida.

Participar de la intimidad de Jesucristo es vigilar, sin dar cauce al egoísmo, a la comodidad, a la soberbia, a la sensualidad... Con Jesús, nuestra pequeñez se torna instrumento de increíbles proyectos, como aquellos pobres pescadores que se durmieron en Getsemaní pero que, en cuanto vigilaron con Él en oración recia y perseverante, dieron la vuelta al mundo pagano, con la fuerza de Pentecostés, no obstante su tangible debilidad personal y su indigencia de medios.

Cuando la «carne» se impone al «espíritu»

15. *Vigilate mecum!*, les había confiado el Maestro (*Mt* 26, 38). Al filo de nuestra consideración sobre la carne y el espíritu, detengámonos de nuevo en esa demanda de Jesús, de mensaje inagotable. Porque el Señor no reclamaba un esfuerzo ilógico; no les proponía que se preparasen para correr su suerte, que sólo Él podía afrontar en plenitud. Los trató como allegados que cuerdamente habrían debido interesarse por

los planes de quien tanto los amaba, hasta manifestarles la intensidad del dolor que padecía y del gozo con que buscaba y cumplía la Voluntad del Padre, permitiéndoles ser testigos de horas irrepetibles.

Aquellos hombres, que unas horas antes habían discutido sobre quién iría por delante en los designios del Salvador (cfr. *Lc* 22, 24-27) y que habían asegurado que entregarían la vida por Jesús (cfr. *Mt* 26, 35), cuando les rogó expresamente que se colocaran en primera línea se hundieron y cayeron en el sopor y en la pasividad. La «carne» se impuso al «espíritu». Se cerraron a la realidad divina que se abría ante ellos, y habiendo sido llamados para allegarse, en esos momentos, a la auténtica vanguardia, se transformaron —repito la expresión de santo Tomás— en una de las causas más profundas de la agonía de Jesús en Getsemaní.

También así se confirma que la Iglesia es de Dios, no de los hombres; más aún, cabe afirmar que sale y saldrá siempre adelante, a pesar de nosotros. ¡Qué lecciones más gráficas y profundas habrían admirado de acomodarse a ese consejo santo! Entre otras, la idea clarísima de que la vida de la Iglesia está enraizada en la oración y en la expiación, en la Santa Cruz que cada uno ha de llevar con Él.

Conmueve profundamente que el comienzo de la salvación empiece por el *fiat* de María, y la ejecución perfecta de ese designio divino pase por este *fiat* del Redentor. Se entiende, también en este sentido, que san León Magno, al hablar de Jesús, Dios y Hombre, dijese que es *consubstantialis Patri et consubstantialis Matri*.[11] La Virgen habla el mismo lenguaje que emplea Jesucristo al responder a su Padre celestial.

De haber detenido sus ojos en el Maestro, cada discípulo habría entrado por la *ciencia de la Cruz* —indispensable para conocer y amar a Jesucristo—, de la que tanto habló san Josemaría. Los padecimientos y la angustia del Salvador habrían constituido un punto firme de referencia para afrontar los miedos y zozobras que sobre ellos se cernían.

La ausencia de los discípulos, a la hora de la Muerte y de

---

11. Cfr. san León Magno, *Epístola* 31, 3.

la Sepultura del Redentor, hunde sus raíces en la falta de vigilancia, en no haber asumido la amable invitación del Maestro. Aquellos hombres podían responder: «Pero yo estuve en Getsemaní.» Mas desgraciadamente deberían añadir: «aunque me dormí: me ausenté más que si me hubiera alejado físicamente». Qué penosa es la actitud del amigo que deserta; y sólo se explica la permanencia de esta amistad por la grandeza de alma de quien es el auténtico Amigo. Cristo espera que los pobrecitos hombres advirtamos que sólo lo que Él nos dice y lo que Él nos pide conduce hacia el mejor final, y por el camino óptimo.

No perdamos de vista que el Señor exhorta a la vigilancia en todas las horas de la existencia del cristiano, porque en esos mismos momentos está concediendo su amor, su gracia para vencer. Porfió una y otra vez en ir hacia los apóstoles, como prueba fehaciente de que no debemos caer jamás en la desesperación, aunque notemos el peso grande de la debilidad: nos encontramos siempre en condiciones de rehacernos, bien abiertos a la asistencia del Señor.

Dificultades en la oración

16. Cuando Jesús despierta a los discípulos dormidos y los exhorta a la oración, venía de experimentar, en la suya propia, las más graves dificultades. No puede Él extrañarse de que a nosotros nos cueste orar. Pero la pelea santa —la *agonía* de la que habla san Lucas— que el Señor debió afrontar y vencer pone delante de los ojos que no se entra por senderos de verdadera vida interior si no hay verdadera lucha por perseverar en la oración: una lucha que, de un modo o de otro, es la de acomodarnos plenamente a la Voluntad divina.

Impresiona comprobar —y ayuda a no desanimarnos— que Nuestro Señor Jesucristo soportase, además del cansancio físico y psíquico de la oración esforzada, la tentación del rechazo del sufrimiento y del dolor. ¿Qué de particular tiene que nosotros, pobres criaturas, experimentemos ese obstáculo, a veces duro, mientras rezamos? La cabeza se desparrama por nuestras propias aventuras, nos asaltan pensamientos que en nada se refieren a Dios o se alzan contra Él, y no sacamos partido a las luces que se nos conceden ni a las contradicciones que nos purifican.

La reacción de Cristo ante esa situación, todavía más angustiosa para Él pues había bajado a la tierra sólo a cumplir la Voluntad del Padre, se reveló como una lección estupenda. El hastío o el cansancio pueden elevarse como oración gratísima al Cielo; y tenemos que insistir sin impaciencias ni desasosiegos para rectificar perseverantemente y retornar al diálogo con Dios. Si nos ejercitamos con esta determinación, obtendremos del Señor un crecimiento en las tres virtudes teologales, y más fácil ejercicio de las cardinales. La tentación, que en ocasiones puede irrumpir violenta y grosera, ha de estimular a agarrarnos con más ahínco al Señor, llamándole desde nuestra miseria: *Abba*, ¡Padre!, mira que sólo me interesa cumplir lo que Tú dispongas. Así de nada servirán al maldito Satanás sus intentos de arrancarnos la paz que adquirimos en la oración. Por la escena del Evangelio aparece diáfanamente que no es menos eficaz, para nuestra santificación y para la de los demás, una plegaria trabada a base de lucha contra la tentación y contra la debilidad personal.

Igualmente importante se revela esa confirmación de la Comunión de los Santos que Cristo anticipó con su recurso al auxilio de los que no se lo deberían negar, porque les había manifestado que confiaba en ellos. No le podían prestar algo que Él no poseyera y, sin embargo, el Señor les sugirió que orasen con Él; la poquedad de los apóstoles, unida a Cristo, habría adquirido valor divino.

Pide el Señor que detengamos nuestra mirada en su Pasión redentora, cumplida por todas las almas. De este modo, por ser oración con Dios, es Comunión de los Santos, de una eficacia ilimitada. Para que la existencia cristiana sea siempre viva y eficaz, hemos de mantenernos en vigilia. La misión de Cristo tiene alcance de salvación y nuestra pobre vida puede integrarse en la de Cristo a todas horas.

¡Qué profundidad presentan estos modos de actuar del Maestro! Sólo Él podía operar la Redención y no quiere —ni siquiera pretende— que los demás nos sintamos desvinculados de esa tarea suya; al contrario, nos propone que tomemos conciencia de que hemos venido al mundo para orar y caminar con Él y así servir a las almas.

Todo puede convertirse en oración

17. Observemos de nuevo a Jesús, pero no con los ojos somnolientos de los discípulos en Getsemaní, sino con la mirada de fe. Le vemos más Dios, ¡y más Hombre!, cuando ha aceptado y asumido plenamente nuestras limitaciones: hambre, sed, fatiga, dolor, tristeza... Le vemos más Dios, ¡y más Hombre!, cuando carga —lleno de amor— con las miserias de la humanidad; también con las aberraciones despreciables que horrorizan al alma más indiferente, egoísta y fría. Le vemos más Dios, ¡y también más Hombre!, cuando se queda en el Sagrario, indefenso y a la vez transmisor de una fortaleza capaz de sostener a todos.[12]

La magnitud de su misericordia se desprende de su oración en el huerto, mostrando que las faltas de caridad, la indiferencia de los hombres, provienen de la escasez de oración. Lo predicó en esos momentos con el ejemplo y con la palabra —*vigilad y orad*—, y le hicieron eco las almas que, a lo largo de la historia, le han seguido de cerca y se han identificado con Él. Pienso en san Josemaría: el recurso a la oración era, en sus labios, como un estribillo, como un resorte de vida que transmitía fuerza a los demás argumentos, sobre el que se apoyaba luego la acción. ¡Reza!, repetía machaconamente, y sólo después actúa. «Primero, oración; después, expiación; en tercer lugar, muy en "tercer lugar", acción.»[13]

La reacción de los apóstoles ante las insistencias de Jesús en el huerto expresa la medida del corazón que no está enteramente transido por el amor. Es seguro que le amaban, pero aún no como debían. ¡Qué diferencia con la Virgen, que hace de su vida un *fiat*!

---

12. Cfr. san Josemaría, *Camino*, n. 533.
13. San Josemaría, *Camino*, n. 82.

Los apóstoles sabían que no había nada ni nadie en este mundo como su Maestro, tampoco humanamente. Tenían la experiencia de lo que Él era capaz de obrar, y conocían que sólo Él salva de las hambres, de las tempestades, de los demonios. Y, sin embargo, les reclama fidelidad vigilante en aquella hora y ya queda patente cómo se derrumbaron: de un modo o de otro, vuelve a anteponerse el yo, con mil justificaciones que se les antojarían razonables. Quizá llegaron a pensar que habían vivido con tal tensión la Última Cena que se les habían acabado las reservas. Pero Jesús les solicitaba algo que podían entregar, con la gracia de Dios, y no lo entregaron: concretamente el esfuerzo por superar tristeza y cansancio, convirtiéndolo en el combate de la oración. La realidad es que en el huerto Cristo reza y sufre solo: ¡solo!, ¡solo!, ¡solo! Como tantas veces ahora, cuando se maltrata a las personas y a las familias. Y se deja a Cristo solo.

Estaba acostumbrado a la soledad, también porque su alma se movía en otro orden, sin separarse de los hombres. No obstante, ahora se ve más solo que nunca. Y es que el pecado aísla de una manera brutal, conduce al desorden y al ambiente diabólico donde la norma imperante es el odio, la aversión a Dios: nuestra manera de abandonarle.

Pedimos perdón al Señor. Y recurrimos de nuevo a su omnipotencia para que sane nuestros males. Lucharemos para rezar y ser consecuentes.

Le damos gracias por su clara enseñanza. En primer lugar, que hay que rezar. Y gracias porque, siendo muy importante en la Iglesia el rezo en común, no es menos importante el diálogo personal del alma con Dios, cara a cara, para adorar, dar gracias, pedir ayuda y perdón, saber lo que pide a cada uno, y considerar si nuestra vida está de acuerdo con los designios y los mandamientos de Dios. Es más, la oración comunitaria (litúrgica, en familia, etc.) puede y debe ser también oración personal; así como la oración estrictamente personal no es individualista por estar, en Cristo, abierta a la Comunión de los Santos.

Sin oración no hay vida cristiana

18. Son estos dos versículos de san Mateo, que confieren cuerpo a la presente meditación, dos textos que se graban fuertemente en el alma. Debemos agradecer a la Trinidad Santísima que, a través del misterio de la salvación, haya revelado su paciente cercanía. Cuanto más se medita la paciencia del Maestro, más se admira. Acude perseverantemente a asistir a los suyos. Sus palabras se confirman por su conducta. Los exhorta a que no se abandonen: *vigilad y orad para no caer en tentación; el espíritu está pronto, pero la carne es débil* (*Mc* 14, 38). Y fruto de la oración de Jesús es esa vigilancia para que los discípulos no se amodorren, para que se metan en los planes del Cielo.

El mensaje presenta una claridad meridiana: no puede haber vida enteramente cristiana si falta el requisito indispensable de la oración, un medio que sirve de base y que informa toda la conducta. Tenemos obligación de ser hombres o mujeres que rezan con dedicación, con atención. Percibimos cada vez con más claridad la necesidad de cuidar mejor la oración, para apreciar, en sus dimensiones reales, las circunstancias en las que nos desenvolvemos y elevarlas al orden sobrenatural.

Esta obligación de recorrer el camino del diálogo con Dios es exigencia de la naturaleza humana, enaltecida por la gracia y partícipe en Cristo de la filiación divina. No nos pediría el Maestro algo yuxtapuesto, no necesario a la criatura.

La Santa Pasión de Jesús pone en evidencia cómo se ha de enfocar la vida, porque si en las ocasiones duras, en las que humanamente parece lógico volverse hacia uno mismo, nos reclama que cuidemos con particular esmero la oración, deberemos sacar la consecuencia de que sólo así estaremos en condiciones de referirnos a Él, tanto en los triunfos como en el quehacer ordinario, o en los fracasos.

A la vez se entiende que si no somos rezadores cuando el horizonte está despejado, o con la alegría del éxito, tampoco recurriremos a la plegaria con la prontitud y seguridad debidas cuando topemos con la dificultad.

Agradezcamos al Maestro su comprensión, tan rica de matices. Insiste en demandarnos la lógica vigilancia. No cede en los principios; nos enseña que la actitud del que no corrige, pudiendo y debiendo hacerlo, nada tiene que ver con la verdadera comprensión.

Roguemos al Señor fervientemente que nos conceda fortaleza y caridad hacia los demás. Si deseamos vivir con esta disposición, debemos luchar para que nuestra conducta sea genuinamente cristiana, sin soluciones de continuidad. Este caminar conscientes de ser hijos de Dios, otros Cristos, nos iluminará para descubrir lo que debemos corregir y, al palpar las desidias y los desamores, advertiremos o amonestaremos a los demás con generosa amabilidad, con comprensión buena. Es decir, tirando de las almas hacia arriba, como hace el Maestro con nosotros al otorgarnos la gracia de descubrir nuestras debilidades, para eliminar las miserias que nos apartan de Él.

Rechacemos el falso respeto humano de que nuestra insistencia nos vuelve cargantes e insoportables. Imitando al Redentor, amemos ardientemente a los demás cada día; considerémoslos como parte de nuestro ser y tratémoslos con la fuerza de la caridad. Evitemos que haya dureza o amargura en nuestras sugerencias o indicaciones, y procuremos que ninguna barrera nos separe de ellos. Tienen que notar, como enseña el apóstol, que nos duelen como algo propio esos puntos que les señalamos (cfr. 2 *Cor* 11, 29). ¡Qué ejemplar resulta la insistencia amable de la triple corrección de Cristo a los suyos, para que le acompañen en la oración!

CAPÍTULO VI

De nuevo se apartó, por segunda vez, y oró diciendo: Padre mío, si no es posible que esto pase sin que yo lo beba, hágase tu voluntad. Al volver los encontró dormidos, pues sus ojos estaban cargados de sueño (*Mt* 26, 42-43).

La oración de Jesús: segunda y tercera fase

1. Jesús vino a los suyos, y los suyos... estaban dormidos. El intento de Jesús de contar con un poco de compañía humana y de consuelo en medio de la sequedad de su oración, del horizonte duro e inapelable que en esa plegaria se forjaba —beber ese cáliz que le angustiaba hasta el extremo—, había fracasado. Los discípulos dormían en tan dramática hora, circunstancia que le apenó profundamente, pues podían caer en la tentación inminente. Los despertó de nuevo con cariño y los instó otra vez a la vigilancia. En torno a estos pensamientos se movía nuestra meditación anterior.

La oración del huerto, que impresiona por la concentración de Jesús en el Padre, fue todo lo contrario de una oración «tranquila», sin «distracciones externas». Jesús oraba sin interrupción, pero simultáneamente se dirigía a sus amigos —los apóstoles—, hablaba con ellos y se empeñaba en que fueran conscientes del momento que estaban atravesando —era ¡«la hora»!— y, por tanto, que era lógico que también ellos se refugiaran en una oración vigilante. Este cuidado del Maestro lo expresan los Evangelios en el ir y venir de Jesús de la oración a los discípulos y de los discípulos a la oración.

Esas idas y venidas marcan las fases o los «asaltos» —así los hemos llamado antes— de la «agonía» o «combate» de la oración de Jesús en el huerto. Este movimiento de Jesús, sin salir en ningún momento de su diálogo con el Padre, pero con la agitación de aquella agonía, define poderosamente la trama de la oración de Getsemaní. Una trama de Amor, que presenta en primer plano a Cristo Señor Nuestro postrado de hinojos ante el Padre, y como trasfondo unos discípulos pasivos y somnolientos a los que Jesús —porque los ama entrañablemente— trata reiteradamente de implicar en su oración para poder afrontar «la hora».

En el capítulo siguiente completaremos la meditación de la oración de Jesús en el huerto echando mano de un maravilloso complemento que nos ofrece el Evangelio de san Lucas, reservando para el capítulo final la decisión de fijarnos en Jesús que, consumada su oración, vuelve victorioso a los discípulos para salir ya con ellos al encuentro de Judas y de la cohorte. Ahora seguimos leyendo con atención a san Mateo y a san Marcos, que nos describen de forma continuada el combate de Jesús.

Son tres las etapas de la oración de Nuestro Señor en el huerto, cada una con estos tres momentos en su secuencia: Jesús con los discípulos; Jesús que «se adelanta» para orar; Jesús que regresa a los discípulos. La fase narrada con mayor detalle es la primera, la que hemos considerado en las dos meditaciones anteriores. A partir de aquí nos proponemos examinar las otras dos. El relato se encuadra en los tres versículos siguientes de san Mateo (con los paralelos de san Marcos). San Mateo nos transmite las palabras que salían de la boca de Jesús en la segunda fase de su oración, que saborearemos despacio; y respecto a la tercera fase, llama la atención que el evangelista se limite a consignar *que decía la misma oración de nuevo* (versículo 44). San Marcos, por su parte, no nos transmite nuevas palabras de Jesús; al referirse a la segunda fase narra lo mismo que san Mateo en la tercera: que *oró de nuevo diciendo la misma oración* (versículo 39); y cuando se detiene en la tercera, nada añade sobre su contenido.

Nosotros nos meteremos del todo en la oración de Jesús,

primero, para oír con devoción sus nuevas palabras, sus repeticiones, sus silencios, y para contemplarle —*vultum tuum, Domine, requiram* (*Sal* 26, 8)—, haciendo acopio de su mensaje en nuestros corazones. Después miraremos también a los discípulos, que nos representan a nosotros, y seremos bien conscientes de que ambos evangelistas aluden de nuevo, con especial hincapié, al sueño de los apóstoles: *y yendo de nuevo los encontró durmiendo, pues sus ojos estaban cargados*, anotan con tenor idéntico Mateo y Marcos: *sobrecargados*, puntualiza este último, que agrega: *y no sabían qué responderle*. En la siguiente meditación deseamos profundizar en la práctica de la oración a partir de ese repetir y repetir de Jesús al Padre en la agonía de Getsemaní.

«Si no es posible..., ¡hágase tu voluntad!»

2. Jesús, después de haber adoctrinado a los discípulos, se encontró solo y volvió al lugar de su oración: *se apartó de nuevo y por segunda vez se dio a la oración*. Solo. Solo en lo humano, busca de nuevo el camino de la oración. Nosotros le seguimos para escuchar atentamente su diálogo con el Padre.

Leemos las palabras del Señor, tratando de acogerlas y de entenderlas bien, mirándole despacio; después, buscaremos la enseñanza espiritual que contienen y la luz que proyectan sobre nuestra vida. En esta segunda etapa de su esforzada oración, Jesús se expresaba así: *Padre mío, si no es posible que pase esto sin que yo lo beba, hágase tu voluntad*. San Marcos escribirá, como sabemos, que esta segunda vez Jesús oró *diciendo las mismas palabras* (o diciendo *la misma oración*, como traducen otros). Evidentemente, el fondo y el espíritu es el mismo; el tema y el contenido, idénticos. Pero la forma de oración que nos transmite san Mateo penetra hasta el fondo del alma y nos hace dar un paso más en nuestro apasionado afán de conocer la plegaria de Jesús. Porque esta súplica del Señor sólo se entiende justamente como continuación del diálogo con el Padre que hemos meditado en la fase primera de su combate.

Toda la oración de Jesús —siempre, pero de una manera impresionante en el huerto— es la expresión de su filiación divina: de su amor entrañable al Padre —*¡Padre mío, Abba!*—, del que a su vez se sabe infinitamente querido. Por eso, embargado por aquella tristeza y entre lágrimas, Jesús había comenzado su recogimiento rogando confiadamente al Padre que le librara de aquel trance, que le dispensara de aquel amargo cáliz que le angustiaba: ¡que pase «esto» sin que yo lo beba! Ciertamente, Él adelantaba su amor y su adhesión a la voluntad del Padre: *no lo que yo quiero sino lo que Tú*. Pero la carga del «primer asalto», en aquella epopeya de Getsemaní, estaba en la súplica humilde pero constante de no tener que beber aquel cáliz: *todo te es posible, Padre*. Sobre ese implorar —siempre seguido del momento de identificación— recae el peso de aquella primera etapa del orar entregado del Hijo de Dios hecho Hombre. Petición —*¡que pase de mí este cáliz!*— que formula desde el Amor infinito con el que se sabe amado por el Padre, pero invocando la Omnipotencia divina, en la que se apoya: porque Él —el mismo Dios que el Padre— sabe también que al Padre (y a Él con el Padre y el Espíritu) todo le es posible. En esta profunda, misteriosa, inabarcable tensión entre el «que pase de mí, pero lo que quieras Tú», consumió Jesús aquella terrible parte primera de su plegaria.

¡Qué misterio el del Corazón orante de Jesús! Los discípulos pudieron percibir sus palabras mientras estuvieron despiertos, cuando Jesús las gritaba al Cielo. Pero ellos no oían la palabra del Padre en el Corazón del Hijo. Y por tanto nosotros tampoco. Pero esta segunda fase, que ahora estamos meditando, parece iluminar —como en una retrovisión: *flashback*— el decurso de aquella primera en la oración del huerto. Porque ahora —en este segundo combate— Jesús manifiesta claramente al Padre que, *si no es posible*, ¡hágase tu Voluntad! Como si en aquel impresionante diálogo, del Padre y el Hijo hecho Hombre, el Padre hubiera puntualizado ya que no era posible... El Hijo había acogido este designio en su Corazón, pero porfiaba con humildad y amor: todo te es posible..., que pase de mí. Y el Padre, con infinito amor paterno al Hijo y a nosotros en Él, como si le comunicara: sí, todo me es posible, pero es el plan de salvación del mundo y no conviene otra decisión... Con esta vivencia y esta fuerza renovada en la oración, tornó Jesús a los suyos para compartirla con ellos y urgirlos a la oración y a la vigilancia sobre sí mismos para afrontar la «hora» que se avecinaba; ellos estaban dormidos...

Desde esta perspectiva se sitúa mejor la maravillosa y entregada plegaria de Jesús cuando se recoge por segunda vez en la oración: *Padre mío, si no es posible que pase esto sin que yo lo beba, hágase tu Voluntad.* Está claro, Padre: he de beber ese cáliz para la salvación del mundo, confórtame con tu fuerza y con tu Amor —con tu Espíritu, que es también el mío—, para que lo asuma y lleve a término la obra que me encomendaste. Con una claridad luminosa, descubrimos cómo el «tentador» (que no osó acercarse, después del desierto, «hasta el momento oportuno») está ya siendo definitivamente derrotado; y notamos también cómo Jesús rechaza la tentación y se aferra a la voluntad del Padre, que es la Redención por el camino de la Pasión y de la Cruz.

En efecto, la perfecta identificación de la voluntad humana del Hijo eterno del Padre con la voluntad del Dios Trino, Padre, Hijo y Espíritu Santo, aparece en Getsemaní como el fruto del ejemplar «combate» de la oración de Jesús. Un combate con esa victoria total y absoluta que meditaremos en el último capítulo, y que describe san Juan (precisamente el evangelista que no narra la oración del huerto) en el momento del prendimiento: *calicem quem dedit mihi Pater non bibam illum?* (*Jn* 18, 11). El cáliz que me ha dado el Padre, ¿acaso no voy a beberlo?

Identificación de Jesús con la Voluntad de Dios

3. Al aceptar la Pasión —la Voluntad del Padre—, Jesucristo quiso una cosa superlativamente buena, sobrenatural y humanamente, porque fue la manifestación de cuánto tiene que purgar la humanidad por su mal comportamiento. El Señor se abrazó apasionadamente al dolor, y lo exteriorizó al Padre con sus palabras, ya que conocía que era la presentación más

sublime de un Amor perfecto, del suyo, que compensaría nuestro desamor.

Dios Padre le pidió que restableciera la predilección que el Creador había otorgado gratuitamente a la humanidad y que los hombres habíamos pisoteado. Recordemos los crímenes de la historia, aliñados con nuestros pecados personales, y comprenderemos que se alza un cúmulo de maldad y de ofensa al Señor y a las criaturas de proporciones inconmensurables. Esto es lo que oprimía a Cristo hasta llevarle a la angustia en Getsemaní.

Mirando al Maestro podemos exclamar: Jesús, ¡qué bien se entiende aquella oración tuya de dolor!; nos exhortaste, en primer lugar, a evitar el pecado; y luego nos invitaste a ser almas que rezan, para evitar las ofensas propias y, si es posible, las ofensas de los demás.

La Voluntad de Dios, en nuestras vidas, quizá pesa muchas veces, y es necesario luchar duramente, porque experimentamos resistencia dentro de nosotros mismos. Para que no nos impresionemos ante esa lid, la Trinidad, en sus designios salvíficos, dispuso el precioso ejemplo de Cristo en el Huerto de los Olivos.

No se llega a cumplir cabalmente su Voluntad cuando no se le somete por entero la nuestra. Jesucristo nos ofreció el testimonio elocuente de cómo se ha de luchar cuando oró en el huerto y padeció la Pasión: de tal manera se identificó con la decisión de la Trinidad, que no hubo ni la menor sombra de fisura en aceptar lo que le reclamaba el Cielo, y así se operó el gran misterio de la Redención. La Trinidad pedía a Jesús una identificación plena que encerraba la expresión más clara del amor, y nos enseñaba a la vez que hemos de decidirnos a superar todo lo que pueda separarnos de Dios.

Jesús, también como hombre, nos ha aleccionado para que amemos siempre la posibilidad de escoger, por encima de cualquier obstáculo, el leal cumplimiento de la Voluntad del Padre, pisoteando la nuestra si es necesario. Pero amar el querer del Padre significa beber hasta el borde el cáliz que Él nos presenta, aunque se padezca.

La Redención se podía haber verificado de modos diversos. Jesucristo Hombre se identificó con el camino escogido por la Trinidad, que era sin embargo muy duro. Así hemos de comportarnos los cristianos.

Jesús, orando en cada uno de nosotros

4. Resulta manifiesto que, desde un punto de vista humano, las circunstancias externas e internas en que Jesús se encontraba no favorecían la oración, ni el diálogo sereno, en medio de aquella agonía del alma, de aquella inmensa tristeza ante «la hora» que se acercaba. En lo humano todo invitaba a un ensimismamiento desolado. Pero nada detuvo a Jesucristo para mantenerse en trato con su Padre celestial.

Por contraste, se nos viene inevitablemente a nuestra consideración la facilidad con que, ante circunstancias externas o internas, duras o simplemente negativas, nos disculpamos y en la práctica renunciamos a ese trato con Dios que tanto nos beneficia. Jesús no desiste, sino que comienza y recomienza su oración con todo el ardor de su alma, que pregustaba ya la terrible carga que se cernía sobre Él. Con su insistencia en volver al sitio donde se encontraban los apóstoles, venía a remacharnos que ningún obstáculo debía impedir su recogimiento. Sepamos, pues, exigir a la imaginación o a la comodidad la respuesta íntegra de personas que rezan, que no desaprovechan el flujo de la gracia que la Trinidad Santísima envía incesantemente en esos tiempos de dificultad y de ansia.

La oración de Jesús, sobre todo en esta segunda fase de su combate, nos ofrece otro ejemplo: aprovechar precisamente lo que pretende arrancarnos el sosiego, para resolverlo con la asistencia de nuestro Padre Dios. Si presentamos en nuestra conversación filial con el Señor nuestros desconsuelos, hallaremos fortaleza para afrontarlos y superarlos, y amor sincero para comprender que debemos quererlos apasionadamente, y para no rebelarnos, pues nos enraízan más en los planes divinos y nos identifican con la Voluntad del Cielo. Nos identificaremos con Jesús, que ora en nosotros. Pasaremos, con la gracia del Espíritu Santo, del «aparta de mí este cáliz» a esa otra actitud: «si no es posible... hágase tu Voluntad». Vendrá una paz que no es de este mundo sino de Dios.

Se puede, pues, orar, rezar, dialogar con la Trinidad Santísima sobre el propio sufrimiento, tanto para sobrellevarlo mejor o rogar que se termine, como para amarlo ardientemente, de forma que sirva para nuestra santificación personal, con la certeza de que, si lo abrazamos con piedad vibrante, uniéndolo a la Cruz de Jesús, cooperamos eficazmente a edificar y fortificar la Iglesia.

Fueron intensas las horas en el huerto. Los minutos transcurrían con lentitud. Cada segundo se unía al latir doliente del Redentor. Le damos gracias por el surco que dejó, sugiriéndonos que nuestra conversación con Dios gire sobre cuanto ocupa nuestra alma. No hubo consolación humana posible para Jesucristo, como cabe que nos ocurra a nosotros —con fundamento— en determinadas ocasiones. Sabía que, al quedarse solo con el Padre y el Espíritu Santo, caía con fuerza sobre sus espaldas el peso de la Pasión y Muerte, ya vecinas; no las sintió como una carga obsesiva, sino como una grandiosa epopeya que debía asumir su Humanidad Santísima. Por eso, ahora le escuchamos palabras de plena conformidad: Padre, si no es posible... hágase tu Voluntad. San Josemaría Escrivá tenía una expresión muy gráfica para designar este poder transformador del diálogo con el Señor. «La oración —decía— es indudablemente el "quitapesares" de los que amamos a Jesús.»[1] En aquella plegaria, el Redentor toma nuestro peso y nos transmite su paz. La oración no sólo nos alcanza de Dios la gracia capaz de resolver los problemas más agudos, sino que nos consigue la fortaleza para afrontarlos con Él y abrazarnos confiadamente a su Voluntad, aunque cueste.

Las dos peticiones de Jesús —«que pase ese cáliz sin beberlo» y «¡hágase tu Voluntad!»— son plenas y sinceras, y constituyen dos lecciones nítidas para nuestro comportamiento. Más aún, comprendemos que si nuestro hablar con Dios discurre por ese cauce, si compartimos con el Señor la preocupación, el mismo desasosiego se irá convirtiendo en plegaria profunda y relajada de aceptación de la Voluntad de Dios.

---

1. San Josemaría, *Forja*, n. 756.

Fe, pues: convencimiento de la eficacia de la súplica que hemos de elevar al Cielo como demanda del necesario auxilio. Así, al amparo de aquel comportamiento de Cristo, se ha tejido la tradición cristiana sobre la oración.

¡Qué gran virtud es la fe! Nos exhorta a paladearla el Señor en el Huerto de los Olivos. Ha caído sobre Él ese cúmulo de miserias —¡grandes y pequeñas, despreciables, verdaderamente miserables!— de cada uno de nosotros. Observemos dónde halla el Redentor su refugio: sostenido por el Espíritu, confió en el Padre, le invocó, le expuso el trance durísimo por el que había de pasar, y concluyó con un *fiat voluntas tua!*, cúmplase tu Voluntad, que nos revela la manifestación del Amor intratrinitario y nos trae la salvación de los hijos de Dios.

Dar la vida en cada tarea

5. Esta segunda fase del combate orante de Jesús en el Huerto es decisiva para el recto enfoque de nuestra vida cristiana, o lo que es lo mismo, para una entrega total a la Voluntad de Dios. En Cristo, que —reconfortado por el diálogo con su Padre— se dirige a cargar sobre Sí mismo los pecados de la humanidad, se verifican a la letra las palabras con las que anunciaba cómo se obtiene la salvación: el que entrega su alma, el que sabe inmolar su yo, la encontrará; y el que pierda su vida la volverá a encontrar (cfr. *Mt* 10, 39). Con la particularidad de que Él la recupera por Sí mismo, con la omnipotencia de su Persona divina.

En Getsemaní, Jesucristo nos invita a morir con Él para recuperar su Vida. Pero no nos pide, de ordinario, un sacrificio cruento, y menos aún como el suyo. Se conforma —y ahí está la santidad— con que le sepamos donar nuestra existencia, acabando las diversas ocupaciones heroicamente. Aunque su santidad infinita no depende para nada de la nuestra, quizá no es acertado decir *se conforma*: nos ama tanto que permite que nos unamos a Él y desea que no descuidemos esta posibilidad.

En su inmensa e inescrutable bondad, ha hecho asequible

para todos el seguimiento de sus huellas para cumplir cada día la Voluntad de Dios, que eso es la santidad. Mostró el culmen de la perfección en la Santa Cruz, con su Sacrificio de valor infinito, que nos franqueó las puertas a la participación en la Vida divina; a la vez, esta santidad está asentada en todo su paso por la Tierra Santa, pues a lo largo de su caminar terreno fue manifestando su santidad —como componiéndola, aunque todo era perfección divina— con una delicada atención a lo que ocupaba a los demás hombres, hasta subir al Gólgota.

No se esconde un amor más fuerte, una más estrecha unión con el Padre en el Espíritu Santo cuando Jesús asciende al patíbulo de la Cruz que cuando consume sus energías en el quehacer cotidiano de Nazaret o en los años de predicación. En todo instante es el mismo y único Hijo muy amado, en quien el Padre ha puesto sus complacencias (cfr. *Mt* 3, 17).

La heroicidad de su oración en el huerto, que estamos contemplando, está en continuidad necesaria con la heroicidad cotidiana de toda su vida, en el crecimiento en sabiduría y en gracia que se realizó en su alma con el desarrollo de su cuerpo (cfr. *Lc* 2, 52). Es preciosa para nosotros esta información que debemos a san Lucas porque, al referirnos ese proceso de ir creciendo hasta la madurez, nos traza cómo hemos de cultivar el afán de perfección cristiana desde que adquirimos uso de razón.

Cada alma es responsable de sus actos, pero no está de más apuntar que el Evangelio señala que ese crecimiento de Jesús en edad, en sabiduría y en gracia ante Dios y ante los hombres (cfr. *Lc* 2, 52) se realizó dentro del ambiente que crearon María y José en la familia y a su alrededor. Todos debemos santificarnos y, simultáneamente, ocuparnos de que en nuestro entorno se despierte el mismo interés por la santidad.

La santidad heroica de Cristo, que resplandece en Getsemaní y en la Cruz, brilla en todos los momentos de su vida. ¿Cómo no descubrir que llega a esa entrega ejemplar, tras la donación en lo ordinario, en lo que Él mismo coronó generosamente *in pauca fidelis* (cfr. *Mt* 25, 21), hasta en los menores detalles? El Señor reaccionó siempre con la novedad del amor más entero; nada cayó bajo la mirada alicorta de la rutina y del acostumbramiento. A toda hora es el Hijo amado que contracambia con la plenitud que recibe.

Nada de extraño hay en esa repetida búsqueda de la correspondencia de los apóstoles, de la nuestra. En su hacer santo por los suyos —*pro eis ego sanctifico meipsum* (*Jn* 17, 19)— no rehuyó el grato deber de que vieran que no interrumpía su unión con ellos. Además, cautiva la certeza de que no consideró abajamiento —lo tomó gustosamente— ponerse a disposición de los discípulos.

Reparar por los pecados propios y ajenos

6. El testimonio de Cristo, que lloró en Getsemaní por los pecados del mundo, debe impulsarnos a fomentar en el alma la necesidad de reparar por los propios pecados y por los de todos. Verdaderamente, la actitud de Jesús desarma: a la ofensa respondió con el perdón; expió la pena de nuestros delitos y no cesó de ofrecer su amor incluso a los pecadores que más le odiaban, reafirmándoles —con acciones que confirmaban sus palabras— que gustosamente los acogía siempre que buscaran refugio en Él. Otro criterio inapelable dirigido a los cristianos: para permanecer con Cristo, para entender su obra redentora, no se puede tolerar en el corazón el rencor, el menor resentimiento. Hemos de apenarnos por la ofensa que se comete contra Dios, a la par que ofrecemos nuestras almas y nuestros cuerpos como materia de reparación, también por los que se declaran adversarios del Señor o de nosotros mismos.

De manera constante, Jesucristo aclaró que no se sentía enemigo de nadie, y que de su parte se donaba sin límites para atender y convertir a quienes no le admitían y le maltrataban. Por esta senda deben discurrir nuestras reacciones: al meternos en el amor redentor del Maestro, nos esforzaremos para que esta decisión de servicio y de comprensión de Jesús empape nuestras almas. Además, hemos de pelear para desterrar cualquier rechazo de los otros, cualquier comportamiento hostil, aunque hayamos padecido violencias. No podemos olvidar que el Siervo de Yahvé, el Hijo muy amado de Dios, enjuga con su amor los delitos cometidos contra Él. Reparar por nuestras ofensas y las de toda la humanidad: he aquí un programa que puede colmar nuestra vida fomentando un ideal profundo de caridad. ¡Qué grande, atractiva y ejemplar es la misericordia de Dios! Se allana libremente a los demás porque desea ofrecerse en holocausto por los hombres —¡aunque le cuesta un esfuerzo titánico aceptar la Cruz que tanto ama!—; por eso su oración y su inmolación son un lenitivo que, si lo aceptamos, cura nuestra enfermedad. Cada instante de la existencia se transforma así en posibilidad de corredimir, de frenar los egoísmos para engarzar la vida con esta fraternidad sin par que Cristo nos deparó con su Muerte.

Roguemos al Señor que la auténtica sensibilidad de cristianos, al sabernos involucrados en la aventura inigualable de la Redención, nos empuje a expiar por las culpas de la humanidad, integrándonos en los dolores de la Pasión, que nos han alcanzado unos méritos de valor infinito. La Trinidad nos propone, con ese obrar de Jesús, que ofrezcamos nuestra expiación para que las almas entren por el venturoso camino de la salvación, de la identificación con Dios en Cristo.

De nuevo el sueño de los hombres

7. Jesús había regresado a su oración después de haber adoctrinado a los discípulos. ¿Reaccionaron? ¿Lucharon por seguir el requerimiento del querido Maestro y asegurar así su fidelidad? Nada dicen los Evangelios. Hemos de suponer que hubo un nuevo intento de su parte, pues oyeron la plegaria de Jesús en esta segunda fase —la que hemos estado meditando—, pero no tardaron en bajar de nuevo la guardia. Ciertamente, cuando Jesús volvió por segunda vez, *los encontró dormidos, pues sus ojos estaban cargados de sueño. Sobrecargados*, apostilla san Marcos.

Habían asistido aquellos tres —y los otros—, rodeando a Jesús, a una Pascua ardiente durante las primeras horas de la noche del jueves, que se había convertido en la primera celebración de la Eucaristía, en la que Jesús mismo anunciaba el sentido redentor de su muerte y les daba a comer su Cuerpo y a beber su Sangre. En esas horas les habló el Maestro de modo que entendieran más profundamente el sentido de sus caminatas por la tierra, los milagros portentosos que había realizado, su constante interés por las almas, para dar gloria al Padre en el Espíritu Santo. Jesús exultaba en el Espíritu. Todo estaba lleno de la oración sacerdotal, que manifestaba a Cristo como Sumo Sacerdote, que ofrecía su vida ante ellos como servicio profundo y sin discriminaciones, dispuesto gozosamente al holocausto por la redención del mundo; les había descrito su amor ilimitado que abarca a todos. Se había detenido en esta enseñanza como culmen de su entrega, operando el milagro portentoso de la Eucaristía, al paso que les revelaba que podían hacerse una sola cosa con Él. Los animó al ejercicio de la comprensión, aunque sufrieran contradicciones; les permitió atisbar la grandeza y la hondura de la humildad: un Dios que lava los pies a los suyos (cfr. *Jn* 13, 4 ss.)... Hilvanaba lecciones que conferían más relieve a los tres años que habían transcurrido cerca de Jesús. Esa enseñanza densa y atractiva empapó la oración sacerdotal, que se desgranaba como sermón y conversación, como programa y demostración de hechos redentores: un memorial de lo que había venido a cumplir el Dios Encarnado.

En el Huerto de los Olivos el escenario cambió bruscamente. No cabe olvidar que en la Última Cena Jesús les habló también de que entre ellos había un traidor y de que la traición era inminente. Tal anuncio, sin duda, les sobrecogió el ánimo, pero a Cristo le veían fuerte y decidido en lo humano, y exultante su espíritu de Hijo, y gozoso en la amistad y cariño de los suyos, con el horizonte de la Redención. La conversación del camino recayó ciertamente sobre la traición y la desbandada, pero con una palabra firme sobre la Resurrección gloriosa. Llegados al huerto, Cristo pasó de la oración inundada de paz y alegría de la Última Cena, a una agonía —patente ante unos discípulos, que se iban desfondando por el cansancio y el desánimo (la tristeza, como escribe san Lucas)— y a una plegaria repleta de dolor y de tristeza, igualmente sacerdotal. En la primera fase, en el cenáculo, sus palabras y sus gestos atraían la atención de los apóstoles y los colmaba de entusiasmo; en la otra, aunque nuevamente se había dirigido a ellos para confortarlos y unirlos a su oración, sus palabras apenas produjeron eco.

A lo largo de la meditación anterior nos hemos detenido ya en este «mal sueño» de los apóstoles y en sus causas. Y sacamos la conclusión de que, de hecho, aunque hubiera atenuantes, desertaron, dejaron sólo al Maestro. En esta ocasión subrayan los evangelistas que embargaba a los tres discípulos un sueño muy profundo: *porque tenían los ojos cargados* (Mateo), *sobrecargados* (Marcos), como con intención de indicar que su actitud era algo no demasiado lógico o normal. Qué cambio desde la Última Cena al huerto. Aunque estuvieran repletos de limitaciones, aquellos momentos cumbres en el cenáculo debieron de entrar a fondo en el alma de los once: formularían sus propósitos y se sentirían santamente orgullosos de la confianza que el Señor les otorgaba. Sin embargo, olvidaron pronto lo que tan de veras los había impresionado y marcado para la eternidad; y el Maestro se queda a solas en su oración. Para que aprendamos que el Señor nos hace partícipes de sus tesoros divinos; aunque sólo lograremos conservarlos si somos rezadores, si los meditamos a fondo, buscando la gloria del Señor, pasando por encima de las dificultades, cumpliendo nuestro deber.

San Josemaría, cuando era sacerdote joven y meditaba el primer misterio doloroso del Santo Rosario, escribió de esta forma: «Orad, para que no entréis en la tentación. —Y se durmió Pedro. —Y los demás apóstoles. —Y te dormiste tú, niño amigo…, y yo fui también otro Pedro dormilón (…).»[2] Consíguenos, Señor, que no se repita esa triste situación en los que deseamos amarte cada vez más sinceramente.

No cansarse de rezar

8. El Maestro, lo sabemos bien, no había buscado jamás la gloria humana o el espectáculo; fue siempre expresión diáfana de humildad, de sencillez, de sacrificio generoso y escon-

---

2. San Josemaría, *Santo Rosario*, I misterio doloroso.

dido. Y esta misma faceta se desplegó plásticamente en Getsemaní. No se opuso a que los hombres contemplaran que estaba a punto de vivir momentos cumbres de oración, en medio de la más tremenda tentación, después de «las tentaciones del desierto».

Como en otras ocasiones, anhelaba la ayuda de los suyos, confirmándonos que lo sobrenatural es muy humano cuando se refiere a los hombres. Llevó consigo a los tres que, en el Tabor, habían entrevisto la felicidad eterna. También en aquella noche los eligió como testigos de su rezo, tan rebosante de amor como en la Transfiguración; deseaba que pudieran observar cómo el amor a la Voluntad de Dios puede conducir hasta aquella agonía que contemplaron. Comenzaron, se llenaron de tristeza..., y desfallecieron.

Tornó Jesucristo a ellos por segunda vez. Durante la primera les había recriminado que no le hubieran acompañado tan siquiera una hora y les había explicado la razón de esa urgencia: rezad para que no entréis en la tentación. Ahora la situación aparece idéntica. San Mateo y san Marcos la refieren con las mismas palabras: *los encontró durmiendo*.

Había emprendido esos pasos hasta donde se encontraban los tres para pedirles de nuevo apoyo y colaboración, y para explicarles cómo se desgranaba su oración, con el afán de que, oyéndole, se mantuvieran en vela. Y, como para que nos entre más por los ojos que hemos de movernos siempre con el pensamiento de agradar sólo a la Trinidad, permitió el Señor que los predilectos no aprovecharan la fuerza de la gracia que se les otorgaba de nuevo en las palabras de Jesús, y se durmieron una y otra vez.

Mientras tanto, Cristo velaba, necesitado en lo humano del apoyo y del consuelo de los suyos. Velaba por todos y especialmente por los que habían de ser sus discípulos, los cristianos. Nos instaba a que, en medio de la incomprensión o la indiferencia de los demás, seamos otro Cristo orante, aunque esto nos exija fuertes sacrificios. Sólo así estaremos en condiciones de despertar el interés, la atención, la dedicación a la Verdad de las almas sumidas en el sopor de la ignorancia, la debilidad o los pecados.

Desechar el sopor y velar con Cristo

9. A la hora de la sequedad y del hastío, incluso ante lo espiritual; a la hora del agotamiento de la inteligencia; y —sólo por lo que se refiere a nosotros— a la hora de la tibieza volvamos los ojos a Jesucristo orante en el huerto y sabremos sacar partido de esas situaciones, recobrando fuerzas —aunque no desaparezcan los síntomas externos— hasta saltar fuera del sepulcro de la apatía. Después de esta hora impresionante de Getsemaní nuestra perseverancia fiel al dirigirnos al Padre no puede verse privada de frutos, si enlazamos con la plegaria del Salvador. Persigamos con más tozudez sobrenatural y humana el amparo del Maestro: Él jamás se desentiende de su promesa de no dejarnos en la orfandad (cfr. *Jn* 14, 18), es decir, su oración salvadora asegura que nuestras plegarias, todo lo pobres que se nos antojen, puestas en sus manos, reciben segura acogida de Dios Padre, que le escucha siempre.

Al querer Cristo identificarse con nosotros, y al desear cada uno esa unión, aunque resalten con estridencia nuestras torpezas, la oración que hilvanemos adquirirá un valor incalculable por la gracia de Nuestro Señor Jesucristo, que —como en Getsemaní— acude ininterrumpidamente a despertarnos del cansancio y el desánimo. *Sine me nihil potestis facere* (*Jn* 15, 5), dijo nuestro Salvador, sin mí no podéis hacer nada. Con ese convencimiento bien dentro, nos convertimos con Él en vencedores.

Sale de toda lógica el acostumbramiento malo de la criatura cuando no valora la posesión del bien. El hombre tiende a no estimar los sacrificios que se esconden tras los dones que se le han entregado; y en lugar de enriquecerse personalmente, sacando más rendimiento a ese bien recibido, baja la solicitud o el interés, permitiendo que se deteriore poco a poco ese tesoro por una erosión del cumplimiento del deber o por la huida comodona ante un comportamiento exigente.

Mirando la perseverancia de Jesucristo en Getsemaní, incorporemos a nuestra conducta esa lucha, esa tozudez santa.

Y, como Él, intentemos que muchas otras personas se agreguen a este modo de proceder. Con esa búsqueda del apoyo de los suyos, entendemos que somos nosotros —la salvación de cada mujer, de cada hombre— el tema de su oración; si no, no se habría acercado a los apóstoles: choca la dureza humana, que se desvía con increíble y reiterada apatía de su propia salvación. «Dios quiere ser rogado —insiste san Gregorio Magno—, quiere ser coaccionado, quiere ser vencido por una cierta importunidad (...). Sé, por tanto, diligente en la oración; sé oportuno con las súplicas; procura no dejar nunca de pedir.»[3]

No debe extrañar que la resistencia brote del yo: pidamos al Redentor que nos saque de esa rémora, que nos despierte a toda hora, viniendo a nuestro encuentro, como en Getsemaní. Recordemos que Él atendió siempre a quienes se lo suplicaban, aunque su conducta hubiera sido muy pecadora, con pocos visos de humana recuperación.

Jesucristo tiene un Corazón comprensivo y misericordioso, capaz de apiadarse hasta del más infame de los hombres. Buena parte de la angustia y de la agonía de Getsemaní surgía de que el cáliz que había de beber contenía la traición de uno de los suyos y el pecado y el abandono de los que más quería, a los que llamaba sus amigos: *vos autem dixi amicos* (cfr. *Jn* 15, 15). También a nosotros no cesa de llamarnos amigos, pues ha bajado del Cielo a la tierra para sembrar su amor infinito. Permitamos a Cristo —que desea vivir en nosotros— que clame por encima de nuestra pasividad, y repitámosle que no se hastíe ante nuestra cerrazón y que remueva nuestros corazones para que nos decidamos a responder, pues la vida cristiana entraña tanto la pelea por dar más, como las ansias de aumentar el amor, anhelo de ser coherentes.

«*Pero, tú... ¡mi amigo, mi apóstol!*»

10. Estamos meditando el sueño de los apóstoles en esta segunda fase de la oración del huerto y nos preguntamos cómo

---

3. San Gregorio Magno, *Exposición sobre los siete salmos penitenciales*, 6, 2.

captar el mensaje que les comunicó el Maestro. Bien claro exponen los evangelistas lo que Jesús manifestó después de aquella dramática primera plegaria. Pero de lo que hablaron en esta segunda ocasión nada nos relatan. Y sin embargo el Señor, después de despertarlos, los interpeló con fuerza y claridad. Lo conocemos por san Marcos, que sigue en su Evangelio la predicación del apóstol Pedro y nos precisa que *no sabían qué responderle*. Puede ayudarnos aquí una palabra del tercer Evangelio. San Lucas, como nos consta, describe la oración del huerto no en tres fases sino como continuada. Sólo relata, por tanto, un regreso de Jesús a sus discípulos. Y en esa ocasión expone que Jesús, al llegar, *los encontró dormidos por la tristeza y les dijo: ¿por qué dormís?* (*Lc* 22, 45-46). No es difícil poner en relación esta pregunta del Señor con el *no sabían qué responderle* de san Marcos. ¿Por qué dormís?, o con el mismo estupor, ¿cómo es posible que, habiéndoos pedido tan expresamente vuestra compañía y mostrado la urgencia, para vuestras almas, de la oración vigilante, hayáis caído en el sueño?

No hay que apartarse mucho del texto para advertir que Jesús insiste ahora en lo que ya les había explicado en la primera ocasión. Todo en Getsemaní se dice y se repite una vez y otra: Jesús al Padre en su diálogo y Jesús a los discípulos en sus conversaciones. Los discípulos no reaccionan, no sabían qué responder, cuando el Señor les manifestó que esperaba que se unieran a Él: *vigilate mecum*. No tenía justificación, a pesar del sueño y de la tristeza, su abandono ante tanta generosidad del Maestro, al que oían clamar entre lágrimas al Padre celestial. Pero más inexplicable y doloroso debía resultar para Jesús ese silencio negativo con que oyeron, somnolientos, su exhortación y cómo le dejaron alejarse sin una palabra de consuelo.

Impresiona hondamente, como contraste, el amor y la delicadeza del Maestro, que se avecina a ellos hasta la última frontera de la amistad. Es evidente que, si de parte de los discípulos se hubiera producido una reacción o una palabra significativa, ese gesto aparecería de algún modo en el relato evangélico y a nosotros nos hubiera colmado de consuelo. Sea lo que fuere —egoísmo, vergüenza, debilidad, tristeza—, los discípulos se mostraron capaces de la más penosa indiferencia. Ésta —junto con la traición de Judas— fue, como ya hemos apuntado repetidamente, una de las causas principales de aquella tristeza que agobió a Jesús en el huerto. En aquel dolor se concentraban todas las traiciones de la historia humana, también las de cada uno de nosotros: «Oye lo que te dice el Espíritu Santo: *"Si inimicus meus maledixisset mihi, sustinuissem utique"* —si mi enemigo me ofende, no es extraño, y es más tolerable—. Pero, tú... *"tu vero homo unanimis, dux meus, et notus meus, qui simul mecum dulces capiebas cibos"* —¡tú, mi amigo, mi apóstol, que te asientas a mi mesa y comes conmigo dulces manjares!—.»[4] Pensemos que acababan de asistir a la primera celebración de la Eucaristía en la historia...

El Señor, por el contrario, ha querido que quedara constancia expresa de su misericordia, de ese devolver bien por mal que es como la síntesis de su vida redentora. Él persiguió y persigue la salvación de la humanidad, a pesar de nuestro mal talante y de nuestras deserciones. No les echó nada en cara, ni los reprendió como en otras circunstancias. Se diría que la pena grande ante la ingratitud llevó al Redentor a evidenciar que sólo Él había tomado nuestra cruz para convertirla con su infinita santidad en la Cruz Santa.

Cuando Jesucristo les planteó sus peticiones, no faltó a los discípulos la gracia del Cielo para responder afirmativamente. Nada más lejano de la justicia del Salvador que avanzar propuestas que la criatura no se halla en condiciones de satisfacer. En este caso dejó bien patente que, a pesar de la impotencia de la criatura para obtener por sí misma la salvación, la alcanzaremos si nos conducimos con el interés debido.

La reacción de los íntimos —como la deserción de las gentes que poco antes le habían aclamado— no provocó en el Señor el menor desaliento: su pena, sin embargo, crecía por la dureza de corazón de los hombres, empezando por los más próximos. Se refugió en la atención amorosa de su Padre celestial, que le escuchaba y atendía siempre.

---

4. San Josemaría, *Camino*, n. 244.

Por la narración del texto evangélico se nos indica de forma clara que no hubo ni un momento ni una palabra de enojo o de incomprensión hacia los once. Era Jesús *mitis et humilis corde* (*Mt* 11, 29), manso y humilde de corazón, y abría la riqueza celestial que inunda la humanidad a través de sus heridas: con la plenitud de la energía de su querer, nos invitó a gustar la gratuidad de su salvación.

Esta humildad de Jesús y este amor infinito por encima de negligencias y traiciones pondrá en sus labios aquella invocación tan suya, ya clavado en la Cruz: *Padre, perdónales, porque no saben lo que hacen* (*Lc* 23, 34). No fue diferente su actitud en Getsemaní: como tampoco entonces los discípulos sabían estar a tono de lo que vivían, derrochó paciencia y añadió con su oración lo que no acertamos o no queremos hacer los hombres. En estos momentos tan duros de la Pasión, aflora con magnificencia la bondad divina y humana de Jesucristo.

Comprensión y exigencia

11. Jesús: el Maestro, el Amigo, el Hermano. Merece esos títulos en grado sumo, también porque no se desalentó ni decayó en su interés cuando los discípulos desertaron. No se desentendió de ellos, ni mucho menos se enrocó en un prejuicio de rechazo, distanciándose, al comprobar que sus palabras caían en el vacío. Por el contrario, ante esa debilidad se acercó más porfiadamente a sus discípulos; y así procede con nosotros, derramando constantemente su gracia para que nos levantemos. Esta maravillosa comprensión constituye una enseñanza meridiana para nuestro comportamiento habitual con los demás, también en circunstancias extraordinarias. Él, después de comprobar que dormían, no desistió de retornar y de removerlos, con la confianza de que rectificarían; no admitió el Maestro recelos o despego alguno, ni permitió la idea —tan recurrente en nosotros— de que «todo lo tengo que afrontar yo personalmente», porque no me siguen, porque no son capaces, porque no se hacen cargo...

Contemplaba que los había vencido la fatiga, que el esfuerzo de todos ellos por superarla fue mínimo; pero con su insistencia llena de paz los animaba, y con su corrección los exhortaba hacia el bien y la fidelidad. Tenemos que aprender de Jesús para aplicar su ejemplo a las pequeñas situaciones nuestras de cada día. Porque, a la hora de las urgencias que roban la paz, cuando nos invade la inquietud o la desazón grave es preciso comprender a los demás, sostener, ayudar, no desanimarse, si la respuesta de ellos no es la debida o la esperada.

¡Qué duros y tercos somos los hombres! Ni siquiera reaccionamos —lo vemos en la actitud de los once— ante lo que es de vital interés para nosotros. Por eso, roguemos al Señor que nos conceda la finura necesaria para estar en sus cosas, de acuerdo con los planes divinos. Y supliquémosle también que nos otorgue la comprensión necesaria para que sepamos atender con sosiego a los demás. Ocupémonos entonces de que nuestra exigencia, fuerte y clara, vaya empapada de un noble cariño, de una caridad de servicio, dispuestos a cargar gustosamente con lo que correspondería a los otros.

La expresión más alta del Amor

12. Se ha quedado Jesús solo, con su dolor, y vuelve de nuevo a echarse en los brazos del Padre. Nadie de los suyos le sostuvo, ni le ofreció el aliento de su poquedad. Junto a la fuerza de su palabra —siempre persuasiva y clara—, estaba la expresividad de sus gestos, la tristeza humana de su rostro. Estos detalles deberían haber removido a aquellos hombres —¡deberían removernos a nosotros de la deserción del bien!—, pero no encontró apoyo. La bondad y la paz de Cristo le impulsaban a asumir todo el peso; fue tal la intensidad de su oración por nosotros que, a la hora del prendimiento, no saldría de sus labios un reproche hacia los once: y no le faltaban razones para reconvenirlos, pues ¡le habían dejado en el aislamiento más total!

Si los buenos, los que le amaban, los que se habían desprendido de sus cosas, aunque anduvieran aún apegados a ciertas ambicioncillas, no se mostraron capaces de secundarle, ¿qué cabía esperar de los demás, de los indiferentes, de los enfeudados en el mal? Y de ninguno se quejó, oró por todos: como se confirmó luego en la Cruz, cuando el ladrón se acogió a su misericordia (cfr. *Lc* 23, 43). Jesús jamás fue indiferente ante las cuestiones de sus hermanos ni llevó la cuenta de si le comprendían o no, de si les importaba más o menos su dolor, de si le habían ofendido...

¡Verdaderamente fue la expresión más alta del amor!

CAPÍTULO VII

Y, dejándolos, se apartó una vez más, y oró por tercera vez repitiendo las mismas palabras (*Mt* 26, 44).

Jesús, vencedor en el «combate» de la oración

1. Con palabras breves y sintéticas, san Mateo termina de narrar lo que es propiamente «la oración de Jesús en el huerto». Cuando externamente interrumpa Jesús este tiempo de diálogo con el Padre, se dirigirá todavía a sus discípulos, ya para encaminarse con ellos al prendimiento: *se acerca el que me ha de entregar*.

¿Cómo oró Jesús en estos últimos momentos en Getsemaní? San Mateo, como acabamos de ver, nos dice que se apartó de los tres discípulos, que se adelantó hacia el mismo sitio anterior. Del contenido de esa conversación con el Cielo expone san Mateo que era el mismo; Jesús *oró por tercera vez, expresando de nuevo la misma plegaria*; en el texto griego del Evangelio, el mismo *logos* —traducción literal: la misma «palabra»—. No nos quedamos en un dato erudito, sino en un matiz que ayuda nuestra contemplación. Fijémonos: el Logos, el Verbo, la Palabra eterna del Padre, en su humanidad, dirige al Padre su *logos*, su palabra de amor renovada una vez y otra con los mismos términos.

San Marcos es especialmente lacónico al narrar esta fase última, como ya lo fue al hablar de la segunda. En realidad, nada nos comenta, pues directamente nos refiere el regreso de Jesús a los discípulos: *y va la tercera vez y les dice: dormid ya y descansad* (*Mc* 14, 41). Pero, en cambio, resulta interesante notar esa frase breve, con la que escribe la segunda parte de su oración: *y yéndose de nuevo, oró diciendo la misma oración (logos)* (*Mc* 14, 39). Como notamos, es precisamente lo que ahora nos ha transmitido san Mateo.

Traigamos a la memoria las dos magníficas plegarias de Jesús en el huerto, con las palabras de los propios evangelistas:

La primera, según san Mateo: *Padre mío, si es posible, que pase de mí este cáliz; pero no sea como yo quiero, sino como quieras Tú.*

La primera, según san Marcos: *¡Abba, Padre! Todo te es posible, aparta de mí este cáliz; pero que no sea lo que yo quiero, sino lo que quieres Tú.*

La primera (y única) según san Lucas: *Padre, si quieres, aparta de mí este cáliz; pero no se haga mi voluntad, sino la tuya.*

La segunda oración, que nos transmite san Mateo: *Padre mío, si no es posible que esto pase sin que yo lo beba, hágase tu voluntad.*

Así rezaba Jesús, desgranando las mismas palabras. San Mateo nos ha facilitado la doble fase en la plegaria de Jesús, con ese profundo desplazamiento de acentos que hemos considerado ya en la meditación anterior y que ahora reconsideramos.

Jesús había precisado de manera impresionante e íntima, en la Última Cena, la plena conciencia de que tenía de entregarse —pensemos en las palabras de la Consagración—, bebiendo el cáliz con soberana libertad, para la Redención del mundo. En el huerto —¡unas horas después!—, esa conciencia parece oscurecerse por la angustia, la agonía, el miedo, el dolor, el ataque del Maligno —la tentación—, abandonado de los hombres. Todo el proceso de la oración de Jesús en Getsemaní nos traza la superación, por la fuerza del Espíritu, de aquella terrible tentación, hasta llegar de nuevo, también en el plano de la conciencia psicológica, a la soberana libertad de la entrega total por la Redención del mundo.

Ésta es, en efecto, la secuencia de la doble plegaria de Getsemaní. El Redentor imploraba del Padre, en medio de su angustia, que pasara el cáliz sin beberlo: *Él, habiendo ofrecido con gran clamor y lágrimas, (...) oraciones y súplicas al que podía salvarle de la muerte,* dice la Carta a los Hebreos, que agrega: *y fue escuchado por su piedad filial* (*Hb* 5, 7-8). La segunda plegaria de Jesús, según san Mateo, presupone esta palabra del Padre que sale de su silencio y escucha la oración del Hijo: *exauditus pro sua reverentia.* Fue escuchado totalmente Jesús en el huerto, pero de manera muy distinta de la que podríamos pensar. Porque el Padre no le dio lo que parecía pedir. Suplicaba no beber el cáliz (si fuera posible) y el Padre le invita a beberlo porque es el camino de la Redención del mundo. Y Jesús, que se ve así escuchado y amado por el Padre, se dispone a tomarlo hasta las heces, como expresa en su segundo ruego: *Padre mío, si no es posible que esto pase sin que yo lo beba, hágase tu Voluntad.*

Así, de esta forma, rezará ya hasta el final, hasta que llegue el traidor. Porque, al señalarnos luego san Mateo que Jesús repetía por tercera vez las mismas palabras, nos está manifestando que reiteraba esta segunda aceptación de los planes divinos. Pascal, que meditó tan profundamente el misterio de la agonía de Cristo, comentaba a este propósito: «Jesús no pide más que una vez que pase el cáliz, y eso con perfecta sumisión, y dos veces que venga si es necesario.»[1]

Una conclusión inmediata: toda la oración de Jesús en el huerto es idéntica a sí misma; es una única «palabra» —rebosante de contenido nuevo— la que está repitiendo al Padre de manera constante y gustosamente consciente a lo largo de aquellas horas tan densas y angustiosas. Hemos tratado de perdernos en la fuerza riquísima de ese diálogo entre el Hijo y el Padre porque la oración en el huerto es punto culminante de la revelación de la Humanidad de Cristo como Humanidad del Hijo consustancial del Padre. Nos propone la oración de la filiación divina de Jesús: *Abba,* Padre, Padre mío. Y desde ahí, el combate de la formidable unión a la Voluntad del Padre: la «hora» tremenda que se acerca, el «cáliz» que hay que beber, la angustia y el dolor sin límite que el pecado de los hombres produce en el alma de Jesús, la Voluntad divina

---

1. Blaise Pascal, *Le Mystère de Jésus,* vers. 14 (frag. 919).

amada y aceptada por encima de todo: no como yo quiero sino como tú. Y esto, una y otra vez, hasta el triunfo ante el traidor: *calicem quem dedit mihi Pater, non bibam illum?*

Estas formas de la oración de Jesús, estas actitudes de su Corazón en Getsemaní, luces claras para nuestra oración y nuestra vida, son las que ahora querríamos considerar.

Perseverar en la oración

2. Cada frase de Nuestro Señor encierra una riqueza indescriptible que aquieta y da sosiego al alma, o la remueve con una compunción santa.

En el Huerto de los Olivos fueron continuas las lecciones de Jesús. Él, que es *perfectus Deus*, manifiesta en Getsemaní sobre todo su condición de *perfectus homo*. Aquel lugar de la Tierra Santa constituye la más alta revelación de la verdadera humanidad de Cristo, de que Cristo Nuestro Señor era verdadero Hombre, especialmente porque allí aparecen, como en ningún otro punto del Evangelio, los «límites», las «debilidades» connaturales al hombre, que fueron asumidos por el Hijo de Dios. Por eso se le notaba hundido por un peso que excedía con mucho la naturaleza humana más fuerte y más preparada; por eso buscaba el apoyo noble, limpio, del Cielo y de la tierra.

Precisa el Evangelio, como hemos observado, que Jesús recomenzó tres veces esa oración intensa, de valor inefable. Conviene penetrar en los diversos detalles. Fue una oración bien acabada y, al mismo tiempo, su mente estaba transida por el inmenso dolor moral que le producían los pecados de los hombres; especialmente, los que se iban a cometer al rechazar la Misericordia ofrecida. Sin embargo, el Maestro retornó en tres ocasiones a su plegaria, dándonos prueba de lo que entrañan la urgencia y la perseverancia; actitudes que se identifican con el verdadero amor, que no sabe de cansancios o de excusas que dispensen de actuar con ardiente colaboración.

«Perseverar en la oración» expresa, sobre todo a la luz de Getsemaní, un modo muy profundo de amar; no podemos desfallecer cuando el camino parece hacedero, pero en nuestro pobre yo quizá se insinúa la soberbia como si fuéramos protagonistas principales; tampoco, cuando la oración se hace difícil, dura, seca, y hasta el cuerpo se resiste a continuar por ese sendero de exigencia.

A través del drama santo de Getsemaní, la Trinidad nos reclama a los hombres, de manera gráfica, una fidelidad leal en la oración. Jesucristo, para ayudarse en su diálogo con el Padre y secundar los planes divinos hasta terminar *la obra que Tú me has encomendado* (*Jn* 17, 4), solicita a los suyos que se unan a su esfuerzo. No los necesitaba para nada —ya lo tenemos claro—; y, sin embargo, les urgía calurosamente a que de su parte pusieran lo que estaba en sus manos. Hasta tres veces tocó el corazón de los discípulos, sin acusar desconfianza ni desanimarse ante la flojera humana. Así nos invitaba a comprender, a los que vendríamos a lo largo de los siglos, hasta qué punto aprecia la solidaridad de nuestra pobre debilidad.

Perseverar con lucha y con cansancio

3. Ha quedado esculpido el espléndido ejemplo de perseverancia con el triple alejamiento físico de Jesucristo, aunque la plegaria brotaba árida, triste, sufrida. Recordémoslo, cuando el panorama del trabajo o de la entrega se haga arduo, hasta el punto de que se pueda describir el trato con la Trinidad como un pedir afanoso, o como un ruego porfiado de que nos allane el camino. ¡Cuánto consuela ver al Redentor no desmayar en la oración y mantenerse así, con lucha y con cansancio! Aprendamos a conducirnos en esta línea, sin asustarnos por las limitaciones personales o exteriores, y sin que el ánimo se encoja por mucho que sea lo que el Señor exija. Disponemos, además, de una ayuda segura: dirigirnos a la Santísima Trinidad, en el nombre de Jesús, para ser capaces de abrazar esa carga.

Asombra ese misterio de la piadosa plegaria trabajosa del Redentor, porque en ningún momento hubo, ni pudo haber, en Cristo una contraposición de voluntades. Demos gracias al Señor, pues nos muestra que la libertad humana —Jesús es perfecto Hombre— es un don de raíz divina. Cristo se adhirió con todas sus fuerzas a lo que Dios Padre había dispuesto, y lo cumplió cabalmente. Pero, con esa reiterada súplica, señala que siempre, incluso en las cosas más perfectas, cabe una múltiple posibilidad de elección. En cualquier circunstancia, no hemos de quedarnos en lo que consideramos suficiente, sino llegar, como Él, al acto heroico que nos demanda Dios.

Recomenzar siempre

4. Junto a la fiel asiduidad, que se manifiesta externamente en aquel ir y venir de Jesús en el huerto, que acaba siempre en el volver a postrarse ante el Padre en oración, el Maestro nos puso de manifiesto, en Getsemaní, otro rasgo de su plegaria que debemos hacer nuestro: se trata de lo que podríamos llamar la perseverancia «interior» en la oración. Con instancia renovada se dirigió Jesucristo a Dios Padre, y en las tres ocasiones insistió con una imploración, en el fondo, idéntica, *con la misma plegaria*, dicen los evangelistas. Evidentemente, esta reiteración de Jesucristo no era monotonía, sino que manifestaba su concentración en el núcleo mismo de la «hora» que estaba viviendo, porque su diálogo de amor con el Padre se desarrollaba igualmente integérrimo, perfectamente atento. Nos enseñaba así a sus hermanos que la oración ha de cuajarse con esfuerzo también cuando se desarrolla entre la fatiga y la aridez. Precisamente entonces hay que insistir, tornar y retornar a Dios Padre, nuestro Refugio y nuestra Fortaleza (cfr. *Sal* 46, 2). Comprobamos también en estos pasos cómo su ejemplo coincidía con su predicación. Había repetido, mientras caminaba por Palestina, que se debe rezar con santa tozudez, implorando sin cansarse (cfr. *Mt* 7, 7-8), o presentando la oración del mismo cansancio. Y nos hace palpar que su consejo no fue teoría, sino enseñanza precisa que confirmó gráficamente con ese levantarse, exhortar a la oración y arrojarse de nuevo en los brazos del Padre con la misma súplica.

Entra por los ojos ese recomenzar: ese repetir una y otra vez su ruego definía una muestra clara de confianza para instarnos a actuar con la seguridad de que la constancia de fe abre brecha en la misericordia de Dios. Él no ignoraba que el Padre conocía la angustia de su voluntad humana, mas no por eso titubeó en exteriorizar el agobio de su alma; pues, ¿a quién se abre la propia intimidad sino a quien se ama? Abandonar las necesidades en las manos de Dios jamás ha significado para la ascética cristiana interrumpir el diálogo con Dios Padre, en el Hijo, por el Espíritu Santo.

Al renovar Cristo su oración, al importunar santamente con los mismos términos, anunciaba que el Cielo no se cansa de lo nuestro, no se interpreta como una monotonía, sino como realidad de la confianza con que nos dirigimos al Creador, ciertos de que la Trinidad nos oye y seguros de que su omnipotencia abarca desde lo más grande hasta lo más pequeño.

No desfallezcamos, pues, en ese urgir a Dios. Al contemplar cómo Jesucristo, impulsado por el Espíritu Santo, no cesó de tocar una vez y otra el mismo argumento, descubrimos que ese tesón agrada al Padre, como sucede a los padres de la tierra ante la recurrencia con que los llaman sus hijos. Esa constante imploración revela, además, que reconocemos el poder de Dios y acatamos su providencia.

No desertemos de la oración por la falsa idea de que no somos escuchados o porque las cuestiones discurren de modo distinto a como deseamos. Cristo expuso que, en su plegaria, entraba la identificación de amor con el Padre, acatando de antemano el plan de la Trinidad, hasta en los últimos detalles.

Si los hombres y mujeres fuésemos almas de oración tozuda, trasladaríamos a este mundo nuestro —sin respetos humanos— la alegría y la paz de que nos conviene que la Voluntad del Cielo se cumpla en nuestra existencia, esa Voluntad que nos regala sólo bienes, aunque se presente en forma de contradicción.

Aunque sean las mismas palabras

5. Es también la escena del huerto una ocasión de oro para profundizar en el sentido de la oración vocal, que —por su propio concepto— consiste en repetir palabras ante el Señor. Piensan algunos que la oración vocal —el padrenuestro, el avemaría, el rosario, las diversas formas de oración letánica (entre ellas, la llamada «oración de Jesús», tan grata a nuestros hermanos de las Iglesias de Oriente)— es fuente de monotonía porque... ¡usamos siempre las mismas palabras! Es una objeción «clásica», cabría afirmar, que merece de san Josemaría este comentario: «¿Siempre lo mismo? ¿Y no se dicen siempre lo mismo los que se aman?...»[2] Nos consta claramente que la conversación con Dios, también la oración vocal, si nos empeñamos, no se repite nunca. El hecho de pronunciar los mismos términos implica una renovación del amor que se dio en un tiempo pasado y que se actualiza gozosamente y sin rutina. Si queremos, jamás será reiterativa, en sentido peyorativo. La oración perfecta de Getsemaní ocupaba la inteligencia y el corazón de Jesucristo, pero es significativo que en el Evangelio se apunte con precisión que rezaba acudiendo a las mismas palabras.

Cierto, si no se afina el espíritu, si no se piensa con quién se habla y quién es el que habla,[3] se entrará en una especie de cumplimiento formalista, alejado del tono propio del alma contemplativa que Dios espera de los cristianos. La vida contemplativa, en efecto, no se queda en un privilegio reservado a algunos: a todos se nos concede la gracia de ser y poder comportarnos como hijos de Dios. Pero ese formalismo desaconsejable no guarda relación con repetir piadosamente, una vez y otra, la misma plegaria.

Decir los mismos vocablos, suplicar las mismas cosas, emplear los mismos gestos, constituye el lenguaje que percibe la persona amada, y que llegaría a echar en falta si no se

---

2. San Josemaría, *Santo Rosario*, prólogo.
3. Cfr. san Josemaría, *Camino*, n. 85.

le dirigieran, porque interpreta esa identidad de comportamiento como entrega y disponibilidad, como el *santo y seña* de quien tiene derecho a entrar en la fortaleza del alma. Hasta en estos detalles descubrimos cómo Dios, hecho perfecto Hombre, recorre nuestros caminos.

Por eso, ¡con qué ánimo y seguridad de eficacia debemos ir a la oración vocal! Por encima de todo, el padrenuestro, que es precisamente la oración del Maestro. A lo largo de nuestras meditaciones nos hemos ido dando cuenta, de manera creciente, de la profunda relación que existe entre la oración de Jesús en Getsemaní y el padrenuestro, desde la tierna invocación filial con la que comienza hasta el último de sus ruegos. Tres de las peticiones del padrenuestro llenan concretamente la oración del Señor que venimos meditando: el «hágase tu Voluntad» y el «no nos dejes caer en la tentación», estrechamente vinculada al «líbranos de todo mal» (cfr. *Mt* 6, 10 y 13).

Siempre con un amor nuevo

6. «*"Domine, doce nos orare"* —¡Señor, enséñanos a orar! —Y el Señor respondió: cuando os pongáis a orar, habéis de decir: *"Pater noster, qui es in cœlis..."* —Padre nuestro, que estás en los cielos...

»¡Cómo no hemos de tener en mucho la oración vocal!»[4]

Parece que Él, en su bondad infinita, sale al encuentro de cada alma y nos recuerda a los más torpes de inteligencia, a los que nos escudamos en la falta de imaginación, a los que nos vemos pobres de recursos, que lo importante en la oración se centra en la disponibilidad para ponernos ante Dios Padre tal y como somos, con el esfuerzo de recogernos en ese diálogo que tanto interesa al Creador.

No le importan a nuestro Padre del Cielo las frases bonitas, o las ideas brillantes. Espera sencillez y sinceridad de alma. Al moverse en el ámbito de la perfección divina y humana se hallaba al alcance de Jesucristo expresarse con esos

---

4. San Josemaría, *Camino*, n. 84.

términos nuevos y subyugantes que recoge san Juan en el relato de la Última Cena. No quiso que fuera así, y nos ofreció —con luces nuevas, dentro de la vida ordinaria— la certeza de que no se encuentra lejos de nosotros; y que cada uno posee la confianza del Cielo para presentarse con su propio bagaje, pequeño o grande. No nos mira como hijos o hermanos indignos, aunque lo somos, sino como coherederos a los que desea hacer partícipes del tesoro de su santidad.

Cristo, Maestro único, confiere ánimo seguro al alma. De su parte todo regala magnanimidad y longanimidad; está dispuesto a que la perfección y lo infinito quepan en la miseria y en la limitación. Ya lo había anunciado a través del profeta, puntualizando que no se requiere la riqueza para beber de su agua (cfr. *Is* 55, 1). Y llegó más lejos aún la predicación de Jesucristo: *venid a mí los fatigados y agobiados, y Yo os aliviaré* (*Mt* 11, 28). Lo que, en medio de su fatiga y de su agobio, no encontró en sus amigos que le siguieron en el huerto, eso nos lo ofrece Jesús ahora para nuestros momentos bajos y opresivos: *venid a mí...*

No le importa que nos pongamos en su presencia una y otra vez para confesarle que no sabemos, que no somos capaces, que se nos pasa el tiempo sin vivir a lo divino. Él oye nuestras razones y, aunque nos imaginemos que no avanzamos, cuando le hablamos con sinceridad de nuestra jornada, tan llena de faltas o de omisiones, empezaremos a percibir que podemos ofrecerle el trabajo; y descubrir, en quienes nos rodean, almas a las que servir. Nuestro día adquirirá otro relieve, si nos decidimos a repasarlo con Él. Casi sin darnos cuenta estaremos respondiendo a sus llamadas en el huerto y metiéndonos en esa oración vigilante, sacrificada, que constituye nuestra forma de unirnos a Cristo Redentor.

Renovemos la gratitud a Jesús, porque nos enseñó de forma tan gráfica la importancia y el modo de rezar. ¡Qué inmensa la santidad y eficacia de esa larga y perseverante oración en el huerto, cuando Cristo renueva su confianza ya manifestada al Padre! ¡Qué gran elocuencia guarda esa reiteración de gestos y palabras en nuestro Redentor!: porque el amor perfecto de Jesucristo, manifestado a impulsos del Paráclito, se expresa de modo divino —¡y humano!— con las mismas frases. En el lenguaje de los que se aman ¡qué bien suena la delicadeza afectuosa con que se repite el nombre del otro!

Una oración perfecta

7. Los Padres de la Iglesia —hombres de vida santa y de doctrina insigne— han meditado y saboreado con hondura las palabras y los gestos de Jesús porque guardan abundancia infinita de Amor aun los más pequeños, incluso los que pudieran parecer indiferentes a una mirada superficial. En eso imitan a la Virgen María, que conservaba en su corazón todas las cosas que vivía junto a Jesús, *conferens in corde suo*, sopesándolas en su oración. En nuestras meditaciones en el Huerto de los Olivos nos empeñamos en hacer nuestra esa tradición de mirar con amor cada frase, cada acción de Jesús.

Él, en su oración, planteó a Dios Padre la posibilidad de que no tuviera que beber aquel cáliz tan amargo: *que pase de mí este cáliz*. Al mismo tiempo y con idéntica continuidad, durante aquellas largas horas, repetía incansable, en medio de una atroz angustia: *pero no se haga mi voluntad, sino la tuya*. Ahí ha mostrado cómo debe cuajar nuestra petición: ¡sincera!, poniendo bien al descubierto el yo, suplicando a Dios con insistencia lo que nos apremia, lo que juzgamos que nos conviene, mientras nos abandonamos enteramente en sus manos, porque su Voluntad apunta al verdadero beneficio, aunque se aparte de nuestro esquema.

Al paladear este diálogo entre Jesucristo y su Padre del Cielo debemos romper en acción de gracias, pues revela con inmediatez sorprendente que tenemos un Dios que se acerca a los suyos con una proximidad que jamás pueden imitar los dioses que inventamos los hombres.

Cuando se levante la tempestad en el alma, acudamos confiadamente al Señor para urgirle, sin temor ni fatiga, a que nos libere de esa prueba, pero sepamos sujetarnos a su designio.

El primer ruego de Jesús fue oración perfecta, de valor infinito; exteriorizó cómo el cristiano debe afrontar la entrega:

hasta la inmolación del propio yo en su radicalidad, cuando sea necesario. Jesús expuso al Padre lo que experimentaba en su alma, renovando la oblación de su vida, y acomodó su voluntad humana y sus sentimientos de hombre perfecto a los planes divinos.

¡Qué extraordinaria grandeza la de Nuestro Señor! Si no hubiera procedido con esta lógica, que nos ayuda a entender que es normal que la voluntad y el cuerpo se resistan al dolor y al sacrificio, no habríamos ni siquiera percibido que fue absoluta su entrega. Esa resistencia a la Cruz, esa petición al Padre de que aleje el cáliz que ha de beber, constituye una revelación del amor que Dios nos otorga al someterse a la Cruz, de la hondura insondable del pecado, de la exigencia total de la entrega.

Identificarse con la Voluntad de Dios

8. *Non mea voluntas, sed tua fiat!* (*Lc* 22, 42). Esconde esta súplica mucho más que un acatamiento rendido y generoso. Desde luego, esa conclusión rebosaba el amor de Jesús al Padre en el Espíritu y, además, alcanzó a identificar las dos voluntades con una sintonía plena. Jesús, en su reflexión, concluyó de modo ejemplarmente terminante que sólo cuenta la Voluntad del Padre, y así procedió.

No se trataba de una cuestión de compromiso, como tantas veces nos ocurre a nosotros: ¡no!, la Voluntad del Padre se hizo tan cabalmente suya que luego —durante la Pasión y Muerte— no se retiró ni se resistió a que se consumara en su plenitud. Más aún, cuando alguien pretendió aliviar sus dolores, ofreciéndole un pequeño sorbo de vino mezclado con hiel, Jesús no lo aceptó (cfr. *Mt* 27, 34).

Importa que nos detengamos en esta impresionante sujeción del entendimiento y de la voluntad de Jesús a la voluntad del Padre, que es el fruto triunfal del combate de la oración de Cristo. Contemplemos de nuevo a Jesús en Getsemaní. Dice la Carta a los Hebreos —como ya hemos citado— que pidió al Padre que le salvara de la muerte... y que fue escuchado. Qué extraña forma de escucharle, podríamos pensar, al mirar a nuestro amado Señor cargado con la Cruz, camino del Calvario. Pero eso indicaría que no habríamos entrado en el misterio y en el mensaje de la oración de Jesús en el huerto. Porque Jesús fue escuchado, ciertamente. Lo observamos en la segunda plegaria que nos transmite san Mateo. El Padre le atendió y le habló. El Maestro, que se veía abandonado en su abatimiento —abandonado de sus amigos, en los que quiso encontrar refugio—; el Maestro, en su soledad y en su agonía, «sintió» dentro de su alma humana el Amor del Padre —*Abba*— que le oía; del Padre que le consolaba y le estrechaba en sus brazos, a la vez que le manifestaba que era necesario afrontar «la hora», beber «el cáliz», ser entregado a la Pasión y a la Cruz... Se cumplieron de manera impresionante las palabras del salmo: *olas de muerte me envolvían, me espantaban las trombas de Belial, los lazos del seol me rodeaban, me aguardaban los cepos de la Muerte. Clamé a Yahvé en mi angustia, a mi Dios invoqué; y escucho mi voz desde su Templo, resonó mi llamada en sus oídos* (Sal 18, 5-7).

Buena lección para que asimilemos, ya para siempre, que toda petición que parta de nuestra comprensión de las cosas y de los deseos de nuestra voluntad ha de elevarse a Dios, ciertamente, pero con la persuasión sólida de que el camino de la plenitud y de la felicidad no es «lo que yo imagino, o lo que yo quiero», sino lo que ve y quiere el infinitamente Bueno y Misericordioso. Y cuando en el combate de la oración, por la misericordia de Dios, «concluimos» que su Voluntad se nos muestra otra distinta de lo que pedíamos —como ocurrió al alma humana de Jesús en Getsemaní—; entonces, cuando eso suceda, la nueva luz con la que aparece la Voluntad de Dios nos hará comprender que hemos sido escuchados y que la prueba, como en Jesús, será encontrarnos robustecidos con fuerzas que no teníamos para cumplir aquello que rechazábamos. Nos consta que en Jesús, en medio del sufrimiento indecible, su voluntad humana, desde el primer momento de la agonía, como siempre en su vida humana, tomó partido por la Voluntad del Padre. Actitud que nos enseña a cultivar la adhesión a la Voluntad de Dios, desde las cosas más pequeñas, para estar mejor dispuestos cuando aparecen los tragos amargos. «Acto de identificación con la Voluntad de Dios: ¿Lo quieres, Señor?... ¡Yo también lo quiero!»[5]

Además, no hemos de olvidar, porque así entra en la economía cristiana de la gracia, que la Voluntad de Dios emerge muchas veces ante nosotros en las circunstancias de la vida ordinaria a través de la conversación con quien sabemos que puede orientar nuestra vida por los caminos de Dios, aparte de que la voluntad de Dios pide siempre como respuesta la obediencia de la fe. Tengámoslo muy en cuenta cuando damos nuestro asentimiento en asuntos que entrañan un problema serio, porque hemos de poner en juego la honra, el prestigio o el futuro; y cuando, aun obedeciendo, volvemos, quizá inconscientemente, a detenernos en razones o motivos para disentir. Incluso cumplimos lo que nos han sugerido, pero cribándolo con nuestro modo de enfocar la cuestión. Entonces, resulta evidente que no es total la obediencia, el sometimiento de la inteligencia y de la voluntad, porque nos falta la disponibilidad de acoger con plenitud y completo desprendimiento las luces de Dios, expresadas por quien nos asiste.

En nuestra plegaria, como aprendemos de la de Cristo, debemos cultivar un positivo y activo interés de amar y de cumplir la Voluntad de Dios, también cuando nuestro yo se resista: *fiat voluntas tua!* «Esta palabra de la Cabeza es la salvación de todo el cuerpo. Esta palabra ha instruido a todos los fieles, ha inflamado a todos los confesores, ha coronado a todos los mártires. ¿Quién, en efecto, podría superar los odios del mundo, las tempestades de las tentaciones, los terrores de las persecuciones, si Cristo no hubiera dicho a su Padre en todos nosotros y por todos nosotros: *cúmplase tu Voluntad*? Aprendan, pues, esta palabra todos los hijos de la Iglesia, rescatados a un precio elevado (cfr. 1 *Cor* 6, 20), justificados gratuitamente (cfr. *Rm* 3, 24); y cuando irrumpa sobre ellos el asalto de cualquier furiosa tentación, que recurran al auxilio de la oración más poderosa, para que, superando el temblor del miedo, sepan soportar el sufrimiento.»[6]

---

5. San Josemaría, *Camino*, n. 762.
6. San León Magno, *Homilía 7 en la Pasión del Señor*.

Trazó bien a las claras el Maestro cómo la oración nos vuelve capaces de cargar con el peso y las necesidades propias y de los demás. Gravaba tanto en el alma de Jesucristo el tremendo fardo de las ofensas de las criaturas, que el Hombre-Dios se resistía, pues aquello repugnaba a su santidad. Después se lanzó al acatamiento de lo que señalaba el querer divino, y extendió los brazos con gesto de Sacerdote eterno para abrazar y perdonar a la humanidad. También nosotros, a nuestro modesto nivel, podremos compartir esa experiencia de Jesús apoyados en una oración bien vivida y no hurtaremos el hombro ante el horizonte de la corredención.

Oración con el alma y con el cuerpo

9. Al demonio, como definió el Maestro diáfanamente, se le vence con la oración y el ayuno (cfr. *Mt* 17, 20), con la plegaria del alma y con la súplica de la carne.

En Getsemaní vemos realizada esa imprescindible directriz. Era la hora del poder de las tinieblas y —¡no podía ser de otra manera!— se alzó la fuerza de la oración del Dios-Hombre. Aquellas penalidades, enmarcadas en la angustia y en el sudor de sangre, reflejan la profundidad insondable de la súplica del Redentor, que intenta también remover a los discípulos.

Cristo, mientras se dirigía al Padre, penetraba con su intelecto humano, empujado por su omnisciencia divina, en el inconmensurable número de los pecados de la humanidad que había de poner sobre sus espaldas. Pero en su oración no contemplaba sólo de modo general esas ofensas: Él veía y sentía las de cada uno. Se daba en Jesús un capilar acercamiento a todos por la acción de su omnipotencia infinita, pero al pronunciar su *fiat* se avecina con su amor a cada alma y asume los insultos, desprecios o indiferencias, purificándolos con su amor. Aun con las limitaciones de nuestra pequeñez, atisbamos que su dolor era inmenso, porque estaba fundamentado en un amor sin límites; y, precisamente por eso, se acrecentaba el peso.

Los protagonistas de la unión mística, tanto en la oración unitiva como en la purgativa, quedan agotados por el esfuerzo; sin embargo, ninguno ha llegado al nivel de Cristo. Y es que el Redentor está en otro orden: en el nivel de la Unión Hipostática, que vuelve inconmensurable el misterio que contemplamos. Demos gracias a este Cristo suplicante que nos invita a considerar que en la oración hay que entregarse sin límites, a pesar de posibles dificultades, por justificadas que parezcan para aliviar el esfuerzo. Nada debe apartarnos de caminar tras el Señor, aunque este derrotero se nos antoje fatigosamente árido; avancemos persuadidos de que, como aseguraba san Josemaría Escrivá, «cuando se ama se reza, y cuando se reza se ama».

Ir a la oración para amar la Cruz

10. Aquella noche dramática de Getsemaní, pero intensamente amada, venía precedida de jornadas densas de contradicción, provocadas por los que no le entendían o hasta le odiaban; una etapa agotadora, porque Él no había eludido la generosa dedicación a todos, y en particular a los suyos, amándolos hasta el fin, sin límite de servicio. Después de la Cena, vivida con la intensidad que muestran los Evangelios, es de suponer que, incluso pensando humanamente, Jesús padecería un fuerte agotamiento y un gran cansancio, mucho mayores que los de los discípulos, que los hicieron patentes durmiéndose. Cabría pensar que, si quería librarse del complot que le urdían, lo más prudente era esconderse en algún lugar recóndito y tratar de descansar para estar ágil ante los posibles acontecimientos. En cambio, Jesús va al Huerto de los Olivos, como era su costumbre, conocida perfectamente por el traidor, y allí, en medio del cansancio y de la angustia que le sobrevienen, se adentra en la oración más profunda.

El contraste entre la atrocidad con la que debía enfrentarse el Señor y nuestras contradicciones, nuestros cansancios y nuestras penas no requiere demostración. Reconocerlo no significa que esas circunstancias nuestras no sean con frecuencia claramente duras y objetivas. Pero con qué facilidad tomamos un camino inverso al del Maestro ante la contradicción, la tribulación y el cansancio. A Él todo aquello le empujó a esa entrega total a la oración, que venimos meditando. La «hora» y el «cáliz» de Jesús (que provocaban su tristeza y su agonía) se decidían en la oración con el Padre desde la libertad del Hijo basada en el Amor: *nadie me quita la vida* —había dicho (*Jn* 10, 18)—, *sino que yo la doy libremente*. Nosotros, en cambio, en lugar de asirnos más fuertemente a la plegaria cuando surge la tribulación o el cansancio, lo tomamos —¡con tanta frecuencia!— como excusa, como atenuante e incluso como eximente para no emprender el camino de nuestro Redentor. Y dejamos la oración: estoy muy cansado..., tengo una sequedad total, no me sale una palabra... Cedemos a la tentación, a pesar del *vigilate mecum*, esa exhortación fraternal llena de afecto —¡y de exigencia!— de Cristo, Nuestro Señor.

Es ése el momento de reaccionar. Levantemos la mirada a Cristo que, turbado en la voluntad y en el cuerpo..., ¡ora!, y ¡vuelve a la oración! Roguémosle nosotros no pactar, al tiempo del dolor o de la prueba, con ninguna forma de dejadez o deserción de la piedad.

Decidámonos entonces a recurrir con más fervor a la oración perseverante para amar la Cruz: una Cruz —no lo olvidemos— que tiene siempre como fondo la gloria de la Resurrección. Convenzámonos de que, si queremos ir al Cielo, hay que andar por el camino de Jesús, que ahora nos mira y ayuda enviándonos su Espíritu desde esa gloria que tiene *ad dexteram Patris*. Por tanto, lo mismo cuando el alma y el cuerpo se sienten más inclinados a llevar ese peso santo, que cuando experimentan resistencia, hemos de responder ¡sí! a los requerimientos de orante vigilia que nos dirige el Maestro. Y allí, en oración, exponer sinceramente nuestra situación a la Trinidad, para estimar más la Santa Cruz, la de cada jornada, y abrazarla con alegría cuando el Señor nos la envíe. Porque el cristiano sabe muy bien que el sentido de la Cruz —lo que lleva a escribir «Cruz» con mayúscula— brota de la Resurrección gloriosa, que demuestra el infinito amor del Padre a la libertad entregada del Hijo. Lo explicaría el propio Jesús a los discípulos de Emaús: *¿No era preciso que el Cristo padeciera estas cosas y así entrara en su gloria?* (*Lc* 24, 26).

Abandonemos en las manos del Señor esta realidad por la que atravesamos las criaturas; y confiémosle que deseamos amar la Santa Cruz y esperamos que nos dé la gracia de corresponder con alegría y sin componendas a la llamada.

Getsemaní, modelo de nuestra oración

11. La agonía tremenda de Jesús en el huerto da norte y sentido a nuestros desasosiegos, intranquilidades e inquietudes. Son debilidades propias de la naturaleza humana que, en sí, no alejan de Dios, pero que pueden distanciarnos de Él, si no se encauzan debidamente. Por ahí quiso pasar Cristo, que tan cerca está de cada uno. No hay limitación que pese sobre nuestras vidas que Él haya querido soslayar en la suya.

Anhelamos la salvación, la paz, y perseguimos estos bienes ya aquí en la tierra. Si somos consecuentes, hemos de ir a la Fuente de la paz, al Dueño de la felicidad y de la salvación, para entrar en un diálogo que no sea circunstancial, sino reposado y permanente, lleno de confianza, suceda lo que suceda. Así procedió Cristo, que es la Verdad y el Camino.

Si la falta de paz, si la intranquilidad, se convierte en característica habitual de nuestra vida, puede constituir una señal clara de que no nos refugiamos en Dios, que no le permitimos que entre de verdad en nuestra existencia, siendo así que «cuando Dios te visite sentirás la verdad de aquellos saludos: la paz os doy..., la paz os dejo..., la paz sea con vosotros..., y esto, en medio de la tribulación».[7]

La oración de Cristo en el huerto traza un surco diáfano que expresa cómo debe tejerse nuestra conversación con Dios: filial, confiada y colmada de fe, esforzada, perseverante. En Getsemaní, la agonía de Cristo va *in crescendo* porque sabía que era llegada «la hora» y que el Príncipe de este mundo atacaría con su horrible tentación, más fuerte que en

---

7. San Josemaría, *Camino*, n. 258.

el desierto, y que pretendía asestar el golpe definitivo, pues buscaba apartarle de cumplir la Redención del hombre, presentándola como imposible, mostrándole el mundo de todos los siglos terrenos con su inacabable reata de pecados y de maldad. Jesús, como en el desierto, venció al Maligno apoyándose con más fuerza en la oración: *adorarás al Señor tu Dios, y a Él sólo servirás* (*Lc* 4, 8), había dicho a Satanás, y se lo repetiría a Sí mismo, con afirmación de Amor.

Nadie ignora que en esta vida nuestra, también por el amor humano noble y limpio, hay que prescindir de trozos de sentimientos, de carne, de carácter: lo exige el auténtico querer, que crece unido al sacrificio gustoso, que no por esto pierde su carácter de prueba, de renuncia, en ocasiones seria. Con más motivo se ha de arrostrar ese peso por el amor del Cielo.

El dolor de Cristo, vida del cristiano

12. Grande e ilimitada se revela la misericordia del Señor; absoluto su interés por los hombres; imponente y sumamente acogedor su amor hacia las criaturas. Nos ha concedido la oportunidad de contemplar su oración en el huerto y nos quedamos pasmados ante esta tragedia de amor que atrae profundamente al corazón humano. Faltan palabras para explicarla, aunque crece en nosotros la impresión de que el Salvador es un Dios que nos comprende sin reparos, un Dios —¡el único!— que se empeña con infinita potencia en sacarnos del mal y en inundarnos de bien.

Verdaderamente, se alza amable el sufrimiento de Jesucristo: en ese dolor santo queda bien al descubierto su generosidad total con nosotros: sólo busca nuestra felicidad. El drama de Cristo es también nuestro, puesto que lo hemos provocado. Por eso, la meditación atenta y agradecida nos invita a una rectificación de conducta, de manera que, con nuestras obras llenas de fe y de amor, evitemos que le embargue tanto oprobio.

Mirando y admirando a Jesús en Getsemaní, no hay más remedio que concluir que el Maestro, como nos dijo, es Vida: Vida eterna en Él, y Vida eterna a la que nos llama. Jesús no sufre para hundirnos o para distanciarnos de Él y de su doctrina, y mucho menos para humillarnos; sufre con amor, mostrándonos que anhela ardientemente nuestra salvación y nuestra paz y felicidad en la tierra. Duele el padecer de Cristo: ¡no cabe alternativa en una conciencia normal!; y a la vez, ¡qué alegría traspasa el alma!, pues Él abre siempre hacia nosotros su misericordiosa comprensión, si luchamos por salir del mal y anclamos en Él nuestra esperanza.

¡Qué admirable el amor de Nuestro Señor Jesucristo!: su intensidad divina y la capacidad de derrocharlo por sus hermanos. Nunca lograremos hacernos cargo plenamente del mal que hemos cometido los hombres a lo largo de la historia. Jesús, que percibía con toda claridad esa mole de inmundicia arrojada contra Dios, se hunde sobrecogido porque su perfección de inteligencia, de amor, le lleva a penetrar del todo en la degradación que hemos admitido las criaturas. Pero a tanta maldad, que le agota en el alma y en el cuerpo con un padecimiento indescriptible, responde con esa plenitud de amor, tan inmensa, que borra esa catarata de miseria: *Hombre, tus pecados te son perdonados* (Lc 5, 20).

Luz y fuerza de la oración

13. En ese recogimiento duro, costoso, que precisa la asistencia de Dios Padre, Cristo emprende el camino de su triunfo final. Impulsado por el Espíritu Santo, se adhiere completamente a la Voluntad del Padre como única solución —la más perfecta— para salvar a sus hermanos los hombres. En esa plegaria se renovó el tono con que había hablado a los discípulos poco tiempo antes: *he deseado ardientemente comer esta Pascua con vosotros* (Lc 22, 15); y se reafirmó en aquel *habiendo amado a los suyos que estaban en el mundo, los amó hasta el fin* (Jn 13, 1).

Cabe preguntarse: si ya había tomado estas resoluciones, ¿por qué esta zozobra angustiosa en el coloquio preparatorio de la Pasión? Ya hemos apuntado, en páginas anteriores, diversas consideraciones sobre el tema. La Trinidad Santísima quiso que Jesús, para revelarnos hasta el límite el Amor de

Dios al hombre, llegase también hasta el límite de la debilidad humana, hallándose metido hasta el fondo de la «tentación» en manos del Maligno. Jamás agradeceremos suficientemente al Evangelio que nos haya mostrado al Redentor con esta perplejidad interior en la voluntad humana, que no supuso desentendimiento ni rechazo de los planes divinos; y, sobre todo, esa gratitud porque nos lo haya hecho ver luchando y venciendo la tentación (y animando a sus discípulos a no caer en ese mal).

Por la perseverancia en la súplica, la voluntad humana de Cristo penetró hasta las raíces más hondas de los designios divinos; y lo que antes era motivo para invocar otro sendero, se convirtió en identificación absoluta con los planes de Dios Padre.

La perseverancia en la oración lleva a rogar que se nos concedan luces para descubrir lo que Dios quiere y cómo lo quiere, y fuerza para amarlo, precisamente porque Él lo quiere. Vale la pena seguir en vela, aun cuando el alma esté a oscuras, aunque la voluntad se manifieste reacia y los planes resulten arduos. En esos contrastes de la plegaria personal podemos saborear —no es imaginación— el gran amor con que Dios nos trata, exigiéndonos una correspondencia fiel; y la capacidad de ejercitarnos en la más fina caridad, pisoteando, si es preciso con violencia, la soberbia o la rebeldía que se insinúa en lo más íntimo del yo.

Así comprenderemos que Jesús ha bajado a la tierra para mudar costumbres atávicas, sólidamente arraigadas en la colectividad y en los individuos, para lo que se requiere un esfuerzo serio y continuado, que suele ser rechazado, despreciado o no tenido en consideración por los que están implicados. Cristo vino, en efecto, para renovar la mentalidad de la humanidad caída, de los hombres y mujeres sujetos a las secuelas del pecado, que no sólo había debilitado nuestra naturaleza sino que nos había engañado, falseando la felicidad y la libertad con las más penosas ataduras. El Maestro fue signo de contradicción para tantos pecadores que observaban cómo aquel Rabí que operaba milagros rechazaba de plano cualquier ofensa de la criatura al Creador; fue signo de contradicción también para los tibios y los «medias tintas», incapaces de entender y de asimilar las enseñanzas del Maestro por su egoísmo, por su sensualidad o por su cobardía; fue, en fin, signo de contradicción para aquellos doctores de la ley y fariseos que se implantaban en sus privilegios y exigían a los demás el comino y la menta (cfr. *Mt* 23, 23).

Con tanta dureza creció el rechazo hacia Él, que provocó el llanto de Jesús ante Jerusalén (cfr. *Lc* 19, 41). Si un Dios perfecto y perfecto Hombre se asombró ante la cerrazón de la humanidad, los cristianos no podemos extrañarnos si, por servirle, levantamos parecida polvareda y se nos recusa y margina, como si se volviera a rechazar a Cristo. Por eso, con Él y como Él, hemos de ganar desde la oración las batallas de la evangelización y los combates que lleva consigo.

Con la carga de toda la humanidad

14. Jesús, en la oración de Getsemaní, prolongaba la mantenida en la Última Cena como Sumo y Eterno Sacerdote. Movido por el Espíritu, dirigió su plegaria al Padre y, en su plena, sacrificada e indiscutida aceptación de la Voluntad del Padre, estuvo rogando por la humanidad, los hombres y mujeres de todos los tiempos. La profundidad de su oración alcanzó divinas honduras.

Por eso hemos de conceder importancia a los más pequeños extravíos de las potencias del alma, a las indiferencias leves, pues Cristo asumió en su plegaria el descuido entero de los hombres, junto con el desamparo en el que le dejaron los apóstoles. Una gota de su sangre habría sido suficiente para la redención; pero prefirió cargar con nuestras faltas para que, lavadas por su dolor, participásemos activamente de la Vida que nos trajo la Redención. Se palpa la importancia de no perder la dimensión trascendente de la conducta humana alimentada por la gracia, porque el Señor está ofreciendo la impresionante posibilidad de elevar al orden sobrenatural todo lo que nos ocupa —lo pequeño y lo grande—, respetando siempre nuestra libertad.

De la plegaria del Maestro en el huerto, que tratamos de

meditar devotamente, se desprenden enseñanzas sin cuento. Adhiriéndose a la Voluntad divina con su voluntad humana, Jesús puso sobre sus hombros nuestra existencia, desde el nacimiento hasta la muerte; y nos tendió su mano en cada instante y para cada acción. Con esta proyección se comprenden mejor tantas cosas de la vida cotidiana del hombre; por ejemplo, el amor humano limpio, que desciende a los detalles para servir a la persona amada; el trabajo bien acabado, el interés por las almas, etc.

Cristo se detuvo en Getsemaní a meditar la carga de la ofensa de la humanidad, y de cada vida personal, para que nos sepamos enteramente amados. No es imaginación: cada aliento fatigoso fue expirado por mí, puede exclamar a ciencia cierta la criatura; cada palabra la pronunció por mí; cada síntoma de abatimiento y de cansancio fue experimentado por mí; afrontó por mí cada segundo de insistencia en ese diálogo —ardiente, sí, pero extenuante—; ofreció por mí el dolor físico y la incomodidad de rezar arrodillado sobre la rugosa piedra. ¿Por qué nuestra respuesta es tan torpe y tardamos tanto en reaccionar? Fijémonos en nuestra personal miseria, depositada en Cristo, y descubramos que ese fardo no nos alejará más de Él, si nos ofrecemos con Él a Dios Padre a impulso del Espíritu Santo.

A distancia de dos mil años, tocamos la fuerza inmensa de Getsemaní. Si no se hubiese desarrollado ese diálogo de modo tan divino y tan humanamente intenso, la pobre inteligencia humana no habría sido capaz de caer en la cuenta. Importa mucho que, a tono con la petición que dirigió a sus apóstoles, y de modo especial a los tres que le acompañaron más de cerca, incorporemos nuestro ser y quehacer a la plegaria de Cristo.

Ahondar en la respuesta humana de Dios

15. Meditando la Pasión del Señor solía decir san Josemaría: «Cuando te miro y te veo más Hombre, Hombre perfecto, te veo más Dios.» No hay persona en el mundo que, ante el panorama tenebroso del pecado, donde impera el egoísmo y el

olvido de todo verdadero bien, no se sienta, al menos, desconcertada. Cristo se quedó triste y abatido, con un dolor que abarcó su cuerpo y su alma. Nos amó tanto que acogió sobre sus espaldas esa mole monstruosa de maldad. «Jesús, ¡qué bueno eres!», insistía también este sacerdote santo, porque nos pone bien cerca de los ojos cuánto le hemos costado, cuánto le costó a Jesús la Santa Cruz, que amó ardientemente.

Desde que pisó el suelo de Getsemaní empezaron a cumplirse las palabras del profeta: no hay dolor como su dolor (cfr. *Lm* 1, 12). Nos asombra la fortaleza de algunas personas ante penosas tragedias humanas y morales, y comentamos que es encomiable su reciedumbre, mientras comprendemos las rupturas psíquicas y físicas de tantos. Eso mismo, multiplicado por la inconmensurable malicia del pecado, lo ha soportado Cristo, como Hombre, y sólo se explica que no se haya desplomado por el misterio admirable de que la naturaleza humana estaba personal e indisolublemente unida a la Persona divina del Verbo.

Le estamos rendidamente agradecidos porque ha evidenciado cómo le afecta el dolor, el cansancio, la soledad, el desprecio, y cómo, por tener la Vida de Dios, superó tan ingente prueba. Ahondemos en su respuesta humana bien colmada de fatiga, aprisionada por un peso superior a toda capacidad de aguante.

Si no hubiera reaccionado así, no podría ser un modelo del que aprender, ya que no hay quien pueda permanecer indiferente ante el Sacrificio que se le pidió. En cambio, porque transformó en oración su dolor y su agotamiento, entendemos que, al discípulo fiel, tampoco le faltará la dificultad y el gozo de la Cruz. A veces se nos antojará superior a nuestras posibilidades; pero si la afrontamos con la gracia, con la asistencia que Él nos ha prometido al asegurarnos que no nos dejará jamás solos (cfr. *Jn* 14, 18), sabremos y podremos expresar nosotros también: *non mea voluntas sed tua fiat!* (*Lc* 22, 42).

Plegaria a Jesús orante

16. En Getsemaní, Nuestro Señor Jesucristo tuvo en su agonía como una concentración anticipada de todas las ofensas y dolores que iba a recibir, desgranados uno a uno, a lo largo de su Pasión y Muerte. Jesús ha sufrido sin límite alguno; tanto, que no se ha verificado dolor como su dolor en la historia de la humanidad (cfr. *Lm* 1, 12). Sufrió porque quiso, dando cumplimiento a la decisión trinitaria: ésta fue la Voluntad del Padre, del Hijo y del Espíritu Santo. Nuestro Señor Jesucristo no sólo afrontó la Pasión como acto de su Voluntad divina, sino que la asumió con su voluntad humana y se identificó plenamente con esa decisión, con hambre grandiosa de llevarla a cabo. Su amor coincidía con su querer, capaz de las más inefables acciones, que nos pasman, pero que sólo conocemos en esta tierra muy parcialmente. Y el sufrimiento, que corrió paralelo a su amor, resultaba inabarcable; fue un dolor enorme porque lo acogía ardientemente con su perfección de Dios y de Hombre perfecto.

Jesús nuestro, cámbianos el corazón, la inteligencia y la voluntad para que no permanezcamos insensibles a tu padecimiento y vigilemos contigo. Nos proponemos sufrir y amar; penar y darnos; compungirnos y reparar por nuestros pecados y por los pecados de todos.

Te contemplamos mientras rezabas en tu vigilia perseverante de oración y sufrimiento; y agradecemos que lo cumplieras por cada alma —una a una— de todos los tiempos. Haz, Jesús nuestro, que entremos en Ti y te permitamos entrar enteramente en nuestro pobre yo para que renueves nuestros sentidos y potencias y poder así entregarnos por completo a los demás.

Nos admira, nos edifica y nos consuela la riqueza de tu dolor, porque entendemos cuánto nos amas, aunque nos resta mucho por profundizar. Nos llena de asombro tu capacidad de darte y que, conociendo nuestra poquedad, sugieras que te imitemos. Nos proponemos hacerlo, Maestro; más aún, deseamos hacerlo, Redentor nuestro. Concédenos gracias operativas para sacrificar el yo, para vigilar contigo.

Otórganos también, Jesús, ese interés real —¡tan tuyo!— por cada alma, de modo que nadie nos resulte ajeno ni extraño, y nada de los demás nos sea indiferente. ¡Cuánto camino nos queda por recorrer!

Estamos convencidos, Jesús, de que sólo siguiéndote por el camino que Tú señalaste a tus discípulos —la Cruz de cada día— tendremos experiencia viva —también de manera cotidiana— de la alegría de tu Resurrección.

CAPÍTULO VIII

Y se apartó de ellos como a un tiro de piedra y, de rodillas, oraba diciendo: Padre, si quieres, aparta de mí este cáliz; pero no se haga mi voluntad, sino la tuya. Se le apareció un ángel del cielo que le confortaba. Y entrando en agonía oraba con más intensidad. Y le sobrevino un sudor como de gotas de sangre que caían hasta el suelo (*Lc* 22, 41-44).

La narración de san Lucas

1. En nuestras meditaciones anteriores hemos contemplado la oración de Jesús en el huerto siguiendo el relato de san Mateo, que hemos tomado como guía y que es tan semejante, en su decurso narrativo, al de san Marcos. A san Lucas, claro está, hemos acudido con frecuencia, según los contextos. Pero en esta octava meditación, el Evangelio de san Lucas será la fuente y la guía de nuestra contemplación del misterio. Nos detenemos ahora en lo que podríamos llamar las «peculiaridades» de san Lucas, es decir, en aquellas noticias sobre la noche de Jesús en el huerto que conocemos sólo gracias al evangelista-médico. Emprendamos con amor este nuevo paso contemplativo, empujados por el deseo —creciente en nuestras almas— de no perder el más mínimo detalle de aquella sublime y misteriosa ocasión.

San Lucas no se para en el grupo de los tres discípulos que acompañan más de cerca a Jesús y, en consecuencia, no nos presenta el desarrollo de la oración del Maestro con las interrogaciones en las visitas a esos tres apóstoles. He aquí los dos polos de su relato: el Señor en la agonía de su oración, de una parte; y, de otra, los once apóstoles, que se quedaron detrás a un tiro de piedra. San Lucas nos describe el diálogo de Jesús con su Padre en una breve narración consecutiva; la que hemos anotado al comenzar este capítulo. El núcleo del misterio de Getsemaní, como no podía ocurrir de otro modo, es idéntico a los otros dos evangelistas, que hemos considerado más concretamente en nuestras meditaciones anteriores: el Maestro suplica al Padre que pase de Él ese terrible «cáliz» y, al mismo tiempo, su entrega total a la voluntad del Padre. Al tercer evangelista debemos la doble expresión «mi voluntad»-«tu voluntad»: *no mi voluntad, sino la tuya*, que manifiesta el nexo tan conmovedor —hasta en los términos— de la oración de Jesús en el huerto con la que el Señor enseñó a todos sus discípulos: «Hágase tu voluntad en la tierra como en el cielo» (*Mt* 6, 10).

Pues bien, en el seno mismo de ese diálogo impresionante, san Lucas aporta esas «peculiaridades» que nos disponemos a meditar. Brotaron de su pluma como fruto de la asistencia de lo alto que iluminaba la búsqueda que, personalmente, el evangelista realizó sobre los hechos testificados por la tradición (cfr. *Lc* 1, 1-3). Ahí se recogen, en el texto, esas joyas del Espíritu Santo: la primera, la presencia del ángel que bajó del cielo, mientras oraba Jesús, para confortarle; la segunda, la palabra «agonía», con la que san Lucas califica aquella turbación, angustia y tristeza que embargaba el alma de Jesús en el huerto y que ha pasado a ser la definitoria de todo el evento: la «agonía de Getsemaní»; la tercera, otra palabra, célebre también en la espiritualidad cristiana, con la que sintetiza el combate de la oración de Jesús: *prolixius orabat*, el Señor en medio de aquella agonía oraba —luchaba— *más intensamente*; y finalmente, junto a la intensidad de la oración, la intensidad del sufrimiento: el evangelista-médico nos relata que a Jesús, en la agonía, *le sobrevino un sudor como de gotas de sangre*.

No salimos, pues, de esa oración y nos disponemos a retomar los mismos temas que hemos ya considerado, pero ahora a la luz de estas nuevas palabras inspiradas, cargadas del mensaje de Jesús. Como las meditaciones anteriores, la de ahora será también un ir y venir de Jesús al alma, y del alma a Jesús. Primero, contemplarle, buscar su rostro, mirarle, verle vivir y entrar en agonía, adorarle: a Él y, con Él, al Padre en el Espíritu Santo. Y a continuación sacar enseñanza, penetrar su ejemplo, aplicarlo a nuestra existencia, examinarla para llegar a la compunción, a la conversión, al cambio de conducta que ha de tejerse con propósitos humildes y concretos.

La Trinidad Santísima en el misterio de Getsemaní

2. La narración de san Lucas guarda una especial capacidad para adentrarnos en cómo el misterio de Getsemaní manifiesta y confirma el misterio de la Trinidad, revelado gradualmente desde el comienzo del ministerio de Jesús. El Padre, con la misión del Espíritu Santo durante el bautismo en el Jordán, anuncia al mundo que Jesús de Nazaret es su Hijo amadísimo, en quien tiene puestas todas sus complacencias, su amor y, por tanto, su ser (cfr. *Mt* 3, 17; 17, 5). Misterio del que Jesús hablará a los discípulos de muchas maneras: les manifestó con toda claridad que Él es una misma cosa con el Padre (cfr. *Jn* 10, 30), y que les convenía que Él se fuera para que pudiera enviarles el Consolador, el Paráclito (cfr. *Jn* 16, 7). El Padre y, con Él, el Espíritu Santo muestran la imponente riqueza del amor infinito que los une con la agonía de Cristo en el huerto. Llegó a tal grado esa unión que lo que estaba separado de Dios —con una ruptura insalvable para los hombres— quedó subsanado por el padecimiento y oprobio que, lleno del Espíritu Santo, sufre libremente el Hijo de su Amor y es aceptado por el Padre.

Aunque tropecemos con la dificultad de penetrar a fondo en el misterio de Getsemaní, se vislumbra su contenido a través de una realidad muy humana: las personas que se aman en la tierra acrisolan su unión cuando surge en el horizonte una pena profunda y lacerante. Frecuentemente, en esos tiempos de más acuciante sufrimiento, se siente con vigor la importancia de sostener al amado que padece, y cristaliza así un amor más recio. Acuden entonces a la memoria, también como lenitivo, los momentos más felices de la propia unión, que fortifican la necesidad de afrontar en común las congojas, con la persuasión de que el querer mutuo hace más intensa la participación en la pesadumbre del que sufre, y éste se siente asistido por la inmediatez del amante que no le abandona, ni siquiera en los momentos en los que humanamente no cabe hacer nada.

La Trinidad quiso el dolor de valor infinito de Jesús Hombre para conseguir, con su bienquerer, que se cancelara la tremenda ingratitud del pecado nuestro, en cierto modo infinito por la perfección del Dios ofendido. La Trinidad Santísima —con su acción misericordiosa— nos invita así, en cada capítulo de la Pasión, a que nos adentremos en esa realidad del Cielo, bajada a la tierra para nosotros, porque en ese tiempo dramático se mantuvo con intensidad inefable el diálogo con que eternamente se aman el Padre y el Hijo.

La compañía de los ángeles

3. Jesús hace su oración en el huerto, según san Lucas, de rodillas. Nuestro Señor en Getsemaní ora al Padre postrado y en esa actitud adorante y suplicante se alza su clamor: *Padre, si quieres, aparta de mí este cáliz; pero no se haga mi voluntad, sino la tuya.* Plegaria que, según san Mateo y san Marcos, Jesús repetía perseverantemente, como ya hemos considerado. Fue en medio de esa oración filial y doliente cuando nos relata san Lucas que *se le apareció un ángel del Cielo que le confortaba* (*Lc* 22, 43). Un ángel que bajó del cielo y acude al Huerto de los Olivos: eso es lo que quiere decir san Lucas, no simplemente un símbolo de la ayuda del Cielo.

A partir de lo que hemos meditado en los capítulos anteriores, el ángel de que nos habla el evangelista podríamos situarlo en lo que hemos llamado segunda (o tercera) fase de la oración del Redentor. Es entonces cuando, según san Mateo, parece que el Padre ha «escuchado» a su Hijo amadísimo y le confirma que el camino de la Redención de los hombres es el «cáliz»: beber ese «cáliz» tan amargo, entrar de lleno en la «hora» de la tentación para superarla y vencerla. El amor del Padre se manifiesta en escuchar al Hijo, y en enviarle al ángel que le conforta, que le da fuerzas. Desconocemos en qué consistió la «fuerza» prestada por el ángel a Jesucristo. Pero, aunque no lo dice el Santo Evangelio, hemos de entender que son —hablando a lo humano— «fuerzas» a la Humanidad de Cristo, para llevar a cabo esa Voluntad del Padre que es el camino de la Redención. Fuerzas que toman la forma de apoyo, de compañía y consuelo al alma de Cristo, sumida en aquel angustioso dolor. Y del alma de Cristo redunda esa fuerza a su cuerpo.

Hay un lienzo del Renacimiento italiano que —a mi juicio— ha captado todo esto muy profundamente. Representa a Jesús orando en el huerto y al ángel que le conforta. El ángel no se apoya en el suelo sino que está suspendido en el aire —como descendiendo del cielo—, junto a la cabeza de Jesús, que se halla postrado en tierra con las manos unidas en oración. El ángel, pequeño en contraste con la recia figura del Redentor, nos trae la expresión de la ternura. Tiene su rostro vuelto hacia el de Jesús y su mirada y los gestos de su manos parecen como una intención de ayuda y de confirmarle: ¡Ánimo! ¡Es la Voluntad amorosa del Padre! ¡Es la salvación de la humanidad! Esa criatura que le conforta en aquel momento describe, al mismo tiempo, el símbolo de la potencia de Jesucristo en aquella «hora» en la que todo lo humano se ha vuelto contra Él. Y no mucho después, cuando se presente «el que me ha de entregar» y Simón Pedro (cfr. *Jn* 18, 10) inicie un intento de resistencia, Jesús, con plena serenidad, le dirá: *¿Piensas que no puedo acudir a mi Padre y al instante pondría a mi disposición más de doce legiones de ángeles?* (*Mt* 26, 53). *Acudir a mi Padre...* ¿Pidió Jesús al Padre la compañía del ángel ya que se la habían negado los hombres?...

Meditando sobre esta intervención en Getsemaní resulta en efecto inevitable que se escape el pensamiento a los discípulos dormidos. Jesús se dirigió a los tres para encontrar consuelo y cercanía, porque era *perfectus homo*, y el hombre, por razón de su naturaleza, de ordinario anhela, mientras le aflige el dolor, la compañía de sus semejantes, especialmente de los amigos. Jesús también procedió así y no recibió respuesta. Nos ha golpeado fuertemente esa soledad en las consideraciones anteriores. *Vino a los suyos y los suyos no le recibieron* (*Jn* 1, 11). Los suyos no son los ángeles. El Hijo eterno de Dios se hizo hombre, no ángel. Los suyos somos nosotros: los hombres y las mujeres, con los que quiso compartir la naturaleza humana. Y lo que no le ofrecen los hombres, ni siquiera sus amigos, se lo ofrendan estas criaturas celestiales, que se gozan en cantar sin tregua la felicidad de la Santidad divina, en la que conocen la grandiosa razón de su existencia.

Aquel ángel del Cielo debió descubrir en Getsemaní un insospechado horizonte de cómo la Santísima Trinidad ama a sus criaturas. Al ser testigo de tan preciosa entrega de su Creador, resonaría en su inteligencia —con un nuevo esplendor— el clamor angélico: *quis sicut Deus?*, ¿quién como Dios? Tan indescriptible se reveló la bondad infinita de Dios, que el ángel, que bajó para fortalecer y consolar, tornó al cielo asombrado de la fuerza con que el Redentor amaba al Padre y a la humanidad.

4. ¡Qué bondad la del Cielo con nosotros! No éramos aptos para entrar en posesión de la Vida divina, antes de que el Salvador nos abriera las puertas, y los ángeles, ya en el Nacimiento de Jesús, recibieron el encargo de anunciar al pueblo elegido que el Emmanuel había descendido a la tierra. Con esa tarea continúan ahora, aunque olvidamos con frecuencia sus mensajes. El ángel que acompañó a Jesús en el Huerto de los Olivos nos recuerda el papel de estas criaturas celestiales en la economía de la salvación.

Pensemos, ante todo, en el Ángel Custodio de cada uno de nosotros. Si por la flaqueza personal —¡tan acusada!—, nos vemos inhábiles para ir tras el Señor, en los momentos de nuestro Getsemaní individual o de la Santa Cruz que el Cielo quiera confiarnos, dirijámonos a tan buen compañero para que nos asista y nos empuje a la fidelidad. Nos atenderá en esas pruebas con seguridad y pericia, recordándonos oportunamente que Cristo consumió su vida por nosotros, y que con esos requerimientos que tanto nos cuestan nos está invitando a no abandonarle en el huerto y en el camino real de la Cruz.

Con la intervención de los ángeles, que tan hondamente impresa conservan la imagen de Cristo identificado con la

Voluntad del Padre, aunque su cuerpo estaba deshecho, también nosotros sabremos poner el corazón, la voluntad y la inteligencia *ubi vera sunt gaudia*,[1] donde se encuentran los verdaderos goces. Roguemos a estos fieles Custodios que nos mantengan en vela, aunque todo y todos, a nuestro alrededor, se suman en el sueño. No pasemos nunca por alto el auxilio que nos tienden.

Un segundo punto. Los ángeles están siempre en la presencia del Señor y, por eso, guardan una peculiar relación a todos los Sagrarios del mundo, en los que se reserva la Sagrada Eucaristía. Estos Tabernáculos son el centro de cada templo cristiano y constituyen por sí mismos un foco de atracción para todos los creyentes. Desplazarnos físicamente al templo para adorar a Cristo en el Sagrario, cuando nos resulte factible, debería ser algo muy presente y necesario en nuestra vida ordinaria de cristianos, como debería serlo también el hábito de trasladarnos —con la imaginación y con el amor más intenso— al lado de este don infinito que es Cristo presente en la Hostia Santa. Si tratamos a nuestro Ángel Custodio, él nos guiará hasta el Sagrario para orar y adorar.

Nuestro Dios nos ha dejado muy hacedero este dichoso deber, esta honra de ser sus íntimos, y desgraciadamente ¡con qué facilidad lo olvidamos! De nuevo, con vergüenza y con dolor, no nos queda más remedio que admitir que, como los apóstoles, también nosotros —los hombres y las mujeres de hoy— habríamos desertado vilmente en Getsemaní.

Acojamos con profundidad esta lección del Evangelio de san Lucas; aunque el Señor no precisa de nuestro ánimo, reclama ahora que no desaprovechemos la ocasión de manifestarle que no nos evadiremos. Espera la decisión firme de no negarle el consuelo de nuestra compañía, de la afirmación personal de nuestra fe a toda hora. Y el ángel de Getsemaní nos lo recuerda.

Mucho podemos aprender y admirar de estos seres, porque estamos convocados también a convertir nuestra vida corriente en una continua alabanza al Creador y Redentor. Supliquémosles que intercedan por nosotros y que nos alcan-

---

1. Misal Romano, Lunes de la V semana de Pascua, *Colecta*.

cen la ventura de asimilar que merece la pena gastar la existencia —sin recortes— en servicio de tan inigualable Dueño. Es misteriosa y, al mismo tiempo, fascinadora la misión de estas criaturas espirituales: dar gloria a la Santísima Trinidad incesantemente y, anclados en esta dicha, colaborar a que los hombres y mujeres gustemos de las cosas divinas y en éstas pongamos nuestro afán.

Getsemaní y la Comunión de los Santos

5. Quien se introduzca con ojos de fe en la oración del Huerto de los Olivos, difícilmente dejará de advertir los santos lazos que, con la venida de Jesucristo, unen el mundo con el Cielo. Lo confirman todos los pasos que hemos ido meditando, y ahora esa providencial presencia del ángel que consuela al Redentor. ¿Cabe en este drama imaginar la ausencia de la criatura angélica que, en veneración reverente, alaba sin interrupción a su Creador? En todo caso, el ángel de Getsemaní nos habla de esa realidad fundamental de la economía de la gracia que llamamos «Comunión de los Santos», esa misteriosa comunión de las tres divinas Personas con los ángeles y con los hombres que está en la esencia misma de la Iglesia fundada por Cristo.

Además, la asistencia a Jesús paciente confirma cómo los bienaventurados se llenan de felicidad por la oblación de los justos. Por eso, los cristianos, que nos sabemos hijos de Dios en Cristo, poseemos una firme y alegre certeza de la intercesión de quienes gozan de la Trinidad —ángeles y hombres—, y de modo más concreto de la de aquellos que nos han amado en la tierra. Aquí gastaron por nosotros al menos parte de su vida; y con más motivo su plena unión con Dios en el Cielo continuará atendiendo o protegiendo a quienes ellas y ellos sirvieron en el mundo.

Se despliega de forma admirable e inagotable el tesoro de esa fuerte unidad de la Comunión de los Santos. Si nos santificamos a través de cuanto realizamos mientras somos viadores, y esa tarea se caracteriza también por el corazón limpio con que queremos a los demás, carecería de lógica que esos amores, requeridos a los cristianos, se truncaran cuando las almas pasan de esta tierra al Cielo.

Regocijémonos por el amparo de quienes no estuvieron unidos por lazos de sangre, o de amistad, recemos por su eterno descanso y querámosles en justa correspondencia. Se dilatará así nuestra caridad y ahondaremos en el mandamiento de la Ley de Dios: amar al prójimo como a nosotros mismos. Percibiremos con gratitud la necesidad de los demás que nos apremia siempre, lucharemos para que no nos resulte indiferente ninguno, y no nos negaremos a prestar a los otros la colaboración más desinteresada. Al vislumbrar cómo Jesucristo nos ama y cómo desea que le correspondamos, se presenta con su esplendorosa luz el *mandatum novum* (*Jn* 13, 34), y la oración del Unigénito para que estemos unidos en Él, como Él está unido al Padre (cfr. *Jn* 17, 21-23).

Inunda de consuelo y de esperanza esta unión del Cuerpo Místico de Cristo. Con el auxilio de la gracia, no pondremos los ojos en una afirmación personal, sino en este Dios —Uno y Trino— que nos expone las grandes dimensiones que adquiere nuestro corazón si estamos en Él y con Él vivimos.

Mirando al ángel de Getsemaní, criatura del Cielo que atiende con amor a la Humanidad doliente de Jesús, se expresa de otro modo la comunión tan estrecha que trae consigo la gracia. ¡Qué alegría debería brotar en los corazones! Porque, aun siendo cada uno de nosotros tan poca cosa, no nos faltan las condiciones para esta posibilidad de dar consuelo a muchas personas y de sabernos queridos por quienes viven en Dios.

Como todo esto no supone en absoluto conquista nuestra, sino don misericordioso del Señor, alimentemos el santo orgullo de la fe católica y difundamos a nuestro alrededor esta *atadura* santa que —sin quitarnos la libertad— nos une estrechamente al Padre, en el Hijo, por el Espíritu Santo y a la humanidad de todos los tiempos.

¡Qué hermosa es nuestra fe católica![2] Es la Verdad de Dios, que Dios mismo, por medio de su Hijo, con la fuerza del Espíritu Santo, ofrece a todos los hombres. Por eso, el Hijo de

---

2. Cfr. san Josemaría, *Camino*, n. 582.

Dios, al querer que la fe palpite en nuestras almas, se acerca delicadamente por medio de nosotros a las gentes que no le conocen. Nunca ponderaremos suficientemente esta singular confianza de Dios en sus hijos, ni tampoco la gran responsabilidad que entraña; los cristianos somos portadores de una gran riqueza: la caridad y la unidad de Cristo. Podemos descubrir algo de esa grandeza al considerar cómo la caridad llena el alma y cómo al difundirla entre los demás, lejos de disminuirla o de perderla, aumenta en nosotros y en ellos. Cada momento de nuestro día abre espacio a ese ruego de Getsemaní: *vigilate!*, que refleja lo que Cristo hizo por nosotros.

La agonía de Jesús en el huerto

6. *Y entrando en agonía oraba con más intensidad.* Jesús está acompañado por el ángel, enviado de lo Alto, que le da apoyo y consuelo; Él, postrado en tierra, dirige su oración al Padre (cfr. *Jn* 18, 10), que ya le ha escuchado: es la segunda plegaria de la que nos habla san Mateo: *Padre mío, si no es posible que esto pase sin que yo lo beba, hágase tu voluntad.* El Redentor está en total obediencia y en la más completa concordia con la Voluntad del Padre: *no se haga mi voluntad, sino la tuya.* El Padre le ha «escuchado» y aparece, como muestra del amor del Padre, la compañía y el consuelo del ángel. Precisamente en esa situación, san Lucas relata que Jesús *entra en agonía.*

Agonía —ya lo dijimos— es la expresión de este evangelista para designar el indescriptible sufrimiento de Jesús en el Huerto de los Olivos y para comunicarnos que ese sufrimiento lo estaba viviendo en medio de un *combate*: eso significa *agonía*, la palabra griega original, que ha pasado a nuestra lengua castellana; define la pelea intensa, a fondo, con todas las fuerzas, en medio de una angustia mortal. Así actuó Jesús en Getsemaní. El enemigo con el que luchaba era Satanás, superado y derribado en las tentaciones del desierto, pero que, llegada la «hora» —el «momento oportuno» de que nos había hablado el propio san Lucas (cfr. *Lc* 4, 13)—, osaba otro ataque a Jesús con la «tentación» definitiva y terrible: de nuevo pretendía apartarle de la Voluntad del Padre, de su misión mesiánica, de la Redención. Nos conviene, sin embargo, considerar que la Voluntad del Padre comportaba, a la vez, para nuestro Redentor ese sufrimiento moral y físico, indescriptible, que le angustiaba, y en el que se apoyaba el tentador para desviar a Jesús. Era un combate «agónico», es decir, hasta el final, hasta la muerte: *Tristis est anima mea usque ad mortem* (*Mt* 26, 38). Y el Maestro lo afrontó con una única arma: la oración, una oración filial y totalmente adherida a la Voluntad del Padre, hasta la victoria final y la Redención del Género humano. La agonía de Jesús en Getsemaní fue el combate de la oración. Por eso, san Lucas nos describirá ese carácter «agónico» puntualizando que, en ese diálogo con el Padre, Jesús *prolixius orabat*: oraba cada vez con más intensidad.

Debemos ahora contemplar el mensaje, la llamada, la enseñanza que este modo de actuar de Nuestro Señor, abatido de manera tan fuerte en el huerto, tiene hoy para nosotros.

La agonía de Cristo y el morir de los cristianos

7. Jesús *entró en agonía* y oraba con mayor vehemencia. San Lucas nos presenta la actitud heroica del Redentor como entrega total de amor al Padre y de amor salvador a la humanidad pecadora, mientras se encuentra hostigado por la tentación. En esta misma línea se desarrolla la pelea por la santidad del cristiano consciente de su fe: *no es el siervo más que su señor. Si me han perseguido a mí, también a vosotros os perseguirán*. El Redentor traza, bien definidas, las pinceladas que componen el cuadro del comportamiento cristiano (*Jn* 15, 20). La vida se desenvuelve en una lucha noble por servir a Jesucristo, tal y como se nos revela con el ejemplo de tan buen Maestro en el huerto, con esa manera impresionante, en su dimensión agónica, guerreada hasta la muerte. Hay que repetirlo sin cansancio y sin rutina: los hijos de Dios, siguiendo al Señor, han de entablar sus luchas con filial oración; más aún, transformando la pelea de la propia existencia en combate de oración, con optimismo, con paz.

En esta perspectiva se aprecia qué rara y expresiva profundidad se esconde en nuestro lenguaje ordinario cuando, a esa fase terminal de la enfermedad en la que la persona se encamina a su propia muerte, la calificamos como *agonía*. Estamos cerca del enfermo, queremos visitarle, y nos comunica un pariente, el médico, una asistente: está muy mal, «ha entrado ya en la agonía».

Cada uno se encamina hacia la muerte. *Statutum est hominibus semel mori* (*Hb* 9, 27), todos atravesaremos ese umbral que —con esperanza segura— nos abrirá las puertas del Cielo para recibir el inefable abrazo eterno de la Santísima Trinidad. Allí contemplaremos para siempre la Esencia divina, en una felicidad inigualable que no cesará ya. Pero no olvidemos que el momento de la agonía —como toda existencia— es un combate que necesita apoyo y compañía —oración—, no de unos discípulos dormidos, sino de hombres y mujeres vigilantes que nos transmitan, como el ángel a Jesús, palabras de plena adhesión a la Voluntad de Dios. Con todo, ese instante lo afrontaremos en la más radical soledad, cara a Dios, cara al Padre del Cielo, y ya desde ahora pedimos que entonces sepamos unirnos más a Cristo en su agonía de Getsemaní para sentir así la fuerza del Espíritu Santo. No temamos ese momento porque Él nos sale al encuentro.

Precisamente por eso debemos prepararnos para ese término —¡que será feliz, si no nos separamos de Dios!— con una conducta cotidiana llena de oración. Cuando se acude a las autoridades de la tierra no se descuida el protocolo: pues… seamos consecuentes con lo que significa la cita sobrenatural a la que estamos convocados. En Getsemaní, Jesucristo repasa sus años terrenos y los mira con una incomparable proyección: dar gloria y satisfacción al Padre, en el amor del Espíritu Santo, ofreciéndose —por nosotros y con nosotros— como prenda que repara la caída.

El desgarrón de la muerte, con esa conducta trenzada por la oración, se convierte en un paso —todo dulzura y amistad— para abandonarse en las manos de Dios. El Maestro, en medio de aquella indescriptible tragedia, experimentó el gozo de que su Humanidad Santísima se aprestaba a recibir la plena glorificación celeste que le correspondía como expansión de esa intimidad filial, constitutiva de su Persona, con que gastó sus días en honor del Padre y con la que entonces se disponía a vivir la Pasión y la Muerte.

Su diálogo no era sólo súplica ni mera petición; penetraba totalmente en el designio eterno, volviendo al Padre con el asentimiento más absoluto, que cristalizaba en la conversación de su meditar a solas, Él con el Padre muy amado. Era esa intimidad y ese coloquio la forma con la que Jesús batía al tentador y rechazaba la tentación.

Hagámonos cargo de que toda alma prendada de Dios —ha sucedido a lo largo de la historia y sucederá hasta el final de los tiempos— desea adentrarse activamente, mediante las palabras y los afectos, en la unidad de la Trinidad Santísima, como el Hijo del Hombre en Getsemaní. Con qué anhelo querríamos aprender del abandono de Jesús. Pero erraríamos si lo tradujéramos como pasividad. Aquel abandono fue colaboración responsable en los planes divinos. No soportó estoicamente la carga; Jesucristo quiso y amó positivamente la Pasión y Muerte porque así lo había establecido el Padre celestial. El Redentor actuó con la certeza de que aquel designio era lo único que convenía a la humanidad: ¡cuántas gracias deberíamos dar a diario!

El Salvador acudió a esa cita, para la que venía preparándose desde que abrió sus ojos humanos, con la energía de su entrega cotidiana, que le hizo Hostia pura, santa, inmaculada, aceptable al Cielo.[3]

Conscientes del ejemplo del Señor, que se apresta al supremo Holocausto, y de que vivir es morir un poco cada jornada,[4] no descuidemos la costumbre de ponernos a diario en las manos del Señor, con la disposición de alma con la que nos gustaría combatir esa *agonía*, cuando llegue ese momento ineludible. Con esta práctica adquiriremos una visión más ecuánime. Porque, al final, el sentido de la vida quedará enmarcado por el tono sobrenatural conferido a lo que nos ocupa en cada instante.

---

3. Cfr. Misal Romano, *Plegaria Eucarística I*.
4. Cfr. san Josemaría, *Camino*, n. 737.

Valoraremos entonces en su dimensión trascendente los diversos pormenores del caminar terreno, y entenderemos que todo tiene importancia para Dios, como nos anunció al manifestarnos que ni un solo cabello de nuestra cabeza cae en tierra sin su consentimiento (cfr. *Lc* 21, 18). Y ya desde ahora entendemos, con una nueva claridad, que el combate optimista de la existencia debe centrarse en el combate de una oración, que a imitación de la de Jesús, queremos que sea progresivamente más intensa.

Rezar con más intensidad

8. Detengámonos ahora precisamente en esa intensidad de la oración de Jesús que san Lucas nos describe con la frase tan frecuentemente meditada por los cristianos: *prolixius*. Jesús *prolixius orabat*, oraba con mayor intensidad. ¡Qué hermosamente se complementan los evangelistas! Mateo y Marcos refieren que el Maestro repetía en el huerto las mismas palabras. Hemos admirado ahí su constancia y su perseverancia inquebrantable en la oración. Qué necesidad tan grande sentimos de esas virtudes para orar como desea el Espíritu Santo que recemos, sin desanimarnos por la sequedad o el tedio interior que sólo nos permite una palabra o una petición monocorde; pero que, merced a la constancia del Señor en el huerto, imitada por nosotros, se convierte en oración muy grata al Cielo. San Lucas, por su parte, nos describe la perseverancia del Maestro —en el clima de ese esforzado combate— como fruto de una manera de orar y de luchar que era cada instante más intensa. Es el mismo Espíritu Santo el que, al inspirar a los escritores sagrados, ha dispuesto que se narraran en el Evangelio estos detalles de la oración del Señor en el huerto. Son parte esencial del mensaje divino que hemos de escudriñar, para que no se repita en nosotros aquel doloroso: *in mundo erat (...) et mundus eum non cognovit* (*Jn* 1, 10).

Dios estableció que, a la hora de la prueba, atribuyamos valor primordial a la vida del espíritu, que transmite también vigor al cuerpo y al carácter. Aunque en torno al Salvador se abrió el vacío de sus hermanos, y se palpaba el sufrimiento de la Pasión, Él insistió con más profundidad en la plegaria: fue precisamente ahí donde percibió el consuelo y donde recibió la confirmación de cuál era la Voluntad del Padre. El orar *prolixius* muestra con qué entereza gozosa abrazó el querer divino. Su alma es el foco de donde los hombres recibimos la luz que nos orienta para alcanzar la salvación. Demanda Jesús que añadamos a su Sacrificio la purificación personal, abrazándonos a la Santa Cruz, que Él nos ofrece, aunque acogerla nos acarree un esfuerzo titánico y brote del yo una primera reacción de rechazo, que podemos seguir experimentando incluso después de haber aceptado ese encargo y de estar llevándola a plomo.

Jesucristo rezó en la esforzada oración de Getsemaní con asombrosa intensidad, tanto por el tiempo como por la dedicación de sus potencias. No existía otra actitud, porque no hay Cruz santa sin oración, ni oración sin Santa Cruz. Las dos se fundieron en el amor, que impulsó al Redentor, siempre con más fuerza, a conducirse como el Hijo muy amado, que cumplía sin fisuras el designio divino.

Repasemos nuestra conducta personal a la luz de ese *prolixius* de la plegaria de Cristo en el huerto. Quizá nos toca, por desgracia, reconocer que recurrimos a este trato con Dios sólo a la hora de la urgencia; y entonces, con prisa e impaciencia, emprendemos esa senda con la exclusiva finalidad de alcanzar lo que nos apremia. Pretendemos salir del atolladero para refugiarnos quizá en nuestra comodidad.

No iba en esa dirección el *prolixius* que testimonia san Lucas. Indica, por el contrario, el esfuerzo por asumir los planes del Cielo. La Pasión que se presenta ante el Señor requiere ese *prolixius*, porque hay que acatar la prueba con una adhesión que se adentra hasta lo más hondo de las entrañas, para que el alma y el cuerpo amen gustosamente ese Sacrificio.

La voluntad humana de Jesucristo desarrolló su plena capacidad para ejecutar fielmente cuanto el Cielo le reclamaba. Junto a la admiración ante este esfuerzo, llama poderosamente la atención la súplica vehemente y reiterada de su concentración física y espiritual para identificarse con los detalles y cargas de ese plan salvífico.

No lo deberíamos olvidar. Dios sale perseverantemente al

encuentro de las criaturas, proponiéndonos con su Providencia las sendas que nos dirigen a Él. Nos invita a comportarnos como protagonistas conscientes en el recorrido hacia la propia santidad, con el gran aliciente de que nuestra generosidad emplazará a otros para asumir —tras una conversión heroica, si es preciso— una postura auténticamente cristiana en su caminar hacia Dios.

Por lo tanto, si la vida del cristiano debe componer un tejido bien trenzado de oración, el compromiso de rezar y de marchar al compás de Dios ha de ejercitarse con mayor perseverancia en las ocasiones cruciales. En estas circunstancias, el *prolixius* sirve de cañamazo para hilar una conducta seria y coherente.

Oración heroica

9. Cristo no podía interrumpir su diálogo con el Padre, en el Espíritu Santo. La vida de Jesús, y la que ha señalado a los suyos, rebosa oración, que se acentúa en los momentos exclusivamente dedicados al trato con Dios Padre. Jesús *prolixius orabat*. Más larga y profundamente rezaba, en medio del dolor y de la prueba.

Prolixius: pone el Redentor en su plegaria, enteramente, todos sus sentidos y potencias, hasta el extremo de sudar sangre. ¿Aprenderemos de esa intensidad para nuestra oración? ¿Aprenderemos a no desertar cuando cuesta?

Prolixius orabat: si todo lo acabó bien (cfr. *Mc* 7, 37), si no hubo en Él la mínima falta y todo lo suyo fue del agrado del Padre (cfr. *Jn* 8, 29), ¡qué ardiente debió de brotar esa plegaria, cuando el evangelista le aplica el adverbio *prolixius*! El Espíritu Santo lo inspiró al autor sagrado, para que nos decidamos diariamente a atribuir importancia capital a la oración, y a la oración bien hecha, poniendo todas nuestras fuerzas en esa pelea de amor.

Se retiró para orar *prolixius*, intensamente, sin excusas de ningún género: de modo que el alma, sin anonimato, ni consuelos externos, se enfrentara cara a cara con Dios y siguiera el ritmo trazado por el Padre.

Oró *prolixius*, intensamente, en súplica por la humanidad. Cristo no podía fracasar, porque era —¡cs!— Dios, el Hijo eterno de Dios; tampoco podía fracasar como Hombre, porque secundó cuanto el Cielo había fijado.

Oró *prolixius*, intensamente, repitámonoslo, por la humanidad: para que cada uno en su oración diaria no se aleje del deber de corredimir, de crecer en ese diálogo, de no conformarse con un rezar simplemente piadoso: tiene que ser heroico. Y aunque a menudo nos asalte el sueño y sintamos serpear en el alma la cobardía, hemos de reaccionar una vez y otra, y seguir de nuevo a Jesús, quizá «de lejos, pero despiertos y orando. Oración... Oración»...[5]

Acicate para la esperanza

10. Las horas de Cristo en Getsemaní alumbran como un potente haz de luz para el cristiano. Decía santo Tomás de Aquino que la oración de petición era *interpretativa spei*.[6] La plegaria es efectivamente, en el hombre, la muestra por excelencia de su esperanza de ser escuchado y atendido por Dios. La oración del huerto, con ese acento tan peculiar de san Lucas en el combate agónico y en la intensidad de la oración, ilumina y fortalece la esperanza del cristiano que se expresa en una oración perseverante e intensa, dos rasgos del diálogo filial de Jesús que relucen de manera tan especial en el Huerto de los Olivos.

La perseverancia vigilante del Maestro nos interpela sobre el tono de nuestra meditación, que ha de jalonarse en la virtud de la esperanza durante la jornada. La Trinidad Santísima, como anuncia el Salvador, no se resiste a la petición que se abandona en su cuidado providente. La seguridad de que Dios no nos desampara, y nos brinda los medios necesarios para la santificación —aspecto fundamental de la esperanza—, se traduce en una recia constancia en la oración, que ha de construirse con generoso ahínco, como la de Jesús.

---

5. San Josemaría, *Santo Rosario*, I misterio doloroso.
6. Santo Tomás de Aquino, *Suma Teológica*, II-II, q. 17, a. 2.

El Maestro no necesitaba ampararse en la esperanza, pues su vida era amor perfecto de unión con el Padre, llena del Espíritu; pero nos abrió el camino para ejercitarnos en esta virtud santa, que alienta a recurrir sin desmayos a Dios. La esperanza motiva al alma para ser asidua en el trato con la Trinidad, convencida de que, ante la imposibilidad o la debilidad, el poder divino es el asidero para afrontar los problemas grandes o pequeños de la existencia. Esperar en el Señor, rezar con esperanza, entraña recurrir confiadamente a su refugio, como causa de salvación: *causa salutis æternæ* (*Hb* 5, 9). Este esperar en Él conduce al verdadero abandono, a ponerse gozosamente en sus manos, con la certeza de que su gobierno es la mayor seguridad.

Con una filial oración de esperanza en Dios se hace la luz en la inteligencia y en la voluntad, aunque sólo sea por la confianza en que nada se resiste al Señor, deseoso de escucharnos, pues su misericordia perfecta no se desinteresa jamás de sus hijos indigentes. Lo prometió con una fórmula sugestiva y eficaz, que ya hemos traído a nuestra consideración: ni un cabello de la cabeza cae sin su consentimiento (cfr. *Lc* 21, 18). Afirmar que la salida más airosa y firme en nuestra lucha radica en ese esperar en la gracia significa apoyarse en la Providencia, que sólo programa el bien para los hombres, aunque esté revestido de Cruz; pero ha de ser una esperanza activa, que busca al Señor con insistencia y no cesa de clamar porque aguarda su auxilio con toda seguridad.

Jesucristo se encarnó precisamente para recorrer nuestros caminos. Nada más revelador en esta línea que ver a Cristo hombre dirigiéndose al Padre para implorar su asistencia. Invoca, pide, ruega como nosotros, y le urge que pase esa angustia y se acabe esa mala hora. Divisamos hasta dónde llega esa confianza, pues en seguida, sin cesar de instar, ama ardorosamente la Voluntad del Padre.

Fomentemos en la vida interior la virtud de la esperanza, que viene a ser otro modo de estar con Dios, como aparece bien claro en la escena del huerto. La esperanza del cristiano nunca será indiferencia, sino recurso al Cielo para realizar con perfección cuanto se nos proponga. Una persona confiada alimenta la paz en sí misma y a su alrededor, aunque se alce grande el problema que deba afrontar, pues cuenta con la sólida base de que no se le escapará la victoria por la gracia divina.

Sudor de sangre

11. La angustia mortal que embargaba el alma de Jesús durante aquellas horas terribles tiene una impresionante expresión en el tercer Evangelio. En medio de aquella intensa oración agónica, a Jesús *le sobrevino un sudor como de gotas de sangre que caían hasta el suelo*. Más literalmente, como de *coágulos* o *grumos* de sangre. La palabra griega, transliterada a través de la medicina, ha pasado a nuestro lenguaje castellano ordinario: *trombos*, eso es lo que significa a la letra el texto de san Lucas, que, como bien sabemos, era médico y con frecuencia en sus dos libros —el Evangelio y los Hechos— alude a cuestiones médicas. El sufrimiento de Jesús en Getsemaní fue de tal magnitud y excepcionalidad que provocó este raro fenómeno: sudar sangre. Sangre de Cristo que brota en su rostro y cae sobre la tierra, sangre que es otra —o la idéntica— manifestación del «sí» renovado de Jesús al plan redentor del Padre y que se derrama ya en remisión de nuestros pecados, anticipando la Cruz.

¡Preciosa Sangre del Redentor! Fomentemos el anhelo de ahondar en este santo Sacrificio. Realmente contrista la dureza de corazón cuando no nos hacemos cargo de que nuestra conducta ha supuesto la Muerte ignominiosa de Jesucristo en el Madero.

Un sacerdote muy de Dios consideraba que los cristianos «hemos de llenarnos de vergüenza, porque también nosotros somos ahora el pueblo escogido por Dios Nuestro Señor, y ¡cómo nos portamos! Desde que recibimos el Bautismo, y el Espíritu Santo se aposentó en nuestras almas, somos —como enseña san Pedro— *genus electum*, linaje escogido; *regale sacerdotium*, un sacerdocio real; *populus acquisitionis*, el pueblo rescatado por la Sangre de Dios, *qui aliquando non populus, nunc autem populus Dei* (1 Pe 2, 9-10), que antes ni siquiera era un pueblo, y ahora es el pueblo de Dios. Somos los escogidos de Nuestro Señor y, sin embargo, hacemos sufrir a Cristo. En Getsemaní está pensando en la traición de Judas, en la ceguera de los sacerdotes y del pueblo de Israel, sí; ¡pero contempla también tus traiciones y las mías! Es tan grande su dolor, que le sobreviene un sudor como de gotas de sangre que chorrean hasta el suelo. Los médicos afirman que esto puede ocurrir sólo cuando el sufrimiento es inmenso. Jesús suda sangre por amor nuestro, hijos míos. Y todo esto, ¿por qué? ¡Por la enormidad de nuestros pecados!, ¡por la ruindad de nuestras miserias!, ¡por la bajeza de nuestra deslealtad!

»Sin embargo, por grande que sea nuestra vileza, hemos de considerar que una sola gota de la Sangre de Nuestro Señor Jesucristo podía borrar nuestros pecados, y todos los que se han cometido y se cometerán a lo largo de la historia, comprendido el de Judas. Por eso recuerda san Pablo: *empti enim estis pretio magno* (1 Cor 6, 20), habéis sido comprados a gran precio; habéis costado toda la Sangre de Nuestro Señor Jesucristo, cuando hubiese bastado una sola gota... Si Jesús, previendo su Pasión, permite que la parte afectiva de su alma sufra hasta el extremo de provocar el sudor de sangre, es para mostrarnos la magnitud de nuestros pecados y el exceso de su amor infinito».[7]

Cualquier persona de bien que observe con objetividad los platillos de la balanza de la salvación personal, ganada por Jesucristo, no puede por menos de asombrarse ante el contenido radicalmente opuesto de ambos. De un lado, las maldades de la humanidad, que no seríamos capaces de exponer, aunque nos dedicáramos a tan triste tarea durante toda la existencia: esta penosa realidad constituye un índice de la gravedad horrible del lastre que hemos echado sobre las espaldas de Cristo. De otro lado, en el platillo que nos redime, apreciamos el peso santo de la misericordia divina, que viene a confirmarnos que el Señor, ante los pecados, se acerca más a cada uno, y nos ama más porque nos ve más necesitados. Como escribió san Agustín, «todos los hom-

---

7. A. del Portillo, Notas de la predicación, 9-IV-1977.

bres (...) pudieron venderse a sí mismos, pero no fueron capaces de redimirse. Llegó el Redentor y pagó el precio: derramó su Sangre, y compró con esa Sangre el orbe de la tierra».[8]

Verdaderamente, apena comprobar que, con un discurso necio y malvado, las criaturas seguimos optando por la ruina personal. Al pecar, al no rechazar decididamente el pecado, escogemos la soledad más amarga, como si no deseáramos la amistad de Dios. Por desgracia, aunque sintamos dolor por las miserias personales, cada una y cada uno tiende a comprenderse, a autojustificarse, aduciendo el peso del ambiente, el cansancio, la debilidad... Bien nos consta que «esos motivos» no pasan de excusas vanas, pues difícilmente nos detienen esos obstáculos cuando nos empeñamos en lograr algo que nos apasiona de veras; y nada debería apasionarnos más que la santidad, el afán de estar siempre con Cristo.

Con igual propiedad, se nos debe aplicar la descripción de Israel que Yahvé pone en boca del profeta: *pueblo de dura cerviz* (*Ex* 32, 9). Contemplando a Jesús en Getsemaní, que suda de dolor goterones de sangre, ¿qué más cabría pretender de Dios? ¡Nada! Pero nos afecta poco ver que suda sangre; un fenómeno que sólo extraordinariamente se verifica entre las criaturas, motivado por el propio sufrimiento; en cambio, Jesucristo asume un dolor que tiene su origen en causas completamente ajenas. En Él no había espacio para el pesar, ya que era impecable (cfr. *Jn* 8, 46); tampoco para la pena. Sabemos —basta leer el Evangelio— que vino a servir (cfr. *Mt* 20, 28) y que todo lo hizo bien (cfr. *Mc* 7, 37).

A Jesucristo no le corresponde hacer penitencia por algo propio, puesto que *pertransiit benefaciendo*: nada personal debía purgar y, sin embargo, quiso lavar con su sangre hasta el defecto más minúsculo de sus hermanos de todos los tiempos.

Aunque no faltan reacciones cínicas de malhechores irreductibles, suele ser más normal la figura del hombre destrozado por sus crímenes, una vez descubiertos: aterra a ese delincuente lo que le corresponderá pagar, pierde el orgullo

---

8. San Agustín, *Enarraciones sobre los Salmos*, 95, 5.

altanero de criminal y le asalta el temor de la sentencia que dictarán contra él. Cristo no temió ni sufrió por la pena en sí —amó la Cruz, aunque le costó—; padeció y sudó sangre porque sobre sus espaldas cayó el pavor de sus hermanos los hombres; sólo al final de los tiempos entenderemos mejor la enorme gravedad de nuestras culpas y la fuerza liberadora de la Santa Cruz.

Gastar la vida por el Señor

12. «Jesús, solo y triste, sufría y empapaba la tierra con su sangre. De rodillas sobre el duro suelo, persevera en oración.»[9]

¡Qué eficaz y gráfica fue la oración de Jesús en el huerto! Cuando todos le abandonaron, Él rezaba. Y, como para dejar constancia de su amor a los hombres y al mundo, *empapó* la tierra con su Sangre limpia y santa.

«¡Oh, buen Jesús, benigno Señor! —exclama una alma enamorada al contemplar este paso de la vida de nuestro Señor—. ¿Qué aflicción es ésta tan grande? ¿Qué dolencia es ésa que así os hace sudar gotas de sangre? La dolencia, Señor, es nuestra; mas Vos tomáis el sudor de ella. La dolencia es toda nuestra; mas Vos recibís las medicinas. Vos padecisteis la dieta que nuestra gula merecía, cuando por nosotros ayunasteis. Vos recibisteis la sangría que nuestros males merecían, cuando vuestra preciosa sangre derramasteis. Vos también tomasteis la purga que a nuestros regalos se debía, cuando la hiel y el vinagre bebisteis; y Vos ahora tomáis el sudor, cuando, puesto en esa mortal agonía, sudáis gotas de viva sangre. Pues, ¿qué os daremos, Señor, por esta manera de remedio, tan costoso para el remediador y tan sin costa para el remediado?»[10]

Pidámosle reciamente que nos enseñe a rezar con esa trascendencia; que comprendamos que hemos de purificar lo que está sucio y hemos de reconducir a Dios las activida-

---

9. San Josemaría, *Santo Rosario*, I misterio doloroso.
10. Fray Luis de Granada, *Vida de Jesucristo*, cap. 20.

des y trabajos de la tierra. Aunque experimentemos el dolor de la incomprensión y de la soledad, perseveremos en la oración, dando nuestra sangre sobrenatural y humana, gastando la vida por Él.

Esto es lo que hicieron, al pie de la letra, los mártires, que entregaron su vida hasta la efusión de la sangre, asociándose plenamente al sacrificio de Cristo. Se realiza así la aseveración de san Agustín cuando escribía que el Señor, «prefigurando, sudó sangre por todo su cuerpo, dando a conocer que en su cuerpo, es decir, en su Iglesia, había de ser derramada la sangre de los mártires. Así como por todo su cuerpo brotó sangre, del mismo modo su Iglesia, que cuenta con mártires, la derramó por todo su cuerpo».[11]

No es obstáculo la debilidad humana

13. El relato de la oración del huerto, en san Lucas, comienza directamente con la invitación a la oración vigilante dirigida a los once: *Orad para no caer en tentación* (Lc 22, 40). Tras mirar cómo reza Cristo, y sabiendo que su invitación a que le acompañemos en la oración es siempre actual, se impone a nuestra conciencia el carácter imprescindible que asume este medio, este coloquio con Dios, en la espiritualidad cristiana.

La angustia física, que le cuesta Sangre —que derramará hasta la última gota en la Cruz—, no provoca en el alma de Jesús la dispersión del dolor y mucho menos el alejamiento de su Padre. Como hemos meditado continuamente en estas páginas, el dolor, la angustia, la agonía le echan con más fuerza en los brazos del Padre. Descubrimos así que los posibles dolores físicos o morales que aparezcan en nuestro caminar constituyen en realidad ayudas para orar con Cristo —*vigilate mecum*— más y mejor.

La oración del huerto ocasionó a Jesucristo sudores de sangre. Resulta completamente imposible a la criatura alcanzar la grandeza de un Amor tan extremo. Sólo estamos

---

11. San Agustín, *Enarraciones sobre los Salmos*, 93, 19.

en condiciones de vislumbrar una *partecica* si nos adentramos en su Amor, capaz de cargar gustosamente con la escoria de la humanidad, y si meditamos su espléndido ejemplo de donación. Nuestro Maestro, sumido en cuanto hombre en la debilidad de la agonía, es a la vez Dios Todopoderoso, con un poder lleno de equilibrio y de paz.

Cuando una persona recibe un gran revés en su existencia y se ve abandonada de los suyos, que le aíslan y le desprecian, suele comentarse: «todavía no se ha rehecho». Por una soledad mayor pasó Jesucristo, y supo rehacerse, ofreciéndonos su amor y devolviéndonos amistad por desprecio, protección y afecto por abandono.

El Redentor, en la persona de sus apóstoles, invita desde Getsemaní a toda la humanidad a una vigilia de oración: quiere, por el misterio de su amor, hacernos corredentores en el momento mismo en que Él, sólo Él, nos redimía. Desde la piedra de aquel monte en que *prolixius orabat* busca Jesús a todo hombre que llega a este mundo y espera, de cada uno, una respuesta personal.

En el Huerto de los Olivos le consoló un ángel: señal externa clara de que su Padre Dios le oía; pero aun así no cesó de implorar, pendiente del Cielo: nada para Él, todo —con la fuerza del Espíritu Santo— para el Padre, por las almas. Gracias, Dios mío, porque nos has manifestado de modo diáfano que la debilidad humana, los temores o angustias, jamás constituyen obstáculo para la piedad.

Adentrarse más en la intimidad divina

14. La gratitud al Señor resulta incomparable con la generosidad de su ejemplo: de sobra lo conoce Dios, que no nos lo echa en cara; nos pide únicamente que pongamos cuanto esté de nuestra parte, sin rebajas. Por eso, orando con Jesús en el huerto, se comprende que de ningún problema o pesar —espiritual o físico— que pueda sobrevenir a la criatura se retrajo Él. En las pruebas duras que afrontó, el diablo salió derrotado; pero el Señor no eludió esas cargas: la Trinidad Santísima dispuso que Jesús, que era y es con el Padre y el Espíritu San-

to dueño y señor de la vida, completara su triunfo con el paso por la muerte. Cristo, en la agonía de Getsemaní «recapituló», concentrada en el alma, su futura Pasión y Muerte.

Afirmó de nuevo su cercanía con todos, sin alejarse de nosotros en este trance; más todavía, en su afán de que ninguno se considerara marginado, escogió la muerte más ignominiosa. Acertadamente se ha descrito la figura de Jesús en la Pasión como un «retablo de dolores»,[12] ya que, a lo largo de la historia, nunca se ha vertido sobre un hombre tanta saña y, a la vez, tanta indiferencia. Su muerte santa supone evidente consuelo para los que, si miran con fe al Crucificado, yacen olvidados en el último camastro de un hospital, o mueren en las más tremendas situaciones de abandono y miseria, carentes de la mínima atención y de afecto. Cristo vuelve, de algún modo, a sufrir en ellos (cfr. *Mt* 25, 42-43).

Fuera de la Virgen, de las santas mujeres y del adolescente Juan, incapaces de auxiliarle, la muerte del Señor a manos de los hombres fue observada con displicencia por la mayoría de los presentes. Inmenso trauma debió de ser para el Mesías la evidencia de que hasta los sentimientos de bondad que anidan en la criatura humana más cruel no se levantaron para compadecerle durante ese suplicio.

Con penosa fuerza se alzó la prepotencia desordenada del pecado, que degrada el alma y el cuerpo de los que ofenden al Señor. Roguemos a Dios que crezca en cada uno el ansia de contrición. Frente a los males propios o ajenos, alimentemos la urgencia de desagraviar. Si procedemos así —auténtico deber para el cristiano—, alcanzaremos el beneficio de la purificación y del discernimiento de lo que nos aleja de Dios, por poco que sea.

Detalles pequeños asumen una gran categoría cuando se ama con sinceridad. En la oración de Jesús en el huerto no hubo ni un momento de pausa, como subrayan los evangelistas, inspirados por el Espíritu Santo. No se conformó el Paráclito con referirnos que pasó la noche en oración. Puntualizó la intensidad y la perseverancia del Maestro. San Mateo y san Marcos nos hablan de su constancia y de su perse-

---

12. Fray Luis de Granada, *Vida de Jesús*, cap. 24.

verancia en la oración al decirnos que oraba una vez y otra *con las mismas palabras*, mientras se tornaba más duro el sufrimiento. San Lucas, por su parte, nos habla de la intensidad con que Jesús afrontó aquellas horas: el *prolixius orabat* que hemos meditado.

La narración evangélica apunta así el estilo de conducta del cristiano, que se caracteriza como un continuo volver al Padre por medio de la oración. Las peticiones al Dios Uno y Trino, en quien depositamos nuestra confianza, no resultarán nunca tediosas ni reiterativas; al contrario, al perseverar, las luces del Cielo brillan siempre nuevas, estimulan a descubrir la trascendencia de los designios divinos y a sumergirnos más y más —*prolixius*— en las cosas de Dios.

Entre Jesucristo y el Padre media un Amor infinito, ajeno a los decaimientos. El rico contenido de los gestos y las palabras reiteradas puede escapar a quienes aman de modo superficial. Pero nuestro Redentor, también en cuanto hombre, amaba como deseaba el Padre y respondía al mandato de Dios: *con todo tu corazón y con toda tu alma y con toda tu mente y con todas tus fuerzas* (*Mc* 12, 30). Por eso, el *fracaso* de la Cruz fue sólo aparente y se convirtió en el verdadero triunfo histórico de la humanidad, en Cristo, y para la humanidad.

Oración de unión

15. En Getsemaní resplandece —doliente— la Humanidad santísima del Redentor. También por esto cuesta al alma cristiana poner fin a la contemplación de la plegaria de Jesús. La súplica de Nuestro Señor se desgrana insistente. Persevera en medio de su dolor, acogiendo íntegramente la Voluntad divina. La llevaba en su alma, y, como Hombre, la fue asimilando, pues su Vida era un constante *fiat!* Dice la Carta a los Hebreos que Jesús, *aun siendo el Hijo, aprendió por los padecimientos la obediencia* (*Hb* 5, 8). Una obediencia hasta una muerte capaz de satisfacer y de expresar el Amor infinito de Dios por la humanidad. *Tanto amó Dios al mundo*, canta el apóstol Juan, *que le entregó a su Hijo unigénito* (*Jn* 3, 16). Getsemaní fue, en la experiencia de Jesús, la cum-

bre en la comprensión humana de la Voluntad divina y una concentración de la Pasión y la Muerte que se le avecinaba. Fue también cumbre de Amor, en la que podemos vislumbrar la infinita predilección que la Trinidad nos dispensa.

Retengamos por un momento esa insistencia de trato con el Padre, a quien Jesús se confía movido por el Espíritu Santo. Aquellas horas «agónicas» —llenas de esfuerzo— fueron perfectamente agradables a Dios Padre. Sudó sangre como anticipación de la entrega que consumará en la Cruz. Así nos redimía y, a la vez, nos explicaba de manera plástica e inolvidable que, si con Él deseamos cumplir el holocausto que nos unirá a la Trinidad, hemos de prepararnos con una oración habitual, intensa, esforzada, aunque el cuerpo y el alma paladeen la sequedad y el hastío.

Y aprendamos nuevamente de la solicitud de Jesucristo por sus hermanos. Apreciaremos así que aquel resistirse, sin negarse, fue experimentado por el Redentor en los instantes más divinos, en la consumación del Sacrificio, para que entendamos un argumento capital. Dios —Padre, Hijo y Espíritu Santo— cuenta con nuestra pobre debilidad, como con las limitaciones de la naturaleza humana que asumió Jesucristo. Esas indigencias no sirven de excusa ni constituyen un atenuante; al contrario, si las ponemos ante un Dios tan solícito por nosotros, nos concederá la asistencia oportuna para superar toda prueba, colocándonos delante de los ojos la figura de Jesús en Getsemaní, que agrada al Padre con su plegaria esforzada y sufrida, porque entrega toda su Humanidad sin rebelarse contra esa carga. ¡Qué contraste con nuestra rebeldía!

Paz y seguridad, conmoción y angustia

16. Cristo orante transmite paz, seguridad, amabilidad. Y, simultáneamente, conmoción y angustia, por su tristeza y dolor. Paz y seguridad, porque Él nos alcanza del Cielo los bienes que nos traen alegría y plenitud; porque el Salvador se allegó a lo nuestro —lo bueno y lo malo— para enaltecerlo o para sanarlo, y su petición fue escuchada; porque Él rezó por

nosotros, y aplicó su Vida entera, cuando hubiera bastado un solo gesto; porque se ocupó de lo que no podemos llevar a cabo nosotros, aunque nos empeñáramos con los mejores esfuerzos; porque confirió nuevo relieve a nuestra vida aun en los aspectos más triviales; porque podemos amar limpiamente, dominando con su gracia las pobres pasiones; porque jamás decaerá su promesa de entrega sin límites a cada uno.

Al mismo tiempo nos afligimos con angustia y conmoción porque nuestros pecados personales le han arrastrado a ese sufrimiento; porque permitimos que nos domine la tentación y volvemos a ofenderle; porque le ignoramos o manifestamos groseramente que no nos importa su dolor; porque despreciamos neciamente su amor y su asistencia; porque nos cansamos de mirarle, de imitarle, de seguirle; porque preferimos el entendimiento con el diablo a su amistad; porque le dejamos solo cuando abandonamos a los que sufren y padecen en la tierra; porque la contrición personal por los propios pecados no es proporcional a la ofensa; porque le maltratamos, le insultamos ¡a Él!, que se ha dedicado a traernos el bien; porque, si de nosotros dependiera, seríamos capaces de preferir la miseria a la gracia, manchando y desvirtuando este don divino.

¡Qué contrastes entre el Maestro y los discípulos! Entre la entrega y el amor de Jesús, y la capacidad de dejarle y de dormirnos que tenemos nosotros. San Lucas nos dice a este propósito una palabra que no podemos pasar por alto. Habían asistido a aquella inolvidable cena pascual, en la que Jesús les confió que ellos eran sus amigos: *Vosotros sois* —les había manifestado poco antes— *los que habéis permanecido junto a mí en mis tribulaciones* (*Lc* 22, 28). Y al entrar en el huerto, les brinda el consejo mejor: *orad para no caer en tentación*. Están todos juntos: Jesús y los once. Es entonces cuando Jesús se aparta del grupo *como a un tiro de piedra* para recogerse más profundamente en oración. Pero san Lucas no señala —como Mateo y Marcos— que *se apartó*, sino que *se arrancó* de ellos; expresión en la que podemos ver una manifestación de cómo amaba a sus amigos y cómo le costaba —con la angustia que pesaba sobre su alma— apartarse de su compañía. Debe forjarse en nosotros el propósito práctico, expresión de amor al «Amigo que nunca traiciona»: responder diariamente de modo afirmativo al grito del Maestro: *vigilate et orate* (*Mt* 26, 41), y cuidar con esfuerzo esa oración cotidiana en diálogo con Jesús: *vigilate mecum*.

Oración esforzada por amor

17. ¡Qué horas, Señor nuestro, tu noche en Getsemaní! Fueron las tuyas unas horas de oración reciamente ensangrentada, en la que el cuerpo se adhirió a las potencias de tu alma, para que del corazón brotara un diálogo y una entrega total.

Nada, en efecto, distrajo al Maestro en la conversación con el Cielo. Impartió una elocuente lección de cómo concentrarse en la vida de piedad, para acometer luego audazmente las diversas acciones en el nombre de Dios. También aquí escuchamos al Señor, que nos manifiesta, como a la mujer samaritana: *si scires donum Dei!* (*Jn* 4, 10). Si supierais quién es el que os dice *vigilate mecum*... Si los hombres ahondásemos en quién es nuestro Interlocutor, no desdeñaríamos el esfuerzo intelectual y físico, y nos doleríamos profundamente por tanta negligencia cotidiana en este deber de rezar.

Con la imagen de Jesús postrado en Getsemaní se evidencia hasta qué grado han de ejercitarse las facultades del alma y del cuerpo para adaptarse a la Voluntad de Dios; en ese rezo ejemplar, Jesucristo vuelve a predicar haciendo, *benefaciendo* (cfr. *Mc* 7, 37), sometiéndose con entereza y por completo a los planes de su Padre celestial.

Exauditus pro sua reverentia, leemos en la Carta a los Hebreos (5, 7), como haciendo memoria del drama de Getsemaní: Él, nuestro Redentor, *fue escuchado por su piedad filial*. En su plegaria se apoya la nuestra. Si tratamos a Dios sin desmayos, pasando por encima del yo, sacaremos recursos nuevos para superar la indigencia de cualquier tipo que sea, y acometer esas empresas divinas que superan nuestra capacidad humana. Cobra actualidad el estimulante grito del apóstol: *si Deus nobiscum, quis contra nos?* (cfr. *Rm* 8, 31). Si Dios está con nosotros, ¿quién y qué nos detendrá? La Escritura Santa y la Historia de la Iglesia muestran cómo se cumplen esos «imposibles» a los ojos de los hombres.

Roguemos continuamente al Salvador que nos introduzca en su escuela de oración, la escuela de Getsemaní, que nos transporta, de manera inmediata, en la práctica de una oración porfiada y confiada. Persuadámonos de que, con el afán de conocer y tratar más a las tres Personas divinas, la fatiga se supera y la criatura se adentra en la identificación con Jesucristo, un don que no admite paralelo con ningún bien de la tierra.

Poder de la oración

18. Nos ha mostrado el Maestro —Él, que no puede mentir— el incomparable poder de la oración. En Getsemaní nos ha hecho patente que es un combate, un combate agónico que cuesta, en ocasiones por la sequedad que lo acompaña, y a veces por las graves resoluciones que nos pide el Señor. Lo ha refrendado con su acción y con la promesa solemne de que nuestro Padre del Cielo escucha la plegaria de los que se reúnen en nombre de Jesucristo y se afanan sinceramente en imitarle (cfr. *Mt* 18, 19).

Así lo confirman el Antiguo y el Nuevo Testamento al narrar las victorias del pueblo elegido mientras batallaba al compás de las invocaciones a Yahvé; o cuando hombres y mujeres arrancaban con sus ruegos los milagros portentosos del Maestro. También en nuestro tiempo abundan los testimonios de quienes han emprendido epopeyas titánicas con el fundamento de una fe rezada y vivida.

Poder de la oración. La fuerza de la plegaria, efectivamente, además de mover la Voluntad del Cielo, transmite la certeza de contar con la ayuda poderosa de Dios en las luchas por seguir a Cristo y buscar la santidad.

Poder de la oración. Si oramos sin tregua, escuchando a Dios, doblegaremos la resistencia del yo para emprender los pasos de gigante que requiere la tarea de corredentores.

Poder de la oración: ¡recemos! Y la Trinidad Beatísima transformará a cada uno de nosotros en el instrumento, fiel y libre, que tiene pensado desde la eternidad.

CAPÍTULO IX

Finalmente, va junto a sus discípulos y les dice: ya podéis dormir y descansar... Mirad, ha llegado la hora, y el Hijo del Hombre va a ser entregado en manos de los pecadores. Levantaos, vamos; ya llega el que me va a entregar (*Mt* 26, 45-46).

Exultante en el espíritu

1. *Finalmente...* Con estas palabras concluye la narración de san Mateo sobre la oración del huerto. Desde el versículo 47, el evangelista relata ya el Prendimiento.

Jesús ha terminado su oración y regresa por tercera vez junto a los discípulos que había llevado consigo más de cerca: Pedro, Santiago y Juan. De nuevo se encuentra —y nosotros con Él, al meditar la escena— ante el sueño de los apóstoles, que hemos considerado ya en capítulos anteriores. En la primera ocasión, el Maestro los reprende por su actitud, dirigiéndose de manera muy directa y personal a Pedro: *Simón, ¿duermes?, ¿ni una hora has podido velar?* (*Mc* 14, 37). En la siguiente, refiere el evangelista que aquellos hombres tenían los ojos *cargados de sueño y no sabían qué responderle*: de esta manera, san Marcos (14, 40) explica la incomprensión intelectual y afectiva de los discípulos, ante el misterio de Cristo que les había sido revelado en aquella angustiosa noche: lo que veían y oían en la oración del Señor no los movió a ellos a orar, sino a esa tristeza (cfr. *Lc* 22, 45) que los introdujo en el sopor hasta dormirse.

Ahora, en este definitivo regreso, es otro el panorama. Jesús, que se presenta con el rostro ensangrentado por aquel sudor de que nos ha hablado san Lucas (22, 44), está exultante en su espíritu, lleno de fuerza y decisión en sus actos. La angustia del alma por la tentación ha quedado atrás. La victoria ha sido total en su agonía. El combate de la oración ha concluido con un triunfo. En ese diálogo filial y entregado —en medio del sufrimiento y del abandono de los hombres—, la experiencia del amor del Padre, que le ha escuchado —*Padre [...] yo sabía que siempre me escuchas* (*Jn* 11, 42)—, y el amor ilimitado a su Voluntad cambian la tristeza y el dolor en serena decisión. Pero mientras Él, entre súplicas y lágrimas (cfr. *Hb* 5, 7), pasa de la angustia a la victoria, los tres apóstoles se dormían más y más. Él los halla sumergidos en un profundo sopor. Ahora, la reacción del Maestro se nos muestra muy distinta: *Ya podéis dormir y descansar*, les dice.

No hay aquí ironía en el Señor —nada más impropio en aquel dramático momento—, sino queja delicada hacia sus amigos, e incluso una forma de ternura y de perdón. Como si les comentara: os había pedido que velarais conmigo y me acompañarais en la oración. Apenas lo habéis hecho y habéis permitido que os domine la tristeza y el letargo. Me habéis dejado solo, y cuando yo os necesitaba, dormíais. Pero ahora, que he acabado mi oración al Padre, *ya podéis dormir y descansar*. Mi alma estaba turbada y le rogaba al Padre que me librara de esta hora. Pero ¡para esto he venido! (cfr. *Jn* 12, 27). El Padre me ha escuchado y ha glorificado su Nombre. *Y cuando Yo sea levantado de la tierra, atraeré a todos hacia mí* (*Jn* 12, 32). Por eso, yo deseo con toda mi alma, por vosotros y por todos los hombres, beber el cáliz *quem dedit mihi Pater* (*Jn* 18, 11). Ya se acerca la hora. Mientras, *podéis dormir y descansar*.

Afán de expiación

2. El contexto de las palabras de Jesús según san Marcos, que son idénticas a las de san Mateo, dan base para que algunos exegetas las entiendan en forma interrogativa: *¿Aún podéis*

dormir y descansar? (*Mc* 14, 41). El sentido es sustancialmente el que estamos contemplando, pero aquí los vocablos de Nuestro Señor sobre el sueño de los discípulos parecen más directamente en relación con los que aparecen después. Es como si Jesús manifestara: ¿Cómo podéis dormir habiendo llegado ya «la hora», y cuando el traidor está a la puerta? Antes podría explicarse, pero ¿ahora? Queda implícita en san Marcos la victoria en el combate librado en la oración y más manifiesta aún su consecuencia: la decisión —y la pena— de abordar a solas «el momento» terrible, que finalmente ha llegado.

Tampoco aquí hay un reproche, sino lamento fraterno y la dolorosa comprobación de que le han abandonado hasta el minuto final. Esta paciencia del Maestro y el cáliz que se dispone a sumir estimula a confiar en su misericordia y a consolarnos también cuando no hemos sabido perseverar a su lado, siempre que a Él volvamos. No se aleja de ninguno, a pesar de la pena que le causa nuestra indiferencia.

Ha escrito san Josemaría Escrivá: «¡Satisfecha queda el ansia de sufrir de nuestro Rey!»[1] El Señor, como buen Pastor, abrió su Corazón, los sentimientos de su alma, también para que nos veamos interpelados, convocados a participar en el camino que Él emprendió y consumó por nosotros. La respuesta ante su insistencia fue —y es todavía ahora— la que con triste realismo transmite el texto evangélico: ¡dormidos!

Al crearnos, el Señor nos sacó de la nada; al recrearnos con la gracia nos sacó de la negación y de la abulia. Y los hombres le ignoramos. La actitud de los apóstoles —que adoptamos nosotros con frecuencia— escondía el miedo al sacrificio. No caben términos medios en el drama de la Redención. Apartarse de Jesús esboza ya una forma de unirse al coro de los que gritan: ¡crucifícale! (cfr. *Mc* 15, 14). Simón y los otros hicieron un intento violento de defender a Jesús cuando acudió la chusma a prenderle, pero no era ésa la fraternidad y la compañía que Jesús les había solicitado. Podría el Señor haber repetido de nuevo a Pedro: *Eres escándalo para*

---

1. San Josemaría, *Santo Rosario*, III misterio doloroso.

mí, porque no sientes las cosas de Dios sino las de los hombres (*Mt* 16, 23). No quería Jesús que sus discípulos le apartaran de «la hora» —eso es lo que pretendía el demonio, el tentador: ¡ésa era la tentación!, en la que los discípulos, por no unirse a la oración de Jesús, habían caído—, sino que le asistieran en aquella «hora» para que no fuera tan amargo el cáliz que había de beber.

¡Imposible de expresar la dimensión de su amor cuando abrazó el sufrimiento para sanar a los que somos tan ingratos! Sufrió para presentar a Dios Padre el amor que no logramos ofrecerle y ahí incluyó nuestro pobre afecto. Escogida por su libre voluntad la senda del sufrimiento, y aceptada como voluntad del Padre, la recorrió con entrega total. Los hombres se limitaron a contemplar la tortura. Ninguna ejecución mortal —por cruenta que sea— se asemeja a la Pasión de Cristo, que superó la frontera más lejana que pueda imaginar la mente. No es cuestión de comparar muertes y muertes, suplicios y suplicios que se han verificado en la historia de los hombres. No es tanto la cuantificación física de la tortura —demostrándose tan impresionante— lo que nos da noticia del amor y del dolor de Jesucristo. Nos ayuda a atisbar las dimensiones de aquella agonía la contemplación, desde la fe, de quién era el que sufría y la causa de su sufrimiento. Reconocido el aspecto tan terrible e infame del suplicio de la Cruz, lo que volvía máximo —en expresión de Tomás de Aquino— aquel dolor se centraba concretamente en su motivo, a saber, la mole inmensa de los pecados de los hombres, especialmente la de aquellos que Él había llamado «mis amigos». Con su magnanimidad y misericordia purificó lo que la perversión de la criatura desgraciadamente se empeña en inventar.

Dirijámonos a Jesús paciente, para que despierte nuestro afán de expiar. Si no, corremos el riesgo de abandonarle. Hemos de pasar por encima de los respetos humanos, índice de comodidad; hemos de superar la compasión por nosotros mismos, porque impide al Espíritu Santo cristificarnos, y no podremos pregonar la riqueza de la Santa Cruz ni anunciar la misericordia divina.

Imploremos a Jesús paciente que nos contagie sus ansias

redentoras, sin victimismo, ya que Él es la única Víctima. A cada uno corresponde fomentar esos afanes diarios de expiación por el pecado: no lo consideremos ajeno, pues de haber sido más rezadores y más penitentes, habríamos obtenido del Cielo más gracias *operativas* para nosotros mismos y para las almas; gracias eficaces para desarticular las artimañas tramadas por Satanás.

Confiemos a Jesús paciente que ansiamos que cale en nuestra alma un profundo espíritu de penitencia; lo anhelamos porque nos interesa desarrollar la capacidad de amor que el Señor ha depositado en nosotros. Movidos por la acción del Espíritu Santo, arranquemos toda manifestación de amor propio desordenado, de complacencia en nuestro pobre yo, de inclinación a la comodidad. Tratemos de entender, con san Josemaría, que el dolor es la piedra de toque del amor,[2] de un amor que se enraíza en la generosidad de la expiación activa y pasiva.

Una última consideración en este punto. Si tenemos la mirada bien fija en Jesús paciente, los que nos sabemos hermanos de Jesucristo, ante los genocidios —intelectuales, físicos, morales— de la historia de la humanidad, o ante los crímenes terribles que en este mundo «globalizado» se cometen a la vista de nuestros ojos, no nos podemos quedar inactivos ni conformarnos con una palabra de repulsa. Los cristianos descubrimos en esos abusos, de manera muy especial, la Pasión y Muerte del Señor, que provoca en el alma la necesidad de la reparación y del desagravio, y una entrega activa, generosa, a la causa de la paz en el mundo.

Amistad sincera de Jesús

3. Nosotros, sus amigos, le abandonamos y Él —nos dice la Escritura Santa (*Hb* 2, 11)— *non erubescit fratres vocare*, no se avergüenza de llamarnos hermanos; también a los que nos vemos como un desecho, como una plétora de fracasos. Cuando sacude la pereza somnolienta de los discípulos, al Señor

---

2. Cfr. san Josemaría, *Camino*, n. 439.

le mueve su misericordia divina: *Yo a cuantos amo reprendo y corrijo* (*Ap* 3, 19). Quiere Jesús mostrarnos de manera diáfana que, con la corrección y la reprensión, no nos excluye o discrimina, aunque hayan sido muy grandes las miserias personales. Con la grandeza de su amor divino, con el arrastre de su amor humano, sale en busca de cada una y de cada uno, como un amigo, un hermano, una madre y un padre. Advirtamos de qué manera tan espléndida pone ante nosotros su amistad sincera; la brinda gratuitamente, porque ni la merecemos ni estamos a la altura de tan preciosa dádiva. Él se abaja para divinizarnos, salvando el barranco de la horrenda caída del pecado y de la naturaleza manchada.

Conmueve, en efecto, la noble pasión de amistad con que se nos acerca, permitiendo que entremos en su intimidad: *Mira, estoy a la puerta y llamo: si alguno escucha mi voz y abre la puerta, entraré en su casa y cenaré con él, y él conmigo* (*Ap* 3, 20). Detengámonos, mientras meditamos el drama de Getsemaní, en su decisión de no avergonzarse jamás de llamarnos hermanos y de tratarnos como amigos fraternos.

¡Cuántas manifestaciones en aquel huerto! No escondió ante los apóstoles su flaqueza para beber hasta el borde el cáliz amargo, para asumir la prueba del total anonadamiento (cfr. *Flp* 2, 7). Con naturalidad, porque respondía al modo humano de ser, buscó afecto o, al menos, la mirada de solidaridad que, horas más tarde, encontrará en la Santísima Virgen. Cuando volvió a ellos esta tercera vez y los encontró dormidos no brotó en Jesús ni un asomo de indignación. Más bien, el Señor —con el perdón y la ternura— envolvió la pasividad de los apóstoles, a los que defendió y pidió que les permitieran marcharse cuando finalmente fue detenido (cfr. *Jn* 18, 8).

Pero no conviene olvidar que el Maestro deseaba, en medio de su angustia, contar con aquellos tres amigos queridos, sus apóstoles predilectos. La plegaria del Redentor, prolongada y perseverante, teñida por el esfuerzo y por el sufrimiento, con sus idas y venidas hacia los suyos, nos hace comprender de modo visible que, cuando nos afecta el dolor y el esfuerzo, Jesús cuenta con nosotros. Como afirmaba san Josemaría, a través del dolor o de la Cruz en nuestra vida podemos descubrir que «es Cristo que pregunta por nosotros»,[3] que nos interpela con su amor redentor para que nos identifiquemos con Él y en Él seamos corredentores.

No debe, pues, extrañarnos que el dolor y el sacrificio se hagan arduos y hasta insoportables, al tiempo que avanzamos en la convicción de que el cáliz que el Padre nos ofrece es fruto de su amor, y estamos en condiciones de beberlo a pesar de su amargura.

Sin falsa autocompasión, mucho menos con victimismo, vivamos un auténtico espíritu de comunión y no ocultemos las pruebas a quien dirige nuestra alma, ni tampoco las disfracemos en el trato con esas personas capaces de entender la responsabilidad fraterna de colaborar en las luchas de los demás. ¡Qué admirable resulta la pedagogía del Maestro en Getsemaní! Sabía muy bien que Él y sólo Él es el Cristo, el Redentor. Pero luchó, yendo y viniendo entre los olivos, para que los apóstoles se unieran a su sacrificio y a su oración: *vigilate mecum*. Únicamente con esa inserción en Cristo, el hombre recibe la Redención que nadie más que Jesús consigue; por eso, Él, urgiéndolos a aquella comunión en el dolor, anhelaba simultáneamente que aquellos hombres —¡sus amigos!— se enreciaran y percibieran con hondura que, para amar y servir a los demás, será siempre preciso el sacrificio.

Hasta el último momento

4. Jesucristo intentó remover a los suyos hasta el último momento. Acudió con su extraordinaria bondad hasta cuando se oían ya los pasos del traidor. En esos instantes de trágica tensión no perdió el Maestro su admirable paz y su honda comprensión. No había cesado de golpear con amabilidad la conciencia de los discípulos somnolientos. Y ahora, en este definitivo regreso, el *dormid y descansad* nos muestra en realidad, como hemos considerado ya, una forma de situarlos ante la vigilia imperativa en que se adentraban. Siempre se ocupó Jesús de «despertar» a aquellos hombres; no los tuvo

---

3. San Josemaría, *Vía Crucis*, V estación.

por cosa imposible. Apunta así una enseñanza clara para nosotros: la verdadera virtud no se cansa, se hace más fuerte ante la debilidad propia o ajena.

El Señor manifestó de modo evidente su gran paciencia. Nosotros debemos ejercitarnos también en esta virtud. Desterremos la falsa excusa de que no podemos, de que crece más grande la mole de las miserias personales que la capacidad de reacción. No caigamos en la penosa justificación de que arrastramos mucho tiempo de pelea, que hemos probado todo y, sin embargo, salimos derrotados con increíble facilidad.

En primer lugar, convenzámonos de que el Señor acude a nuestro encuentro perseverantemente. Si actúa así, sin que le invoquemos, en medio de nuestro «mal sueño», ¿qué no hará, si alzamos la voz como Bartimeo (cfr. *Mc* 10, 46-47)? Antes de aceptar cobardemente nuestra visión pesimista, preguntémonos si hemos llamado al Maestro con la tenacidad y la fe de aquel ciego. Bartimeo no había presenciado ninguno de los prodigios operados por el Rabí. Le habían contado maravillas, pero él no podía valorarlas. Sin embargo, a pesar de su insignificancia —era un mendigo y le insistían en que se callara— clamó y clamó con perseverancia: *Iesu, Fili David, miserere mei*. Y Jesús escuchó al mendigo ciego: *¡Llamadle!* La ternura de Cristo: *¿qué quieres que te haga?* Bartimeo: *Señor, que vea*. Y Jesús, el que ha venido a servir a todos, le curó: *tu fe te ha salvado*.

Clamar a Cristo. Clamar más. Luchemos contra las debilidades, expongámoselas con más fe, y el Señor nos oirá y atenderá. Es mucho más grande, inconmensurable, su infinita y amable omnipotencia que nuestra miseria. No nos cansemos en la lucha personal porque, ciertamente, con Él, *possumus!*, como Juan y Santiago (cfr. *Mt* 20, 22), aunque los dos no sabían lo que aseguraban; o como Pablo, que lleno de agradecimiento canta la fortaleza que el Señor le prestaba (cfr. *Flp* 4, 13).

Por otro lado, paciencia con los demás. Esta virtud no debe faltar jamás en un cristiano. Miremos y remiremos este ir y volver del Maestro al Padre y a los suyos. Actuaba así porque le constaba perfectamente que le necesitaban, como nosotros; y no esperó a que le llamaran. Se presentó en una y otra ocasión, siempre con gesto acogedor.

Animémonos a obrar de este modo a la luz de esta comprensión del Maestro. La paciencia, que nace del ejercicio de la caridad y de la fortaleza, no asume sus más auténticas características si no nos interesamos por los detalles de las almas. Hemos de ser capaces de apoyar y de formar, no de soportar —como si de un peso extraño se tratara—, hasta gastar como el Maestro la propia vida por los demás.

Un reproche amoroso

5. *Ya podéis dormir y descansar...* No es una censura del Maestro, comentábamos, y mucho menos una ironía. Cristo, muriendo de amor en la Cruz, dirige a la humanidad *un reproche de amor*: «Amo tanto a Cristo en la Cruz, que cada crucifijo es como un reproche cariñoso de mi Dios: ... Yo sufriendo, y tú... cobarde. Yo amándote, y tú olvidándome. Yo pidiéndote, y tú... negándome. Yo, aquí, con gesto de Sacerdote Eterno, padeciendo todo lo que cabe por amor tuyo... y tú te quejas ante la menor incomprensión, ante la humillación más pequeña...»[4]

La oración en Getsemaní anticipa ese reproche amoroso que se extiende por el mundo desde el Calvario. Quiere Él que nos percatemos de que únicamente estaremos en condiciones de llegarnos a la Cruz, y gozar allí de su perdón, si sopesamos nuestra vida en la oración, momento muy apropiado para contemplarla en su dimensión auténtica: sólo se demuestra válida en la medida de su identificación con Cristo paciente.

En aquella noche quedó ya patente el anonadamiento de Cristo, que asumió sobre su ser impecable nuestras equivocaciones. ¡Qué amor tan grande por la humanidad el de la Trinidad Santísima! Sus *delicias* —aclama la Escritura (*Prv* 8, 31)— *son estar con los hijos de los hombres*. Sólo ese amor explica el misterioso decreto divino de Redención del

---

4. San Josemaría, *Vía Crucis*, XI estación, punto 2.

hombre, trazado por el camino de la Encarnación del Hijo: asumió el dolor humano, hasta tal punto que en la oración del huerto atravesará la angustia y el trallazo de una terrible agonía que le hizo probar sobre Sí el peso de nuestras ofensas y pecados. Realmente se saborea lo que se reza en la liturgia: *Ave, Rex noster: tu solus nostros es miseratus errores!*,[5] oh, Rey nuestro, sólo tú te has apiadado de nuestros errores. Ponderemos y agradezcamos este perdón divino y observemos que sólo Él era capaz de descargarnos de la deuda que pesaba sobre cada uno (cfr. *Hch* 4, 12).

Unámonos a esta oración de Cristo en el huerto —¡lo necesitamos!—, rogándole que nos conceda la dádiva de una sincera y profunda contrición: un dolor por el pecado que nazca del amor al Señor. La oración de Jesucristo en esas horas —meditémoslo con frecuencia— constituye otro reproche amoroso, para que nos ejercitemos diariamente en la expiación y el desagravio.

Amor de toda la Trinidad

6. *Deliciæ meæ esse cum filiis hominum* (*Prv* 8, 31), recordamos poco antes para contemplar el amor de la Trinidad a los hombres, que brilla con forma eminente en la Encarnación redentora del Hijo de Dios. Efectivamente, en la oración y en el sufrimiento de Cristo en Getsemaní podemos entrever y ahondar —nunca abarcar— la infinitud del Amor divino. Nuestro pecado requirió una reparación que superaba a las criaturas; y a satisfacer esa necesidad acudió libremente el Hijo, *ipse subiecit se!* (*Is* 53, 7) —porque quiso—, encarnándose en el seno purísimo de María, enviado por el Padre y ungido por el Espíritu Santo.

Media una infinita distancia entre las acciones de la Trinidad y las de los hombres; pero en nuestros actos —cuando están ennoblecidos por la gracia del Espíritu Santo, que Cristo nos ha conseguido del Padre— se cumple una prolongación de la acción divina, del Amor del Dios Uno y Trino al mundo que

---

5. Misal Romano, Lunes Santo, *Aclamación antes del Evangelio*.

salió de sus manos. Esta consideración puede revolucionar nuestra vida interior al descubrir cómo nos ha transformado la Redención del género humano que Cristo ha operado: en Él, nos ha alcanzado la condición de hijos de Dios. Consecuencia: hemos de gastar generosamente la vida *dando gracias al Padre, que nos hizo dignos de participar en la herencia de los santos en la luz. Él nos arrebató del poder de las tinieblas y nos trasladó al reino del Hijo de su amor, en quien tenemos la redención, el perdón de los pecados* (Col 1, 13-14). *Es Cristo que pasa*, repetía san Josemaría Escrivá del hombre incorporado a Cristo; y eso entraña que Dios Padre, por la gracia del Espíritu Santo, sigue expresándose en el «Hijo de su Amor». Así debe ser el cristiano: una expresión del amor de la Trinidad al mundo, *alter Christus* para los demás hombres, *ipse Christus*, como subrayaba san Josemaría.

Pero este movimiento de amor de la Trinidad a los hombres, a través del cristiano, pide concretamente a ese cristiano —a cada uno de nosotros— un retorno de amor agradecido a la Trinidad Santísima, que provoca una ansia de conocer y amar más a las Personas divinas. De alguna manera aparece esta urgencia en aquella reacción del apóstol Felipe en la Última Cena, cuando, oyendo hablar al Maestro de su unión con el Padre —*nadie va al Padre si no es a través de mí*—, dijo a Jesús: *Señor, muéstranos al Padre y nos basta*. Felipe —le contestó Jesús—, *¿tanto tiempo como llevo con vosotros y no me has conocido? El que me ve a mí ve al Padre*. Como predicó san León Magno, con expresión audaz y formidable, «en Cristo, el Incomprensible quiso ser comprendido».[6]

Y así podemos advertir en profundidad que todo —conocimiento, amor y retorno de amor—, todo se centra en Cristo. Si el cristiano puede ser, por la gracia del Espíritu Santo, Cristo para los demás hombres, es decir, expresión del amor trinitario al hombre, eso sólo puede adquirir realidad si esa mujer, ese hombre, miran —contemplan— a Cristo con una fe y un amor que les hace «ver» en el rostro de Jesús el rostro del Padre.

6. San León Magno, *Epístola 28 a Flaviano*, 4. «*Incomprehensibilis, voluit comprehendi.*»

Eso deseamos nosotros realizarlo ahora, en Getsemaní, volviendo nuestros ojos, nuestra alma, al rostro ensangrentado y adorable de Jesús, que ha venido a despertarnos por tercera vez de nuestra pasividad e indolencia. ¿Responderemos finalmente? Porque, de lo contrario, podría verificarse lo que se describe en este punto de *Camino*: «Ese Cristo que tú ves no es Jesús. —Será, en todo caso, la triste imagen que pueden formar tus ojos turbios... —Purifícate. Clarifica tu mirada con la humildad y la penitencia. Luego... no te faltarán las limpias luces del Amor. Y tendrás una visión perfecta. Tu imagen será realmente la suya: ¡Él!»[7]

La mirada de Jesús

7. Estas consideraciones sobre «ver» y «mirar» a Cristo y al Padre —por la gracia del Espíritu Santo— nos impulsan a detenernos pausadamente en este encuentro final con sus discípulos en Getsemaní, concretamente en la «mirada de Jesús», una mirada que ahora sale de unos ojos amables y de un rostro pacífico ya ensangrentados por el dolor.

¿Cómo sería la mirada de Cristo? San Juan nos habla repetidamente de este modo de mirar a la Virgen Santísima y a los apóstoles; se detiene en la mirada a los dos primeros discípulos, Juan y Andrés, que le seguían (*Jesús se volvió, mirándolos*; *Jn* 1, 38); o la dirigida a Simón Pedro cuando conoció a Jesús (*Jesús le miró y le dijo: Tú eres Simón, el hijo de Juan; tú te llamarás Cefas, que significa piedra*; *Jn*, 1, 42); o la del encuentro con Natanael, que se acercaba (*he aquí un verdadero israelita*; *Jn* 1, 47). Jesús dirigió sus ojos a la Santísima Virgen y a san Juan, los dos al pie de la Cruz (*Mujer, ahí tienes a tu hijo, y al discípulo: ahí tienes a tu Madre*; *Jn* 19, 26). Pero son los Evangelios sinópticos los que nos han transmitido tres miradas de Jesús que han pasado a ser célebres en la tradición contemplativa y orante de la Iglesia. Tres gestos que conmovieron a san Josemaría Escrivá, un santo que meditó muy intensamente sobre la mirada de Jesús, «mirada

---

7. San Josemaría, *Camino*, n. 212.

amabilísima»,[8] «ojos de mirar amabilísimo, que lloraron por Lázaro»...[9] Una ocurre ante aquella mujer que echó dos monedistas en el gazofilacio del Templo: «¿No has visto las lumbres de la mirada de Jesús cuando la pobre viuda deja en el templo su pequeña limosna?»[10] *(ha echado más que todos... ha echado todo lo que tenía para su sustento; Lc 21, 3-4).* La siguiente se recoge en la conversación con el joven rico: Jesús *intuitus eum dilexit eum,* le miró y le mostró que le amaba *(Mc 10, 21),* y sin embargo —¡qué contraste la reacción de aquel hombre con la de la viuda del Templo!— rechazó la propuesta del Maestro *porque era muy rico.* Por último, la mirada de Jesús a Pedro en casa de Caifás: *et conversus Dominus respexit Petrum (Lc 22, 61-62):* «El Señor convirtió a Pedro —que le había negado tres veces— sin dirigirle ni siquiera un reproche: con una mirada de Amor.»[11] Pedro salió fuera y lloró amargamente...

Unas horas antes, Jesús, en el Huerto de los Olivos, en medio de su agonía y de su angustia, también puso sus ojos en Pedro y en los otros apóstoles cuando se acercaba donde ellos estaban: así lo sugieren texto y contexto. La mirada de Jesús era ordinariamente alegre, de amor, pero en Getsemaní su mirada amabilísima estaba repleta de dolor y de pena. Era a la vez implorante. En la mirada, y no sólo en las palabras, se expresaba la necesidad de compañía y de consuelo que tenía Jesús. La mirada de Simón y de los otros —de esto nos hablan precisamente los evangelistas— era, en cambio, somnolienta, la de unos *ojos cargados de sueño.* Pero esta tercera vez en el huerto volvió a sus discípulos, venía con el alma y el cuerpo rebosantes del amor por la comunión con el Padre en el Espíritu Santo, y su mirada de amor —al despertarlos— era de ánimo y de fuerza ante el momento resolutivo, ante «la hora» que se cumplía: *Levantaos. Vamos. Llegó la hora.* Estaban latentes en sus expresiones aquellas otras de la Última Cena: *quien me ve a mí, ve al Padre.* En otras palabras: mirar a Jesús y, sobre todo, saber que nos mira. ¡Qué

---

8. San Josemaría, *Vía Crucis,* VIII estación.
9. San Josemaría, *Camino,* n. 422.
10. San Josemaría, *Camino,* n. 829.
11. San Josemaría, *Surco,* n. 964.

consuelo produce la conciencia real de estar contemplados por Él, con su capacidad de acompañar, de perdonar, de convencer, de exigir! Su mirada convirtió a Pedro en casa de Caifás y la mirada clementísima de Jesús desde la Cruz obtuvo la conversión radical del ladrón que le acompañaba en la crucifixión. Nunca hay motivo para que desesperemos, por profundas que hayan sido las caídas.

Pidamos a Jesús que nuestra mirada no sea tibia, somnolienta, y digámosle con la fe y el amor de san Josemaría: «¡Que yo vea con tus ojos, Cristo mío, Jesús de mi alma!»[12] ¡Qué distinto será entonces nuestro enfoque y nuestra actitud ante lo que ocurre en nuestro entorno!

Con esa mirada de Cristo aprenderemos a estar pendientes de los demás, a comprenderlos como nos ha comprendido el Maestro, a disculparlos inmediatamente sin sentirnos postergados ni abrigar nunca una sombra de resentimiento. Si atravesamos alguna circunstancia de marginación o desconfianza, nos ayudará a afrontarla con garbo sobrenatural y humano el pensamiento del amor comprensivo de Jesucristo a sus íntimos, a todos, y brotará del alma la determinación de pagar bien por mal, sin que esta postura evangélica entrañe una renuncia imprudente a proclamar la verdad.

Aquellas idas del Maestro hasta los apóstoles amodorrados evidencian que su amor ignora los raseros de una justicia a secas y discurre por caminos de misericordia. Procede Jesús como los padres o las madres, que acuden cuantas veces sea preciso para «ver», para intuir si los suyos necesitan algo; si pueden aliviarlos en sus dolencias; y siempre actúan con la mayor delicadeza de amor. Cristo puso sus ojos, de mirar amabilísimo, en sus apóstoles, también para despertarlos y animarlos a rezar; y lo hizo con el afecto y la comprensión de una madre, de un padre.

12. San Josemaría, Notas de una meditación, 19-III-1975.

Para ser amigos sinceros

8. Al detenernos en este tercer retorno a los suyos nos quedamos asombrados y agradecidos ante el temple de Jesús y la fuerza de sus palabras. Nos remueve seriamente el corazón su rostro ensangrentado por aquel sudor, aunque con expresión firme, decidida, rebosante de serenidad y de valentía. Cristo, *perfectus homo*, nos ha ofrecido en Getsemaní una lección completa de virtudes humanas. La mirada de Jesús nos impulsa a ahondar más en su amor y en su amistad: «Jesús es tu amigo. —El Amigo. —Con corazón de carne, como el tuyo. —Con ojos, de mirar amabilísimo...»[13]

¡Gozar de la amistad de Jesús! Causa honda impresión sentir la real cercanía del «Gran Amigo, que nunca traiciona»,[14] mientras observamos que se avecina el traidor, a quien en su mansedumbre llamará sinceramente «amigo» (*Mt* 26, 50). Porque no ha habido ni habrá amigo como Él. Fijémonos ahora en su hacer cuando llega a Simón y a los Zebedeos, y permanece allí, de pie, junto a unos discípulos acurrucados y somnolientos. Se nos viene a la mente todo su caminar por Palestina, desde que los eligió, uno a uno, para que le siguieran: ¡hasta qué extremos se desvivió por los suyos! Y lo mismo por los que iban detrás de Él o le buscaban. Se entregó siempre, para sostener a unos y a otros, y jamás dejó a nadie defraudado.

Jesús es el mejor amigo, que nos atiende, es decir, que se pone enteramente a nuestra disposición. Cuando le escuchamos, ¡qué paz se experimenta con Él! No solamente nos colma con su generosidad sin límites, sino que nos muestra hasta qué punto es sincera su amistad, confiando enteramente en nosotros, a pesar de que le paguemos de modo frecuente con un desengaño.

Consideremos hasta dónde se despliega su generosa y espléndida amistad. Quiso que en el misterio de la Redención

---

13. San Josemaría, *Camino*, n. 422.
14. San Josemaría, *Camino*, n. 88.

entráramos en comunión con Él ¡para ser coprotagonistas! ¿Cómo es posible, entonces, Señor, que aquellos discípulos se abandonaran al sueño en tan grave ocasión? Y yo, ¿cómo soy capaz de dormirme, aunque llamas una vez y otra a mi puerta (cfr. *Ap* 3, 20)? Desgraciadamente me justifico para no acudir, no ya con mis debilidades, sino con aparentes válidas excusas: con mis trabajos (*he comprado un campo y tengo necesidad de ir a verlo*; *Lc* 14, 18); con mis ocupaciones familiares (*acabo de casarme, y por eso no puedo ir*; ibídem 14, 20)... Trabajo y familia, que forman precisamente el ámbito ¡de la llamada de Jesús y de nuestra colaboración en la Redención ya cumplida! No hemos aprendido a ser amigos del mejor Amigo; nos falta ese darnos sin condiciones, como lo hizo Él, anteponiendo las necesidades de los demás a su inmenso dolor.

Ahora, cuando Jesús ha regresado a los discípulos antes de que llegue el traidor, consumado su combate de la oración mientras dormíamos, nos sentimos emplazados a ahondar en aquellas peticiones del mejor Amigo, dirigidas a cada uno, que entonces quedaron incumplidas, pero que ahora resuenan con fuerza renovada para asimilar así la gran vocación de corredentores, de amigos leales y sinceros. Porque sólo si sabemos ser amigos suyos podremos serlo —verdaderamente y en cristiano— de los demás. En la oración del huerto, la insistencia de Jesús a la vigilancia sin desfallecimientos nos habla amable y machaconamente de este servicio a los que nos rodean.

Momentos de gran actualidad

9. El Maestro salió de aquel duro combate de la oración con el alma llena, como siempre, del Espíritu Santo, perfectamente dispuesto para el Supremo Sacrificio de la Cruz. De ese modo, ya visiblemente patentes los signos del «combate», vuelve a sus discípulos. Él se había preparado a través de una intensa oración a la que desde el primer momento les había invitado también, y a la que apenas correspondieron, pues en seguida caían vencidos por el sopor. En cambio, los

enemigos de Jesús no se tomaron reposo alguno. Esto es digno de ser considerado, pues es el contrapunto del sueño de los apóstoles.

Judas, el traidor, y el resto de los conjurados también habían tenido una jornada agitada; entre otras cosas, para no llamar la atención sobre sus proyectos mortales mientras se dedicaban intensamente a organizarlos. Y ya, al acercarse «la hora», movidos por despiadado empeño y a pesar de su cansancio, tramaron su plan infame... mientras los apóstoles «descansaban» irresponsablemente desprevenidos. Se cumplió la palabra de Jesús: *los hijos de este mundo son más sagaces en lo suyo que los hijos de la luz* (*Lc* 16, 8).

También en este aspecto el tercer retorno de Jesús, con el traidor a la vista, se presenta muy actual: «Nosotros, los que debíamos estar vigilantes para que las cosas buenas puestas por Dios en el mundo se desarrollaran en servicio de la verdad y del bien, los cristianos nos hemos dormido —¡mala cosa ese sueño!—, mientras el enemigo y todos los que le sirven se movían sin cesar.»[15]

Efectivamente, cuántas veces en la actualidad los cristianos bajan la guardia o no se deciden a marchar contra corriente y buscan compromisos cómodos con «mundo, demonio y carne», o incluso se avergüenzan del Evangelio (cfr. *Rm* 1, 16). Entretanto, los que se obstinan en vivir sin Cristo, sin esperanza y sin Dios en este mundo (cfr. *Ef* 2, 12), no descansan y aprovechan la indolencia de los cristianos para asestar sus golpes al limpio patrimonio de los valores humanos y cristianos.

Esa indolencia toma hoy, muy frecuentemente, la forma de cesión en las exigencias de la fe cristiana y manifiesta una variante del sueño con el que los apóstoles abandonaron a Jesús en el huerto. Tomás Moro, un santo enamorado de la Pasión de Jesucristo, ha escrito con acierto al comenzar su libro sobre la agonía de Getsemaní: «Qué poco nos parecemos a Cristo, aunque llevemos su nombre y nos llamemos cristianos.»[16] Si nos identificáramos con Él, ¡qué cambio experimentaría este mundo nuestro!

15. San Josemaría, *Carta 30-IV-1946*, n. 32.
16. Cfr. santo Tomás Moro, *La agonía de Cristo*, Madrid, 1989, p. 3.

El Maestro, con su oración en Getsemaní, con su Pasión y Muerte, transformó radicalmente esta tierra nuestra y dejó una impronta indeleble que no han podido borrar los que pretendían y pretenden extirparla, aunque hayan trabajado y trabajen con terquedad para conseguirlo.

El Santo Padre Juan Pablo II, sobre todo en su Magisterio más reciente —a medida que este contraste entre acoso e indolencia aparecía con fuerza agresiva en los distintos ámbitos de la cultura—, ha sido y es, de manera muy especial, Vicario de Cristo, de Cristo en el Huerto de los Olivos, de Cristo que se esfuerza en despertar a los cristianos hoy —como entonces a los apóstoles— para que asuman con decisión y valentía las exigencias personales (individuales y sociales) de la vocación humana y cristiana. Antes de asumir la gran carga del pontificado, cuando en 1976 predicó los Ejercicios Espirituales en el Vaticano, a petición del Papa Pablo VI, el cardenal Wojtyla, hablando de la oración en Getsemaní, comentó: «Cristo nos transfiere esa hora de la gran prueba, que no ha dejado nunca de ser al mismo tiempo prueba para sus discípulos y para su Iglesia.» Y poco después añadía: «La oración de Getsemaní perdura todavía. Frente a cualquier prueba del hombre y cualquier prueba de la Iglesia hay que retornar a Getsemaní para aceptar esa participación en la oración de Cristo Señor.»[17] Algunos han querido ver —con razón— en estas palabras una anticipación profética de lo que ahora contemplamos: el Papa que reza con el alma entera y con toda la fuerza de la inmensa debilidad física de su cuerpo.[18]

Hemos de ahondar, a la luz del comportamiento de Cristo en Getsemaní, en el compromiso que deriva de haber recibido nosotros esta tierra como heredad (cfr. *Sal* 2, 8) para que la vivifiquemos, devolviéndole su enorme capacidad de esplendor; y de anunciar a las gentes que la tarea generosa y fiel que a todos atañe aquí en la tierra es lugar de paso obligado para la vida eterna, ámbito en el que, según la respuesta de cada uno, se decide el propio destino eterno. Con frecuen-

---

17. K. Wojtyla, *Signo de contradicción*, BAC, Madrid, 1978, p. 194.
18. Cfr. T. Styczen y S. Dziwisz, *La preghiera di Getsemani continua*, Università Cattolica di Lublino, Lublino, 2004, p. 66.

cia ignoramos —al menos en la práctica— aquella enseñanza de nuestra fe que el Concilio Vaticano II ha querido recordar: «El misterio del hombre sólo se esclarece en el misterio del Verbo encarnado (...). Cristo, el nuevo Adán, en la misma revelación del misterio del Padre y de su amor, manifiesta plenamente el hombre al propio hombre y le descubre la sublimidad de su vocación.»[19]

El tiempo del amor perfecto al Padre

10. *Mirad, ha llegado la hora, y el Hijo del Hombre va a ser entregado en manos de los pecadores.* Este versículo del Evangelio de san Mateo desentraña ya de manera directa la significación de este tercer retorno de Jesús a los discípulos. Aborda el tema de «la hora» que hemos meditado en diversos contextos y que ahora aparece como el horizonte definitivo de Jesús. «La hora» señala concretamente la hora de la Redención, de la entrega de Jesús en holocausto por la salvación de las almas: la hora de beber el cáliz *quem dedit mihi Pater* (*Jn* 18, 11). Se trata, por tanto, del tiempo del amor perfecto al Padre y a la humanidad. Todo esto se desarrolla, se hace efectivo, en la perspectiva del Corazón de Jesucristo y de su libertad entregada por amor: *nadie me quita la vida sino que yo la entrego libremente.* Pero suena también, según sus propias palabras, *vuestra hora* —dice a los que se presentan para prenderle— *y el poder de las tinieblas* (*Lc* 22, 53): la hora del demonio y de los enemigos de Dios y de la salvación de las criaturas, que maniobran para atormentar y matar al Redentor, imaginando que, al quitarle la vida, provocan el fracaso en su misión: *Éste es el heredero. Venga, lo mataremos y será nuestra la heredad* (*Mc* 12, 8). Desconocían que, cometiendo ese crimen, exaltaban a Cristo a la gloria.

El Hijo del Hombre va a ser entregado en manos de los pecadores. Jesús lo había anunciado en repetidas ocasiones a sus discípulos. La más célebre, en Cesarea de Filipo, después de la confesión de Pedro: *Desde entonces comenzó Jesús a mani-*

---

19. Concilio Vaticano II, Const. past. *Gaudium et spes*, n. 22.

festar a sus discípulos que él debía ir a Jerusalén y padecer mucho por causa de los ancianos, de los príncipes de los sacerdotes y de los escribas, y ser llevado a la muerte y resucitar al tercer día (Mt 16, 21). Pero ellos no lo entendían. ¿Cómo es posible ese plan —pensarían— si en Jesús brilla la Omnipotencia de Dios?

Les había hablado antes, durante la Santa Cena, de la traición y del traidor. Juan —el discípulo al que Jesús amaba— había podido identificarlo (cfr. *Jn* 13, 26), pero aun así... todavía no entendían. ¿Cuándo sería esa traición? ¿En el futuro? Quizá podrían evitarla... Y, sobre todo, Jesús la superaría con su poder: le bastaba el movimiento de una mano, una mirada... Ya Simón se lo había sugerido en aquella ocasión de Cesarea de Filipo: *¡Dios te libre, Señor! De ningún modo te ocurrirá eso* (Mt 16, 22). Ni siquiera ahora, en el huerto, se atenían a ese plan divino. Sobre todo porque el «derrumbamiento» de Jesús (*cayó por tierra*, cfr. Mc 14, 35) —la angustia, la agonía delante de los tres discípulos— debió de provocarle el más completo desconcierto. Perdieron toda visión sobrenatural y se quedaron sólo con sus recursos humanos. Jesús de Nazaret, el Maestro, que caminaba sobre las aguas, al que *hasta el viento y el mar le obedecen* (Mc 4, 41); el Cristo, el Hijo de Dios vivo, que expulsa los demonios y resucita los muertos, se les muestra ahora temblando, angustiado, necesitado de compañía y consuelo, postrado por tierra en oración reiterativa y anhelante.

¿Era realidad lo que estaban viendo? No entendían... Jesús les había insistido en que rezasen, pero la plegaria de esos hombres se alzó entonces muy débil y se derrumbaron. No les sucedió como a Jesús, que se «derrumbó» en los brazos del Padre; ellos cayeron en un sopor con el que se excusaban para no mirar y para no sentir aquella terrible y, para ellos, inexplicable realidad. Pretendían no dar crédito a lo que veían, ni oír lo que escuchaban. Jesús se quedó solo con su plegaria, durante horas, ante el Padre: *que no se haga mi voluntad sino la tuya*. El Padre le escuchó, y Jesús superó el combate de la oración. Ese modo de la Redención respondía a la voluntad divina, se asentó con fuerza invencible en el corazón de Jesucristo. Y lo manifestó triunfante a sus discí-

pulos: *Mirad, ha llegado la hora, y el Hijo del Hombre va a ser entregado en manos de los pecadores*.
Jesús regresa de la oración para afrontar ese trance. Se dirige a los suyos, con el sudor de sangre en su rostro adorable, sereno, porque el Padre le oye. Lo hemos repetido sin sensación de cansancio en nuestra meditación, porque ese rostro y esos ojos de mirar amabilísimo confieren la vida al alma, a nuestra alma. A los apóstoles les confía que ya pueden dormir y descansar. No estaban preparados, por su negligencia, para seguirle de cerca en los sucesos que iban a comenzar. Él morirá por ellos, y por todos los hombres, alcanzándonos el perdón de los pecados. La angustia ha dejado paso en Jesús a una serenidad y a una alegría compatibles con un profundo sufrimiento que aumentará segundo tras segundo hasta que, en la Cruz, entregando su espíritu al Padre, nos entregue su Espíritu.

Judas, el traidor

11. *Levantaos, vamos; mirad que llega el que me va a entregar*. Con este versículo 46 termina san Mateo su relato de la oración en Getsemaní, y de forma paralela concluye san Marcos (14, 42) en el versículo siguiente —*estando él todavía hablando...*—; ambos evangelistas comienzan a narrar la acción del traidor y el «prendimiento de Jesús». Muy sugestivas son las siguientes apreciaciones: «Cuando ya Nuestro Señor ha sufrido en su alma todo lo que ha de padecer en el cuerpo, cuando la sangre ha cubierto sus miembros sin que medien látigos, ni lanzas, ni espinas, ni clavos que le sujeten al madero..., viene el beso de Judas, la hora de la Pasión.»[20]

La súplica de Cristo en el huerto, tan llena de dolor y de angustia, fue una fuente de paz verdadera, porque Él no la perdió. Y también por eso cuidó tan delicadamente de los suyos, y afrontó al traidor y a la chusma con frases de serenidad. Por eso se entregó sin ofrecer resistencia, Él, que podía convocar a legiones de ángeles en su ayuda, y que demostró

20. A. del Portillo, Notas de la predicación, 9-IV-1977.

la debilidad de sus perseguidores derribándolos con la sola fuerza de sus palabras (cfr. *Jn* 18, 6).

Pero nuestra contemplación, que no quiere salir de la oración del huerto, se encuentra con las últimas frases de Jesús, que expresan el fruto victorioso de su entendimiento con el Padre. Las palabras del Señor indican decisión y vigor: *Levantaos, vamos*. Cristo, con ese ánimo renovado por el Amor del Padre y la fuerza del Espíritu Santo, dirigió su calor redentor a los discípulos para confortarlos y transmitirles la paz que Él abrigaba. Pero el Maestro se hallaba con el alma atravesada de un dolor indecible y de un amor sin límites cuando, mientras señalaba unas sombras que se adentraban en el huerto, agregó: *mirad, ya llega el que me va a entregar*. Deseaba preparar a los discípulos para lo que iban a presenciar. Serán testigos de la gran traición. Porque en Getsemaní se consumó la más alta traición de todos los tiempos.

Para seguir profundizando en la oración de Jesús y en la actitud de los apóstoles hemos de detenernos —con el fin de apartarnos decididamente de esa actitud— en la figura del traidor. Describe san Josemaría el drama de Judas con estas escuetas reflexiones: «Entre los que rodean a Jesús hay uno que se encuentra separado espiritualmente de los demás: Judas Iscariote. Ha fallado, sobre todo, en el amor. Si hubiera errado en otra cosa, tendría fácil remedio.»[21] Pero no: desde hace tiempo atrás, Judas ha ido languideciendo en su amor al Señor. El discípulo, el amigo, el hombre que ha compartido momentos de gozo y de dolor, el que ha sido enviado por el propio Jesús para atender a la gente y obrar milagros en su nombre, es el que se ocupa de entregar al Maestro. De nuevo conviene resaltar que el hecho de que los suyos le abandonaran y que uno de ellos se prestara a venderle, constituyó una de las espinas más hondas de la agonía de Jesús en el huerto. Aquella terrible puñalada del traidor al corazón de Cristo, al Amigo que nunca traiciona, no surgió de repente, sino que se fraguó en una cadena de infidelidades.

Amice, ad quod venisti? (*Mt* 26, 50), le preguntará el Redentor. Amigo, ¿a qué has venido? *Judas, ¿con un beso entregas*

---

21. San Josemaría, Notas de una meditación, 27-V-1937.

al Hijo del Hombre? (*Lc* 22, 58). Los comentaristas apuntan que, hasta el último instante, Cristo se afanó en recuperar al discípulo. Ahora —¡y siempre!— la postura de aquel desaprensivo resulta inimaginable por los precedentes de su historia: llamado con idéntica predilección que los otros once por el mismo Jesús, y escogido entre otros muchos que le rodeaban; el Maestro rezó expresamente por él y le confió menesteres de verdadera confianza. La distancia del tiempo no ha empequeñecido la extraordinaria miseria de su acción, hasta el punto de que se utiliza su nombre, en muchas lenguas, para apostrofar a la persona que traiciona: ¡un Judas!

Por lo que narran los Evangelios, no es temeridad pensar que el falso amigo procedió arteramente. Poco a poco destronó de su corazón al Maestro, al punto de no rechazar el atrevimiento de juzgar torcidamente las acciones misericordiosas del Salvador, que chocaban —por su generosidad— con el egoísmo y la soberbia de su mísero corazón (cfr. *Mt* 26, 6-16). «Nadie atribuya su descarrío —escribió Casiano— a un repentino derrumbamiento sino (...) a haberse apartado de la virtud poco a poco, por una pereza mental prolongada. De este modo comienzan a ganar terreno los malos hábitos, y sobreviene una situación extrema.»[22]

Carece de la más mínima lógica el comportamiento de un hombre que había admirado y gustado la ciencia y la enseñanza del Maestro, que había experimentado la eficacia de la predicación en las andanzas apostólicas, pero que antes de la Pasión no desdeña criticar y rechazar la doctrina de Jesús. Además, como rasgo típico de soberbia cínica, cayó en la falta de nobleza de no acudir directamente a la persona interesada para informarse y sembró, en cambio, la murmuración, el desasosiego, la sospecha entre las almas, con el intento de justificarse.

En el entramado del Evangelio se describen episodios de la vida de Jesús en los que los apóstoles no entienden las palabras del Mesías, y así se lo manifiestan (cfr. *Mt* 15, 15). En algunas de esas ocasiones resalta la tristeza de Jesucristo porque los suyos no se esforzaban en superar su torpeza,

---

22. Juan Casiano, *Colaciones* VI, 17.

aunque les agradecía la sinceridad con que le hablaban, y entonces les aclaraba sus dudas o sus quejas, a veces con una reprensión seria.

No actuó así Judas: murmuró, guardó para sí mismo pequeños ídolos de soberbia y de avaricia a espaldas del Señor. Traición tras traición, acabó en la más inicua y despreciable. Volvemos a las palabras de san Josemaría: Judas «ha fallado en el amor; ya no ama al Maestro. Y cuando el amor se apaga, desaparece todo lo demás. Porque las virtudes que hemos de practicar no son sino aspectos y manifestaciones del amor. Sin amor no viven ni son fecundas. El amor, en cambio, todo lo hermosea, todo lo engrandece, todo lo diviniza. Nada de cuanto se hace vale si no se lleva a cabo por amor. Por eso, yo no os quiero sin ambiciones ni sin deseos; alimentadlos, pero que sean ambiciones y deseos por Cristo, por Amor. Que todos nuestros actos y pensamientos sean por Él y sean realizados en Él. Practicad una oración que por amor os una a Cristo en todos los momentos del día: cuando habláis, cuando reís, cuando coméis..., ¡hasta durmiendo!».[23]

Los cristianos hemos de mirar la traición de Judas *in timore et tremore multo* (cfr. 1 *Cor* 2, 3), con temor y temblor, porque nos descubrimos miserables y capaces de todos los errores y de todos los horrores,[24] de tantas formas cotidianas de traición, que anidan en nosotros como consecuencia del *fomes peccati*. ¡Cuántas pequeñeces diarias nos sirven, en efecto, de excusa para arrancar al Redentor del pobre trono de nuestra alma, y asentar ahí las desviaciones de nuestro comportamiento! Hemos de escarmentar y decidirnos a no ultrajar más al Señor, que nos ha buscado, uno a uno, para colocarnos entre sus íntimos.

Por eso, con humildad y confianza, hemos de cultivar en nuestra relación con Dios un santo horror a caer en las más

---

23. San Josemaría, Notas de una meditación, 27-V-1937.
24. «Cuando me siento capaz de todos los horrores y de todos los errores que han cometido las personas más ruines, comprendo bien que puedo no ser fiel... Pero esa incertidumbre es una de las bondades del Amor de Dios, que me lleva a estar, como un niño, agarrado a los brazos de mi Padre, luchando cada día un poco para no apartarme de Él. Entonces estoy seguro de que Dios no me dejará de su mano» (san Josemaría, *Vía Crucis*, XIV estación, punto 5).

pequeñas formas de traición. Y para salvar el peso de la malignidad que nos aqueja llenémonos de esperanza porque Jesucristo, que rezó por nosotros en Getsemaní, continúa rezando por nosotros ¡ahora!, con su corazón de hombre, lleno de gloria a la derecha del Padre: *Iesus* —escribe san Pablo—, *qui mortuus est, immo suscitatus est, qui et est ad dexteram Dei, qui etiam interpellat pro nobis* (*Rm* 8, 34). Intercede por nosotros y nos recuerda que el camino que conduce a la gloria de la Resurrección es el que Él señaló: el que quiera ser mi discípulo *niéguese a sí mismo, tome su cruz de cada día y sígame* (cfr. *Mt* 16, 24). Jesús nos trata como a amigos para que reaccionemos y nos enclavemos valientemente en la Cruz.

El pago de la traición

12. El desamor de Judas le condujo, además, a baratear una vida —¡y qué Vida!— por un precio irrisorio: a esa necedad e iniquidad de razonamiento —son de poco alcance estos sustantivos— llevan la soberbia, la codicia o la pasión desordenada. Ofuscado, no percibió que el único precio de Jesucristo se medía por el de su Amor a sus hermanos: no existía otra tasa. Quizá si hubiera discurrido con maldad, pero con un mínimo de lucidez, habría concluido que valía la pena establecer un precio muy superior por un hombre al que perseguían el rey Herodes, los escribas y los fariseos.

De este triste hecho podemos deducir una enseñanza neta: quien pretende estafar a Dios, tarde o temprano recibe como pago un precio irrisorio, algo caduco que no ofrece consuelo ni seguridad. Los que escogen apartarse de Dios acaban siendo víctimas de la soledad. Aquellas monedas se le caían a Judas de las manos. No tenían gran valor y, sin embargo, constituían un peso insoportable: ¡qué duros son los lazos que atan a la traición!

Aunque parezca que no faltan motivos o justificaciones para descuidar el cumplimiento del deber, sabemos con certeza que Dios nos concede la gracia para ser fieles, y debemos pelear para que nada nos aparte de la lealtad más entereriza. El cristiano, a imitación del Maestro, debe obrar con rectitud y fidelidad, y seguir a Jesús por el camino que Él mismo anduvo.

La lealtad, seriamente cultivada, imprime en el alma un tesón que no permite cesiones, ni tan siquiera en puntos que parecen de menor trascendencia. Una lealtad que impulsa seriamente a asumir día tras día, con responsabilidad, el cuadro de nuestras obligaciones, decididos a erradicar la tendencia a escudarnos en las excepciones, con ánimo firme de entrar siempre en el tiempo de la fidelidad alegre.

Y no olvidemos que, incluso cuando las circunstancias dan pie para admitir una salvedad, hemos de considerar qué consecuencias —para nosotros y para los demás— trae consigo ese sendero. Si vemos que abre espacio a rebajar categoría a la lealtad, o desconcierta a quienes lo observan, seamos honrados, es decir, no seamos hombres o mujeres de manga ancha: hemos de preferir el sacrificio con amor y abnegación a la aparente comodidad de sortear un obstáculo, eludiendo lo que, por exigir abnegación, nos une más a Cristo en la Cruz.

Levantaos, vamos; mirad que llega el que me va a entregar. Ya avanza el grupo del prendimiento. Allí están junto a Jesús los «doce» apóstoles. Los once que le acompañaban en el huerto... dormidos, y el traidor, que se mantuvo en insidiosa vigilia. Se ha reconstruido el grupo de manera trágica. Ha vuelto el que faltaba. Jesús tiene delante a Judas —*unus ex Duodecim!*— y a los once. Esos momentos nos presentan dos formas de situarse el hombre ante el misterio de Jesús y de la llamada divina. Todos fallaron por falta de amor, y Jesús se quedó solo y *entregado en manos de los pecadores*. Unos, ahora despiertos, se habían dormido y le abandonaron cuando los necesitaba. El otro, el traidor, en siniestra jugada, entrega al Amigo a los enemigos...

Omnes peccaverunt (*Rm* 5, 12). Pero *donde abundó el delito sobreabundó la gracia* (*Rm* 5, 20), y, desde su libertad personal, unos correspondieron al don del Espíritu Santo y otros —en este caso, otro— se cerraron al don. Las dos figuras emblemáticas: Simón-Pedro, que se convierte por la mirada de Jesús —*Señor, Tú lo sabes todo, Tú sabes que te amo* (*Jn* 21, 17)—; y Judas, que desprecia la mirada cariñosa de Jesús —¡Amigo!— y se desespera y se cierra sobre sí mismo.

Los once —empezando por aquel Pedro «dormilón, negador y cobarde»— terminarán siendo las columnas de la Iglesia, Una, Santa, Católica y *Apostólica*. Nosotros estamos aquí haciendo oración gracias a una cadena de fidelidad, que se une a la Cabeza a través de ellos.

Pero los once también habían vuelto las espaldas al Señor. Debían de estar horrorizados avistando a Judas, su antiguo hermano, que entregaba a Jesús, al amado Maestro. Entonces, pero sobre todo después, esa conducta les suscitaría en la cabeza la idea de que habían de cuidar la fidelidad cotidiana para no ceder a la más terrible infidelidad. También ellos, de modo indirecto, sin quererlo, habían contribuido a la traición de Judas. Siempre les debió acompañar una profunda contrición mientras recordaban, al extender la Iglesia por el mundo, que se abandonaron al sueño desinteresándose de Jesús cuando el traidor actuaba. Es lo que apunta la tradición de los dos surcos que marcaron las lágrimas en las mejillas de Simón Pedro.

Para nosotros, la conclusión se alza con claridad: cualesquiera que sean nuestras condiciones humanas —aunque nos parecieran ingenuamente superiores a las de aquellos apóstoles—, si no se pone por encima de todo el amor a Dios y al prójimo, se desemboca en el egoísmo y finalmente en la traición. En cambio, «con obras de servicio podemos preparar al Señor un triunfo mayor que el de su entrada en Jerusalén... Porque no se repetirán las escenas de Judas, ni la del Huerto de los Olivos, ni aquella noche cerrada... ¡Lograremos que arda el mundo en las llamas del fuego que vino a traer a la tierra!... Y la luz de la Verdad —nuestro Jesús— iluminará las inteligencias en un día sin fin».[25]

Jesús, el gran Rezador

13. Llora nuestro corazón mientras se llevan a Jesús y retornamos al interior del huerto para rememorar de nuevo la oración de Jesús con unas consideraciones finales. En las pá-

---

25. San Josemaría, *Forja*, n. 947.

ginas de los Evangelios y de las Cartas de los apóstoles abundan los títulos que señalan el ser y la misión de Jesús: el Señor, el Mesías-Cristo, el Hijo de Dios, el Hijo del Hombre, el Rey de Israel, el Profeta que había de venir, el Salvador del mundo, etc.

Al filo de nuestras meditaciones, junto a Jesús en el huerto, algo nos impulsa a atribuirle un título que nos conduce a conclusiones operativas personales: Jesús fue el gran Rezador, el Orante sin tregua. Nos admira este aspecto de su personalidad y, a la vez, entendemos que no cabía otra posibilidad, viéndole clamar *Abba!* en su oración.

Todo en su ser y en su vida se desgranaba en un diálogo de amor con su Padre. En su ser intratrinitario, en su condición de Hijo y Palabra eterna del Padre, su relación a las otras divinas Personas se expresa con un diálogo que es autodonación. Ese diálogo intratrinitario nos notifica de algún modo el modelo y la analogía de toda oración. Porque el Padre, el Hijo y el Espíritu Santo son Dios, un solo Dios en tres Personas sin confusión y sin distancias. En cambio, la oración define el diálogo de la criatura —del ángel, del hombre— con Dios, y de Dios con la criatura. De ahí la maravilla de la Encarnación. Al hacerse hombre y asumir la naturaleza humana, el Hijo de Dios —el mismo Dios que el Padre— empieza a hablar con su Padre *como hombre*, es decir, empieza a orar, a adorar, a pedir, a suplicar, a ofrecer... Ese único Dios, al que los hombres oran y adoran, por la religación natural que tienen con su Creador, en la oración de Cristo —perfecto hombre— es adorado y suplicado ¡por Dios!, por Dios-hecho-hombre. Jesucristo pasa así a ser el Gran Rezador, el Gran Orante; y su oración, garantía y ejemplo único de toda oración de sus hermanos los hombres. Se ora en la medida que nuestra oración se une a la de Cristo.

Interesa vivamente al cristiano la unión vital a Jesús, la unión a su oración, a la oración del Gran Orante, para poder desplegar la capacidad que Él nos enseñó y nos pidió —y ahora infunde en nosotros por la gracia— a fin de ocuparnos de nuestra propia santificación y de la de nuestros hermanos de todo el mundo: es decir, de ocuparnos sinceramente de lo que los afecta, como Él procedió en la tierra.

¡Cómo orienta, también en este sentido, su oración en Getsemaní! Pasan por su alma las necesidades y logros, las alegrías y lamentos de mujeres y hombres, de todos. Pasan, para quedarse, pues no intenta desentenderse en nada de sus hermanos, pobres pecadores. ¡Qué plenamente rezó por nosotros, abriendo nuestras pupilas al sendero de la esperanza!

Compete especialmente al cristiano proclamar en el mundo que —para ser auténticamente humanos— hemos de adentrarnos en la piedad filial con Dios con una oración sin treguas ni defecciones que nos enlace con los demás. Jesús actuó así; y nos incorporó a su Vida divina con una comunión de amor inigualable.

El alma de oración jamás se enroca en su torre de marfil o de piedra berroqueña. Al entrar en contacto sincero con el Creador, necesariamente se abre a sus iguales, con ansias siempre mayores de compartir la aventura de la existencia con los demás. Hemos de afanarnos hoy los cristianos en sacar partido de esta riqueza —la caridad, la fraternidad, la amistad— que Dios nos concede en Cristo al invitarnos a llevar —con Él y como Él— las cargas del prójimo.

Retengamos, al acabar estas páginas, el *vigilate mecum* de Jesús. Vuestra vida de discípulos —viene a confiarnos el Señor— debéis vivirla conmigo: vuestra oración, vuestros sacrificios, vuestra entrega a la misión apostólica serán una realidad si los afrontáis conmigo, que *estaré con vosotros todos los días hasta la consumación de los siglos* (Mt 28, 20).

«Tu vida de apóstol vale lo que vale tu oración»,[26] escribió san Josemaría. Y para que de nuestra existencia salgan aguas que saltan hasta la vida eterna (cfr. *Jn* 4, 14) he aquí el camino: rezar con y junto a Jesús, el Gran Rezador. Ésta es una de las más grandes lecciones de Getsemaní.

26. San Josemaría, *Camino*, n. 108.